LOS SECRETOS DE LA ROJA

MIGUEL ÁNGEL DÍAZ

LOS SECRETOS DE LA ROJA

Prólogo de Iker Casillas

LIBROS CÚPULA

Avda. Diagonal, 662-664, 08034 Barcelona (España)
Libros Cúpula es marca registrada por Scyla Editores, S. A.
Coedición con Timun Mas
Este libro se comercializa bajo el sello Libros Cúpula

Primera edición: mayo de 2010
Segunda impresión: junio de 2010

ISBN: 978-84-480-6791-5

Fotocomposición: Víctor Igual, S. L.
Depósito legal: B. 25.045-2010
Impresión: Egedsa

Impreso en España – Printed in Spain

El papel utilizado para la impresión de este libro es cien por cien
libre de cloro y está calificado como papel ecológico.

ÍNDICE

A mis padres, que me
enseñaron el valor de las
cosas en la vida.

PRÓLOGO

Mi primer gran recuerdo de la selección española de fútbol es del verano de 1992. Yo tenía once años. Nunca olvidaré la alegría que me llevé con el gol de Kiko a Polonia en el último minuto. Habíamos ganado el oro en los Juegos Olímpicos de Barcelona.

Por aquel entonces, siendo un niño, soñaba con jugar algún día con España. Ese sueño se cumplió y cada vez que me pongo la camiseta de la selección siento lo mismo: respeto, orgullo y presión por estar defendiendo y representando a un país.

Desde el primer día, me marqué el objetivo de lograr un título con La Roja antes de retirarme. Por eso ganar la Eurocopa fue algo único para mí, para mis compañeros y sobre todo para la afición, que había esperado cuarenta y cuatro años para celebrar un éxito de su equipo. Demasiado tiempo.

El deporte español nos ha dado grandes satisfacciones, pero en fútbol se fallaba. La falta de triunfos y la ansiedad de la gente provocaban que la selección se encerrara en sí misma, estando más protegida que las demás selecciones españolas. Se había convertido en un tema tabú porque se pensaba que contar cosas diferentes era algo malo; al contrario, es verdad que no todo se puede desvelar, pero dentro pasan muchas anécdotas buenas que hay que compartir.

Yo creo firmemente que los grandes equipos se crean desde dentro. El mejor ejemplo es nuestra selección de baloncesto que, además de ganar siempre, se ha mostrado accesible y presume del buen rollo que hay entre sus jugadores.

Os puedo asegurar que un 51 % del éxito de la selección española de fútbol, más de la mitad, se debe al compañerismo y a la buena relación que existe entre nosotros. Hay equipo para conseguir mayores retos, jugadores de inmenso talento, pero lo que se palpa en el campo es consecuencia directa del espíritu de unión que hay dentro.

Todos nos hemos implicado en la elaboración de este libro porque refleja el gran ambiente que se respira en la selección y porque cuenta las cosas tal y como son. Cómo superamos los momentos más difíciles para llegar hasta la victoria en Viena y ser una de las selecciones favoritas para ganar el Mundial. Grandes días, grandes noches, grandes conversaciones que nos fortalecieron como equipo. Nuestra convivencia como grupo, con sus bromas y sus anécdotas, todas ellas clave para motivarnos y convencernos de que nuestro momento había llegado. Queremos que la afición sepa cómo lo hemos vivido.

Ganar la Eurocopa no fue fácil y hay que valorarlo porque tardó mucho en llegar, aunque sé que nadie se conforma. Todos queremos más, y levantar la Copa de Campeones en Sudáfrica es nuestro gran deseo. Ganar un Mundial, y perdón por la expresión, tiene que ser la leche, pero los jugadores tenemos que pedir prudencia porque se trata de un objetivo muy complicado. Influyen muchos factores y no hay que obsesionarse.

Hay un equipo hecho que ya sabe lo que es ganar y que quiere volver a saborear el éxito. Todos pensamos en lo que puede suponer, nos imaginamos cómo sería ese día, cómo lo viviría la gente... Pero no sentimos una presión añadida.

Todos los equipos tienen un ciclo y el de esta selección va para largo. A este equipo se le puede sacar aún más rendimiento, no sólo de cara al Mundial. Estoy seguro que para la Eurocopa de 2012 España mantendrá un bloque de plenas garantías.

Para entonces sólo espero que el buen rollo siga siendo nuestra mejor virtud.

Miguelito me pide que haga una promesa si ganamos el Mundial, pero sólo puedo decir que si somos campeones del mundo el 11 de julio lo celebraré por todo lo alto con mi familia y mis amigos. Como vosotros.

Disfrutad de la lectura de este libro.

Un fuerte abrazo,

Iker Casillas

Capitán de la selección española de fútbol

INTRODUCCIÓN Y AGRADECIMIENTOS

Lo que hace diferente a este libro de otros que se han escrito sobre la selección es que está contado directamente por los protagonistas. Como autor me he limitado únicamente a ordenar y dar paso a las confesiones y a los testimonios de más de cincuenta personas ligadas a La Roja. Jugadores, seleccionadores, miembros del cuerpo técnico, delegados, directivos, médicos, fisioterapeutas, utileros, empleados de la Federación... A todos ellos les agradezco infinitamente que hayan hecho un ejercicio de memoria y de sinceridad para compartir sus recuerdos.

La idea era entrar en la trastienda de la selección y contar sus pequeños secretos, esos que no se ven a través de la televisión ni suelen reflejarse en las entrevistas. Con *Los secretos de La Roja* te sentarás a la mesa para jugar una partida de *pocha* con Casillas, Villa, Reina, Capdevila y Cazorla. Descubrirás motes, hasta ahora desconocidos, que se han puesto los propios jugadores entre sí. Te imaginarás a Puyol sentado delante de su portátil, actualizando la porra de la selección. Conocerás las canciones que Sergio Ramos pone en el vestuario y en el autobús de La Roja o las bromas que se gastan los jugadores, en pleno partido.

Además, conocerás cómo era la convivencia y el trabajo con Luis Aragonés y cómo es ahora con Vicente del Bosque. Las charlas y las frases del primero aún se mantienen frescas en las cabezas de los internacionales. El segundo no tardó en ganarse su confianza y en ir poco a poco moldeando la selección a su gusto, aprovechándose de la gran labor de su antecesor. Son diferentes, casi antagónicos en su forma de ser, pero su método es igualmente válido, tal y como reconocen los propios jugadores.

El libro gira en torno a dos fechas: el 29 de junio de 2008 y el 11 de julio de 2010. En la primera fue, y en la segunda esperemos que sea. España vibró con la conquista de la segunda Eurocopa de su historia (cuarenta y cuatro años después de la primera) y sueña con la consecución de su primer Mundial en Johannesburgo. Suena fuerte, pero siendo realistas y analizando la trayectoria de La Roja (España sólo ha perdido uno de sus últimos 45 partidos) no es exagerado decir que somos favoritos para ganar en Sudáfrica.

Confieso que es un auténtico privilegio como periodista deportivo seguir a este EQUIPO. Aquella calurosa noche en Viena y en toda España, con mi micrófono inalámbrico al hombro, me sentí el hombre más feliz del mundo por poder contar a través de Radio Marca la gesta de la selección. ¿Cuántos compañeros soñaron antes con vivir ese momento?

Aunque el recuerdo de aquella gesta siempre lo tuve presente, tardé nueve meses en concebir la idea de escribir un libro. Me apetecía contar con detalle los entresijos de una selección de la que estoy profundamente enamorado. Creo que al primero al que le confesé mi proyecto fue a mi amigo Jorge Carretero, portavoz de la junta directiva de la Federación, que me animó a embarcarme en esta aventura. Viajé a Sudáfrica a cubrir la Copa Confederaciones con la idea madurada. Horas antes de aterrizar en Johannesburgo, mi querido Carlos Rojo, de Adidas, me aconsejó no rememorar únicamente la Eurocopa y alargar el recorrido de la obra hasta dejarlo en puertas del Mundial.

En Bloemfontein empezó todo. Después de las comidas y de las cenas, siempre y cuando no interrumpiéramos una siesta, un masaje, una charla o una partida de cartas o de Play, era el momento ideal para compartir un rato con alguno de los jugadores e intentar saber algo más de este equipo que tanto ilusiona. Reconozco que dudaba de que quisieran contarme sus «secretos». Alguno, incluso, ya me lo había advertido y me lo había puesto especialmente complicado: «Ésas son cosas nuestras, Miguelito, y se tienen que quedar en el vestuario».

Sólo pretendía convivir un día con ellos para comprobar si era cierto lo que cuenta Iker Casillas en el prólogo: que esta selección es más grande fuera del campo que dentro de él. En unos sillones que había en la recepción del hotel de concentración de Sudáfrica, instalamos nuestro particular «confesionario» durante la Copa Confederaciones. He de reconocer que a partir de la tercera charla no tenía ninguna duda de que el libro era posible, que había suficiente material para confeccionarlo.

Mi vieja grabadora se afanaba en recopilar todas las conversaciones y, sobre todo, en pasar lo más inadvertida posible para que los protagonistas se sintieran relajados. Se trataba de huir de los tópicos y de profundizar en los momentos, buenos y no tan buenos, de la historia de este EQUIPO. La voz se fue extendiendo entre los internacionales y, aunque a algunos fue más complicado sentarlos en el sillón que a otros, agradezco la predisposición de todos ellos a atenderme: «Ya te tocará a ti...», le decía uno al otro cuando pasaba por delante. La única duda que tengo ahora es si son más grandes sobre un terreno o fuera, como personas.

Las siguientes concentraciones de la selección sirvieron para ir sumando testimonios. La idea era no dejar fuera a nadie y que todo el mundo pudiera contar su historia. Porque todos los protagonistas de este libro han contribuido al éxito y porque todos guardaban al menos una confidencia que querían compartir con la afición. *Los secretos de La Roja* es el resultado de nueve meses de trabajo y el resumen de más de veinticuatro horas de conversaciones grabadas. Espero que con esta obra se valore aún más a nuestra selección. No sólo por jugar al fútbol como los ángeles, sino por ser un ejemplo debido a los valores que transmiten. Es importante ganar, pero si se consigue desde la humildad, el compañerismo y el respeto, la victoria sabe mucho mejor.

Quiero dar las gracias en primer lugar a la Real Federación Española de Fútbol por abrirme las puertas de la selección, especialmente a su jefa de prensa, Paloma Antoranz, por su gran ayuda. Gracias también a su compañera Susana Barquero: no hay dato o estadística que se le resista...

Agradezco a Jesús García y a Amalio Moratalla que me ayudaran en la búsqueda de una editorial que diera salida a mi idea, hasta que Planeta se cruzó en mi camino y apostó por ella ciegamente. Agradeceré siempre la libertad que me ha dado Vanessa López, editora de Libros Cúpula, para elaborar este libro.

Doy las gracias a Carmelo Rubio, fotógrafo de la Federación, y a Pablo García, fotógrafo de *Marca*, por haber cedido algunas de sus más brillantes fotografías para enriquecer con emocionantes imágenes los testimonios de los protagonistas.

Siempre me sentiré orgulloso del interés de los patrocinadores en esta obra. Gracias a Jorge Pérez, secretario general de la Federación, a Jorge Carretero, a Antonio Bustillo y a Luis Cano, de Adidas, que se volcaron conmigo desde el primer momento. Gracias también a Bruno Llamas, que me puso en contacto con Eduardo Gil, de Castrol, para rematar un trío de peso y de jerarquía.

Gracias a todos los que emplearon su tiempo en leer alguno de los capítulos de este libro, especialmente a Eduardo Álvarez (desde Brasil), a Eduardo García y a José Félix Díaz. Sus correcciones me han servido de gran ayuda. No me olvido de los compañeros de *Marca* y

Radio Marca que mostraron su interés, ofreciéndome su punto de vista, ni de Paco García Caridad, por confiarme en su día la responsabilidad de cubrir la información de la selección. La interminable agenda de Alberto García es siempre una garantía de éxito. Con él y con Javier Amaro formé un gran equipo de trabajo en la Eurocopa de Austria. Otros, como Carles Escolán o Fede Quintero, no dudaron en echarme una mano cuando les pedí localizar o arañar una confidencia de alguno de los protagonistas. A Yanela Clavo le agradezco su empeño en difundir este libro en la red a través de Twitter (secretosroja), Facebook (los secretos de la roja) y en la dirección los_secretosdelaroja@hotmail.es

Mención especial merecen mis compañeros de viaje Miguel Ángel Lara y Raúl Varela, que me acompañaron en un buen número de charlas. Gracias a su curiosidad e interés, nació un buen puñado de las reflexiones que van salpicando capítulo a capítulo este libro. Sus ideas y sus consejos me han servido de mucho. Ellos ponen la guinda firmando el capítulo que aparece en el anexo final, y que resume los piropos que La Roja ha despertado desde la conquista de la Eurocopa.

Pero la que más horas ha compartido conmigo en la elaboración de este libro ha sido mi pareja, Cristina Castañer. Tener una periodista en casa es un lujo para este tipo de aventuras... Ha sido una «editora» exigente, pero gracias a su paciencia, su apoyo y su criterio este libro ha salido adelante.

Mi sobrina Itziar es lo mejor que me ha pasado en los últimos meses. Su fortaleza y su sonrisa me han ayudado mucho. Gracias a mis padres, Mari Carmen y Aquilino, y a mis hermanos, Raúl y Álvaro, por su respaldo durante este tiempo. Agradezco también los ánimos de mis cuñadas Alicia y Elena y el cariño que siempre me han dado mis suegros Joaquín y Delia.

Quiero también subrayar el interés que han mostrado mis familiares y mis amigos de Carabanchel (mi barrio), Beleña del Sorbe (Guadalajara) y de Beniarrés (Alicante) por este libro.

Al estar tan absorbido escribiendo estas páginas, mis relaciones sociales se han visto desatendidas en estos últimos meses. Espero poder recuperarlas a partir de ahora. Seguro que los que me quieren me perdonarán. Con que me digan que *Los secretos de La Roja* les ha gustado, habrá merecido la pena.

«WALLAS SE VA A QUERER SUICIDAR»

«Bueno, chiquitos: si hacen lo que yo les digo vamos a sacar esto adelante». Así comenzó Luis Aragonés la charla a sus futbolistas la tarde del 29 de junio de 2008. Al seleccionador, en un momento de debilidad, se le escapó una media sonrisa. Uno de los presentes en aquella sala considera ese momento como el más brillante en toda su carrera como entrenador: «En ese momento él ya sabía que íbamos a ganar». No era la primera vez que Luis pronunciaba aquella frase. La había repetido en varios partidos, tanto amistosos como oficiales. Se acercaba el momento con el que llevaba soñando varios años.

Pedro Cortés, jefe de expedición, no había podido comer ese día. Los nervios se apoderaron de él y se había visto obligado a pedir una pastilla a Guti (Miguel Gutiérrez, uno de los fisioterapeutas): «Me daba miedo que me diera un telele o desmayarme». Lejos de sentir compasión por él, Aragonés había pasado al ataque: «Eres un cagón», le repetía, una y otra vez, horas antes de la final.

En el autobús, de camino al mítico Prater, Aragonés fue mucho más contundente con su amigo. No tenía ninguna duda de que España se proclamaría campeona de Europa: «No veas el susto y el *cagazo* que tienen los alemanes. Te lo digo yo, Pedro. ¡Cagaos, cagaos! Vamos a por ellos. No la van a ver, ¡te lo digo yo! Eres campeón de Europa, te lo digo yo. Te lo dice Luis, ¡no la van a ver! Se van a tener que comprar un balón si quieren ver uno. Wallas (Ballack) se va a querer suicidar y se va a querer meter un cabezazo contra el poste.

De la desesperación que va a tener, va a querer que le saquen en camilla para retirarse... Están desesperados...».

«¡Ganar, ganar y ganar!» El grito de guerra de la selección retumbó en las paredes del Ernst Happel tras escuchar las últimas instrucciones de Luis: «Es un grito mío que siempre he utilizado antes de los partidos en todos los equipos en los que he estado. Es un verbo que está muy en el jugador, porque el futbolista lo primero que quiere es ganar y si luego juega bien, entonces ya es la hostia...».

Los veintitrés internacionales formaron una piña, juntaron sus manos y se conjuraron para no fallar: «Las finales no se juegan, se ganan», les había recalcado Aragonés.

No fue la única perla que tenía guardada el seleccionador para una cita tan especial. De su gran amigo Germán Colino, había aprendido en su día otro dicho que sacó a pasear aquella tarde en Viena: «No sean ustedes como el galgo de Lucas, que cuando salía la liebre, se ponía a cagar». «Quería dejarles claro, de una manera sutil, que no podíamos fallar y para no presionarles más eché mano de aquel dicho que me habían enseñado en Hortaleza, cuando aquello todavía era un pueblo», explica Aragonés.

En el vestuario, antes de saltar al césped a calentar, Luis se acercó a Torres y, mirándole fijamente a los ojos, le dijo: «Ya se lo hice en el Atleti, si recuerda. Hoy usted va a marcar dos goles». El Niño tiene grabado todavía ese momento: «Me dibujó la señal de la cruz en la frente con el dedo índice. La verdad es que no recordaba bien lo ocurrido la vez anterior. Creo que efectivamente marqué dos con el Atleti, pero en Viena logré el gol que nos dio el triunfo en la final. Antes, había estrellado un remate de cabeza en el palo».

Puyol hizo una promesa a Villa, el gran ausente en la alineación por haberse lesionado en la semifinal contra Rusia: «Tranquilo, que vamos a ganar y Podolski no va a marcar. Así que vas a terminar el campeonato como pichichi». Por si acaso, el Guaje le recordó la misión a Marchena: «Me dijo que vigilara muy de cerca al alemán», confiesa el central.

La copa reinaba sobre una vitrina al fondo del túnel de vestuarios: «¡No toquéis la copa! ¡No la toquéis!», gritaba Iker Casillas, mientras se abría la puerta del vestuario español. «¡Cómo no la voy a tocar, si a lo mejor no la veo más!...», pensaba Capdevila. Pero le hizo caso y no la tocó: «Si lo decía el capitán era por algo... A ver si algún alemán se equivocaba y la tocaba...».

Casillas saludó a Metzelder, su compañero de equipo en el Real Madrid: «Ahora llega el *tiki-taka*», le advirtió el portero. El alemán, que se había cruzado unos mensajes telefónicos con Ramos durante la semana, lucía aún una poblada barba que suele dejarse crecer en las fases finales por superstición. Después del partido, se la afeitó en el vestuario en medio de la tremenda decepción: «Es muy difícil llegar a una final. Yo lo he conseguido dos veces porque también jugué la del Mundial de Japón y Corea en 2002 contra Brasil, pero las dos veces fuimos derrotados con justicia», reconoce.

El arranque de España fue titubeante y alguna imprecisión en defensa estuvo a punto de poner en un brete a Casillas: «En el primer cuarto de hora fue Alemania la que creó peligro. Todos nos miramos como diciéndonos: "Hostia, que esto es una final". Pero a partir del cabezazo al palo de Torres el partido fue muy diferente», comenta el capitán.

El destino eligió el minuto 33 como el minuto de la gloria. Xavi le metió un balón en profundidad a Fernando Torres, el Niño aguantó la embestida de Lahm y lo cruzó ajustado al palo. Esto es lo que vieron aquella noche los españoles, bien por la televisión o, los más privilegiados, *in situ*, en el estadio. Pero ¿qué pasó en esos momentos por la cabeza de los protagonistas?

Xavi relata así su asistencia: «A mí me gusta mucho visualizar lo que hace el equipo contrario durante el partido. Recuerdo que contra Rusia, Semak iba a todos lados conmigo, pero en un momento se despistó. Senna me la pasó y pensé: "Joder, si me puedo girar...". Es ahí cuando puedo explotar mis condiciones. El día de Alemania estaba solo y tenía un segundo para pensar. Ellos no hacían marcajes individuales, sino que marcaban en zona, y yo pensé "cojonudo". Antes del gol pude meterle un par de balones a Andrés. La jugada del gol arranca con un balón que me da Senna. Sé que me puedo girar porque vi a Ballack y Schweinsteiger por delante de mí y pensé: "Ya está". Frings se había ido a una banda no sé a qué. En ese momento veo al Niño. El pase no le dejó solo ni mucho menos. Fernando se lo curró un montón. En carrera te mata, es un caballo».

Torres hizo el resto y puso patas arriba a un país que llevaba mucho tiempo, tal vez demasiado, esperando ese momento: «El campo estaba muy mojado y aquel balón nuevo de Adidas era muy rápido. Calculé mal la llegada a la pelota y se me fue un poquito larga. Quizás Lahm se confió o quizás le sorprendió la trayectoria del balón porque iba muy, muy rápido y me dejó sitio por la derecha. Yo empecé a arrancarle por la izquierda, él me tapó y ya no volvió a mirar atrás. Decidí cambiarle la dirección y fui por la derecha. En ese momento vi que Lehmann salía muy tarde y me di cuenta de que había un hueco ahí. Pensé que llegaría antes el portero, pero al ver el espacio, metí la puntera para levantarla y me salió adentro. Creí que se me iba fuera porque el golpeo iba con un poco de rosca y, por la dirección que llevaba, lo normal hubiera sido que saliera del poste hacia fuera. Pero el campo estaba tan mojado que la pelota patinó y... entró. Normalmente, en este tipo de torneos la UEFA o la FIFA no permiten regar el césped antes del partido, pero aquel día sí dieron autorización. También era por la noche y ya había caído algo de rocío. No sé... Por lo que fuera, era el momento de España».

Christoph Metzelder subraya la viveza que tuvo Torres en esa carrera para llegar antes que nadie al balón: «Normalmente Lahm hubiera ganado ese duelo porque estaba más cerca que nadie de la pelota, pero Fernando fue muy astuto, amagándole por un lado y apareciendo después por sorpresa por el otro. La final la decidió un error nuestro, pero hay que reconocer que España tuvo más ocasiones de marcar que nosotros».

Raúl Varela se desgañitaba en la posición de comentarista de Radio Marca para contarle a los oyentes la emoción del momento: «¡¡¡¡Goooooooooool de España!!!! Marcó el hijo de Flori y de José. Marcó por Israel [su hermano], marcó por Mari Paz [su hermana], marcó por Olalla [su mujer], marcó por España, marcó Torres... Era su día, era su noche, era su Eurocopa y no falló Torres. ¡33!, ¡33!, ¡33 de partido! y le dijo el doctor [por Genaro Borrás]: "¡Diga 33!". Y Torres cantó gol... España 1-Alemania 0». Eran las 21.18 horas del 29 de junio de 2009 y España entera se fundía en un abrazo y soñaba con hacer historia cuarenta y cuatro años después. El segundo gol de Marcelino a Rusia fue el 21 de junio de 1964 en el estadio Santiago Bernabéu. Habían pasado 16.079 días desde entonces.

España parecía tener el partido bajo control y los que estuvieron sobre el césped no sufrieron demasiado: «Podíamos haber hecho algún gol más durante la segunda parte. No recuerdo aquel día como el típico partido en el que estás pidiendo la hora cada dos por tres», confiesa Silva.

Pese a ir ganando por un solo gol, el tiempo pasaba de prisa: «Yo no quería que se acabara el partido. Estaba disfrutando el momento al máximo. En los últimos minutos acabamos teniendo ocasiones y todo», recalca Alonso.

Esa misma sensación, en este caso de impotencia, se vivía desde el bando alemán: «No fue un 1-0 típico en el que el equipo que va perdiendo presiona y mete al rival en su área. Lo intentamos, pero no encontramos la fórmula para hacerlo. España defendió con comodidad el resultado. No fuimos capaces ni de presionar, ni de crear ocasiones, ni de agobiar a España», admite Metzelder.

«Durante los últimos minutos no tuve ni tiempo de mirar el videomarcador. Temía que peinaran alguna y nos pusieran en un aprieto. Cuando pitó, no me lo esperaba y pensé: "¿Ya?"», confiesa Marchena, que lo primero que hizo, como tiene por costumbre, fue abrazarse a Casillas. El banquillo, aquella noche, tuvo un inquilino poco habitual: David Villa. A Reina le tocó vivir la final a su lado: «Fue un auténtico coñazo soportarle. Se nota que no está acostumbrado a vivir los partidos ahí. Era un culo inquieto. No paraba de protestar todas las jugadas. Era más pesado que un collar de melones. Nada más acabar el partido empezó a pegar botes como loco y no sé ni cómo no se rompió el cruzado».

«Era imposible contenerse. Además, las lesiones de los isquiosurales no son dolorosas, por lo que pude celebrarlo por todo lo alto. La final la viví con mucha más tensión que si hubiera estado en el campo... hasta el gol de Torres. Luego disfruté porque tuve una sensación de tranquilidad durante la segunda parte. Por momentos el partido parecía un rondo», añade Villa.

«Pepe, Villa, Xavi y yo estábamos de los nervios al final del partido y no paramos de protestar al cuarto árbitro para que pitara», recuerda Cesc.

Roberto Rossetti había pitado la final del Mundial sub-20 en Emiratos Árabes en 2003: «Nos ganó Brasil 1-0 y el italiano nos expulsó a Melli a los tres minutos», recuerda Armando Ufarte, segundo de Aragonés y seleccionador en aquel campeonato. Aquella noche, el árbitro y el resultado se repitieron, pero para el lado español. En cuanto hizo sonar su silbato, la pelota encontró al instante dueño para toda la vida: «No dejé casi ni que botara. La cogí y me la guardé debajo de la camiseta. Ahora la tengo bien guardada en mi casa», presume Sergio Ramos.

No fue el único que volvió con un tesoro en la maleta: «El día de Italia ya pensé en llevarme uno, pero con el éxtasis de los penaltis ni me acordé. El balón con el que se termina la semifinal contra Rusia lo tengo yo. Recuerdo que Iker sacó de puerta, pitó el árbitro y salí corriendo desde el banquillo para hacerme con él. Ahí ya empecé a levantar las envidias de mis compañeros. En la final también estuve listo y me hice con otro. Tengo los dos bien guardados en una cristalera. Es un recuerdo de la leche y para toda la vida», recuerda Arbeloa, que había advertido de sus intenciones a Albiol: «En cuanto pite me voy a por el balón». «Vete a cagar, hombre. Ya lo conseguirás luego...», le contestó.

Reina también logró hacerse con otro: «Me preocupé de quitarle un balón a un recogepelotas para quedármelo». Otros estuvieron menos vivos y se quedaron con las ganas de llevarse uno: «Me fue imposible. Había cada rapiña por ahí...», acusa Alonso. «Entre Pepe y Arbeloa se llevaron todos», culpa Silva.

Aragonés se fundió en un emotivo abrazo con Jesús Paredes, su preparador físico, y con Félix Martín, el utilero más veterano: «Ahora, sí», nos dijimos. «Ese sí que era el abrazo bueno y el reconocimiento al trabajo de todos», añade el encargado del material.

Se vivieron emociones muy fuertes y alguno, como Iniesta, no tiene ningún pudor en confesar que no pudo evitar llorar: «Se me cayeron algunas lágrimas. Pasar de ver por televisión la final que perdimos contra Francia en 1984 a estar ahí en el césped y haberla ganado tú es una emoción muy grande». Cesc se cruzó con el portero

Lehmann, compañero suyo en el Arsenal, un tipo con muy malas pulgas: «Le di la mano con el mayor de los respetos. Recuerdo que muchas veces él bromeaba conmigo diciéndome que yo no había ganado nada. Pensé en hacerle una broma, pero creo que no era el momento más oportuno. Un mes después hablamos por teléfono y ya le vacilé un poco...». Metzelder se llevó un tesoro a casa por el que hubieran pagado un buen pellizco muchos españoles; la camiseta de Casillas: «Siempre que juego un partido de una fase final cambio la camiseta con un contrario. Tengo veinte en casa, pero la de Iker es especial».

Por segunda vez durante su etapa de seleccionador (la primera ante la vista de todo el mundo), Aragonés fue manteado por sus jugadores en el césped: «Era la forma de darle las gracias por todo lo que había aguantado y por todo lo que nos había dado», asegura Puyol. El seleccionador había conseguido el objetivo: «Mi felicidad era acojonante aunque la gente pueda pensar que no lo parecía. No soy una persona que exteriorice lo que lleva dentro», confiesa Luis.

Alguno se echó una carrerita al vestuario para cumplir las promesas que habían hecho. Marcos Senna se envolvió en una bandera del Villarreal, con la que volvió a saltar al césped: «Se lo había prometido a Fernando Roig». Juanito tomó prestada de un aficionado otra del centenario del Betis: «Traté de esconderla para que no me la viera Palop. Entre Marchena, Albiol y yo quisimos ponérsela, pero con su ojo láser nos pilló. Corrimos tras él, le tiramos al suelo y le cogimos del cuello con la idea de que saliera en alguna foto, pero no hemos visto ninguna todavía».

Torres no dejaba de mirar a la grada, donde miles de españoles festejaban el triunfo por todo lo alto: «Siempre había visto a muchos deportistas españoles ganar títulos, torneos y competiciones y pensaba: "Ya llegará nuestro momento". Había que levantar la copa, ir al fondo y celebrarlo. Era nuestro momento». Ramos se enfundó una camiseta blanca con una fotografía del malogrado Antonio Puerta, gran amigo suyo, y Reina se adueñó de una bufanda del Córdoba.

Quizás el homenaje que tuvo más trascendencia fue el que le brindó Palop a Luis Miguel Arconada. El valenciano había guardado en secreto su particular tributo al que había sido su auténtico ídolo durante la infancia. Sólo José Manuel Ochotorena, preparador de porteros, conocía las intenciones de su pupilo: «Andrés me lo comentó unos días antes de la final. Me sorprendió y me pareció un detalle original que hacía justicia a una persona que había tenido una trayectoria grande en la Eurocopa pero que se vio empañada por un error en la final contra Francia».

Palop sacó de su maleta una camiseta verdinegra de las que lucía Arconada en los años ochenta, y en la que se inspiraron los diseñadores de Adidas para crear la que lucirá Iker Casillas en el Mundial de Sudáfrica. Se la puso y volvió corriendo a la celebración sobre el césped: «Un día charlando con un periodista le dije que Arconada había sido mi ídolo. Él me dijo que también era el suyo. Le confesé que tenía en mente homenajearle, pero que no sabía ni cómo ni cuándo... En vísperas de la semifinal de la Eurocopa, pensé que era el momento ideal. Le pedí al periodista esa camiseta prometiéndole que se la devolvería y accedió. Me la trajeron a Viena unos familiares que habían ido a ver la final. Mis compañeros me miraron y me preguntaron: "¿Pero eso qué es?"».

Después de muchos abrazos, besos, lágrimas, carreras y fotos sobre el césped, llegó el momento de subir al palco a recoger las medallas y levantar la copa. Allí esperaba Michel Platini, curiosamente el hombre que veinticuatro años antes, en el Parque de los Príncipes de París, nos había privado de conquistar nuestro segundo título continental al marcar de falta el gol de la victoria de Francia contra España.

Silva, Torres, Albiol, Güiza y Fenando Navarro se permitieron el lujo de tocar la copa antes de recoger su medalla. Ahora ya daban igual las supersticiones. Iniesta tampoco se cortó y la besó. Marchena se tomó su particular venganza hacia el presidente de la UEFA: «Recuerdo que cuando subí al palco a recoger la medalla le metí una torta a Platini... Le toqué la carita sin querer, sin darme cuenta... Él se rió y me dio la enhorabuena». Albiol sonríe cuando le contamos esta anécdota: «Marchena es muy bruto. Lo que me extraña es que no le tirara al césped...», bromea.

Iker fue el último en recibir su medalla y el primero en levantar la copa. Él se había encargado de que nadie ni siquiera la hubiera rozado antes del partido. El rol de capitán es así: tienes más responsabilidades, pero también privilegios que te distinguen de los demás y que te hacen pasar a la historia. En el gigantesco biombo que había instalado la organización, los veintidós compañeros de Casillas esperaban su llegada impacientemente. Iker completó el trayecto acompañado de Platini que bromeaba con él: «Curiosidades del destino y de la vida, hace veinticuatro años un gol mío a un portero le quitó a España una Eurocopa; hoy se la entrego a otro portero que también es el capitán del equipo», le confesó en una mezcla de italiano y español.

Platini se la dio e Iker la levantó con las dos manos. Cerró los ojos y gritó con todas sus fuerzas: «Aún se me ponen los pelos de punta cuando lo recuerdo. Por mi cabeza se me pasó todo el sufrimiento que había padecido el fútbol español y la alegría inmensa de poder levantar esa copa después de muchísimo tiempo. Fue un momento de rabia. El grito que me sale quizás es el grito de todos, de quitarnos un peso de encima después de mucho tiempo», confiesa Casillas. Ningún actor hubiera logrado inmortalizar ese momento con tanto sentimiento y expresividad. Todos los españoles que vivieron la final en el estadio lo grabaron en el disco duro de su cerebro de por vida y un buen porcentaje se llevó a casa el momento como fondo de pantalla de su teléfono móvil. Por no contar los que al día siguiente cambiaron la fotografía de su ordenador a su llegada a la oficina...

«Cuando Iker levantó la copa estábamos en la gloria...», asegura Albiol. «Cuando lo ves a cámara lenta es la hostia», añade Reina. «Ojalá no se hubiera acabado nunca ese momento», dice Güiza.

La copa fue manoseada, estrujada, alzada y besada por cada uno de los jugadores. Era el momento de presumir y de pasar a la historia: «Cuando la bajaba con Marchena, la fue a levantar y me pegó con ella en toda la cara. Le dije: "Ya no la cojo más"...», recuerda Silva.

«La que hemos liado, hostia puta...», pensaba Capdevila. El lateral empezó a buscar la grada donde se encontraba su mujer, sus padres, su hermana, su sobrina y sus suegros... Fue entonces cuando se percató de que había jugado la final con el anillo de casado en la mano izquierda. Ni él se había acordado de quitárselo en el vestuario, ni el árbitro Rossetti ni sus ayudantes se lo habían visto y le permitieron jugar con él. Paradojas de la vida, aquel 29 de junio de 2008 se cumplía su primer aniversario de boda. Joan iba ensimismado en estos pensamientos cuando una lapa se le pegó y ya no le dejó tranquilo hasta que se salió con la suya: se trataba del empleado de la UEFA encargado de llevar a los dos jugadores de cada equipo a pasar el control *antidoping*... «El pesado ese sale en todas las fotos con mis padres. Le dije que me dejara un rato tranquilo, que acababa de ser campeón de Europa y que me permitiera celebrarlo, pero no había manera...».

Marchena, que también tenía ubicados a los suyos en la grada, a punto estuvo de tener que pedir a Platini otra medalla: «Mi hija era muy pequeña y no entendía nada. La vio y empezó a darle bocados. ¡Puñetera!, con lo que nos había costado y se la quería comer...».

La celebración no había hecho nada más que empezar y se trasladó del césped al vestuario, después de que los jugadores mantearan a Luis Aragonés sobre el mismo campo. El champán y la cerveza empezaron a cobrar protagonismo. No era fácil mantener la compostura, pero se anunció la visita de los Reyes. «Te da reparo estar sudado, despeinado, en algún caso sin camiseta... Intentas guardar un poco las formas, pero a veces es complicado. Hace mucha ilusión que el Rey de tu país vaya a felicitarte y a darte la enhorabuena», comenta Fernando Navarro.

En medio del jolgorio, de repente se hizo el silencio. Don Juan Carlos se quedó mirando fijamente a un futbolista con la intención de felicitarle, pero éste estaba a mil cosas: «Yo estaba mirando la pantalla de mi móvil, contestando a algunos mensajes, cuando de repente oigo que todo el mundo se había quedado callado. Levanté la cabeza y vi que el Rey estaba esperando a que yo terminara para decirme algo. ¡Qué vergüenza! No me había dado ni cuenta... Me levanté rápidamente y le pedí disculpas ante las risas de todo el mundo. Fue muy gracioso», recuerda Palop con una sonrisa en los labios. Capdevila y Reina se quedaron con las ganas de saludar al Rey. La culpa la tuvo el inoportuno control *antidoping*, del que no quedan excluidos ni los campeones.

Claro que no todo el que quiso acceder a aquel vestuario lo consiguió. Arconada quiso agradecerle personalmente a Palop el detalle que había tenido con él, pero las fuertes medidas de seguridad se lo impidieron: «Yo no sabía que había presenciado el partido en el palco. Me llamó unos días después por teléfono para darme las gracias y me lo comentó. Le había invitado Platini. Le dije que era lo mínimo que se merecía y que para mí siempre había sido un referente. Espero haber conseguido de alguna manera que su imagen estuviera vinculada a este trofeo porque él también, en su día, se mereció levantarlo».

El champán empezó a surtir efecto. Los estómagos estaban vacíos, los alimentos aún no habían llegado y el alcohol se convirtió en un rival más: «En el vestuario se lió una muy grande. Hacía mucho calor y empecé a tomar champán... Se me subió muy rápido y pensé que era momento de parar. Pero me di cuenta de que ya era tarde... Recuerdo que atendí a la prensa, pero al día siguiente no sabía lo que había contestado. Yo veía a cuatro periodistas donde había sólo uno... Creo que no hice el ridículo, pero no lo puedo asegurar...», confiesa entre risas Marcos Senna. «Cuando entré en el vestuario, olía ya como una auténtica sidrería», recuerda Paloma Antoranz, jefa de prensa de la selección, que se incorporó a la fiesta con retraso junto a Luis Aragonés, tras pasar por la sala de prensa.

Después de hacer su primera conga delante de las cámaras de televisión y de los periodistas, de pasar por la ducha y de contar a toda España sus primeras impresiones como campeones de Europa, los jugadores se subieron al autobús. Los capitanes habían decidido antes del partido que lo mejor era volver a Neustift a cenar y pasar allí la noche. En aquel hotel se habían sentido como en casa hasta los cuartos de final.

En el vuelo Viena-Innsbruck, Pepe Reina protagonizó la primera versión del recital que encandilaría a toda España veinticuatro horas después. A voz en grito y con hechuras de *speaker* profesional fue recitando uno a uno el nombre de sus compañeros acompañándolo de alguna genialidad de su propia cosecha: «Fue parecida a la de Colón, pero más auténtica. Estábamos solos y Pepe no se cortó un pelo. En las públicas censuró algunas confidencias que recitó en el avión», desvela una fuente federativa. De repente, el susto que los alemanes no fueron capaces de darnos, se lo llevó la selección en pleno vuelo. El avión interrumpió su descenso para volver a empinarse bruscamente para recuperar altura. El aterrizaje fue abortado en dos ocasiones, aunque algún pasajero ni se enteró: «Eran las dos y pico de la mañana y lo pasé muy mal. Luego pregunté qué había pasado y me dijeron que el aeropuerto de Innsbruck es el más peligroso de Europa. Para que un piloto esté autorizado para aterrizar allí debe hacer simulacros antes, en Inglaterra. La pista está en un valle, rodeada de montañas, y el acceso es peligroso. De hecho, muchos nativos prefieren aterrizar en Múnich y desplazarse en coche hasta Innsbruck para evitar sobresaltos», recuerda Pedro Cortés. «No sé ni cómo llegó el avión de regreso a Innsbruck. Todo el mundo iba de pie, cantando, saltando... Las azafatas nos decían que nos sentáramos y nosotros les decíamos: "¿Qué coño nos vamos a sentar? Si acabamos de ganar la Eurocopa...". El piloto nos advirtió que si no nos sentábamos no podíamos aterrizar. Llovía mucho y había mucha niebla y tardamos cerca de una hora en poder tomar tierra. No se veía nada», desvela Cazorla.

Pese a la poca costumbre de los centroeuropeos a trasnochar, muchos austríacos se habían acercado al aeropuerto con banderitas españolas para aplaudir a los campeones. Los empleados del hotel esperaron también a la selección y la ovacionaron cuando el autobús estacionó en la puerta principal. Los jugadores se vistieron de calle, cenaron cerca de las cuatro de la mañana y se marcharon a una discoteca a rematar la fiesta. Luis disipó todas las dudas sobre su estado de ánimo al acabar la noche marcándose un baile subido a la barra.

Tres de sus ayudantes cumplieron a altas horas de la mañana la promesa que habían hecho en caso de ganar el torneo. Jesús Paredes (preparador físico), César Mendiondo y Ángel Férez (ojeadores y ayudantes de campo) se tatuaron en la espalda la silueta de la Eurocopa que habían conquistado unas horas antes: «Por si alguno se rajaba a última hora nos obligamos a hacerlo en Austria y no en Ma-

Iker Casillas levanta el trofeo de campeones de Europa en Viena. © Pablo García

Fernando Torres, rodeado de fotógrafos, apoya la Copa en la cabeza. © Pablo García

Torres pica magistralmente el balón a Lehman en la jugada de gol. © Pablo García

El Niño celebra el gol del triunfo de España en la Eurocopa. © Carmelo Rubio RFEF

La Roja al completo posa sobre el césped del Ernst Happel de Viena. © Carmelo Rubio RFEF

El once titular de España que disputó la final contra Alemania. © Carmelo Rubio RFEF

Abrazo de los jugadores al final del partido. © Carmelo Rubio RFEF

La hinchada española se desplazó en masa a Viena. © Carmelo Rubio RFEF

Güiza celebra con la afición el gol que marcó contra Grecia en la Eurocopa. © Pablo García

Villa posa con unos pintorescos seguidores españoles. © Pablo García

Las dos formaciones finalistas en la Eurocopa de Austria y Suiza 2008. © Carmelo Rubio RFEF

Casillas, rodeado por sus compañeros, se prepara para alzar la copa. © Carmelo Rubio RFEF

Luis Aragonés, manteado por sus jugadores tras derrotar a Alemania. © Carmelo Rubio RFEF

Reina, en pleno recital en el avión de regreso a España. © Pablo García

Sergio Ramos ofrece la Copa a la afición mientras cae la tarde en Madrid. © Carmelo Rubio RFEF

El autobús de los campeones sale del aeropuerto de Barajas camino a Colón. © Carmelo Rubio RFEF

Puyol, Capdevila, Cazorla y Albiol en plena fiesta. © Pablo García

Xavi, Cesc, Puyol y el doctor Jiménez celebran eufóricos el título. © Carmelo Rubio RFEF

El Paseo de la Castellana visto desde el autobús de la selección. © Carmelo Rubio RFEF

Casillas, con la copa, encabeza el tren de los campeones en Colón. © Carmelo Rubio RFEF

Momento estelar de Reina en el escenario de Cuatro. © Carmelo Rubio RFEF

drid», comenta uno de ellos. Marco Otero, emigrante gallego que fue el delegado de la UEFA de la selección española, fue quien se encargó de contactar con el tatuador y, de paso, acabó siendo el cuarto tatuado.

Las ojeras, la ronquera y la afonía se fueron convirtiendo en los compañeros de viaje de la expedición. Muchos empalmaron un día con otro sin pegar ojo. A las 17.10 horas del 30 de junio de 2008 despegó desde el aeropuerto de Innsbruck el avión Milagros Díaz de la compañía Privilege, rumbo a Barajas. Los jugadores se subieron a él con sus uniformes de trabajo, cada uno con su nombre y su dorsal en la espalda, como si la final no se hubiera disputado todavía. Era evidente que el cansancio se empezaba a adueñar de todos. Habían sido treinta y cinco días de concentración y había ganas de volver a casa. Pero quedaba todavía lo mejor: celebrarlo con los miles de personas que esperaban a la selección en las calles de Madrid.

La primera mitad del vuelo fue relativamente tranquila: «Esa hora fue la única que tuvimos calma desde que pitó el árbitro hasta que salimos de La Zarzuela», reconoce Fernando Galán, uno de los fisioterapeutas. Algunos periodistas, conscientes de que a su manera también habían hecho historia, se permitían la licencia de acercarse a la parte delantera del avión para hacerse fotos con la copa y completar sus recuerdos con los autógrafos de los héroes de Viena. Camisetas, pósters, fotografías... Todo tendría un valor incalculable con el paso del tiempo, cuando les contaran a sus hijos o a sus nietos que ellos también estuvieron en el Ernst Happel aquella noche. Los jugadores aguantaron estoicamente y con una paciencia impagable.

Cuando la expedición sobrevolaba territorio español, se empezaron a escuchar algunos cánticos que procedían de la parte delantera del avión. Eran los jugadores que coreaban algunas de las frases que tantas y tantas veces les había repetido Aragonés en los entrenamientos y en las concentraciones: «Ahí fue cuando me di cuenta de lo pendientes que habían estado durante todo el campeonato. No sabía que habían calado tanto mis frases y eso te toca el corazón», confiesa Aragonés. Reina recuerda aquel momento con mucha emoción: «El avión fue el momento más puro de conexión entre los jugadores y el míster. Al recordarlo casi se me saltan las lágrimas porque fue el mejor momento de la Eurocopa de largo. Empezamos a recrear sus expresiones y sus dichos. La gente los iba recordando y todos los cantábamos. Yo le tenía siete filas más adelante y recuerdo que se reía. Se iba apoyando en la mesita y de vez en cuando miraba hacia atrás, descojonado de risa», cuenta.

Abrumado y orgulloso, Luis se giró y les dijo a sus jugadores: «No quiero que lo digan, pero me tengo que reír. Qué hijos de puta... Se acuerdan de todo...».

Reina contaba con la colaboración de Villa y Xabi Alonso, dos grandes apuntadores, que también guardaban en su memoria muchas de las lecciones que les había impartido su entrenador: «Luis se partía el culo. Quizás no había sido consciente de las veces que nos repetía las frases y cómo habían dejado huella en el grupo. Cuando se las íbamos recordando, miraba para atrás y cada vez que decíamos una nueva, él decía: "¡Qué cabrones!... Estos hijos de puta me la tienen guardada..."», recuerda Alonso. Quizás el cántico que más emocionó a Aragonés fue el de: «Nosotros no volvemos, si el míster no está aquí». Pero la decisión era irreversible y a Aragonés le esperaba el Fenerbahce: «Les agradeceré infinitamente sus cánticos pidiendo mi continuidad, pero no había vuelta de hoja. Yo ya había dicho que pasase lo que pasase me iría y ellos ya lo sabían. Tampoco nadie me dijo que siguiera y la Federación ya tenía otro seleccionador concretado», aclara Luis.

Las reservas de cerveza del pasaje iban poco a poco consumiéndose y cada vez era más complicado refrescar las castigadas gargantas con un buen trago. Como si de un aguador ciclista se tratara, Puyol tuvo que desplazarse hasta la parte trasera del avión para hacerse con unas cuantas latas y repartirlas entre sus compañeros: «Ya veis; yo lo doy todo dentro y fuera del campo», comentó a algún periodista mientras completaba el camino de vuelta.

Después del particular homenaje a Aragonés, Reina comenzó nuevamente su recital. Primero con su inolvidable «¡Camarero!», pidiendo raciones a diestro y siniestro, con divertidísimos juegos de palabras que hacían las delicias de la expedición. Así también deleitó Pepe a sus invitados el día de su boda. No contento con eso, volvió a recitar uno a uno el dorsal y el nombre de cada uno de sus compañeros, mientras intercalaba algún chascarrillo, mote o vacile. Fue el momento cumbre de un vuelo que aterrizó en Madrid a las 20.00 horas del lunes 30 de junio de 2008, «Fue totalmente natural. Se me fue la pinza. Íbamos un poco perjudicados y simplemente me salió... Fui acordándome de cada uno de mis compañeros sobre la marcha», confiesa Reina.

Nada más poner los pies en Madrid, los jugadores empezaron a ser conscientes de la que se había montado. Un autobús descapotable les esperaba a pie de pista para recogerlos y llevarlos hasta la plaza de Colón, donde estaba instalado el centro neurálgico. Sólo un miembro de la selección había vivido, veintiséis años antes, la llegada de España a Barajas después de haberse proclamado subcampeona de Europa en París: «Aquella vez la sala de espera del aeropuerto se llenó de gente, pero ésta fue apoteósica. Nunca olvidaré la imagen de la gente subida a sus propios coches, saltando sobre el capó para saludarnos. No les importaba que se abollara... En mi vida había vivido algo así», confiesa Félix, el utilero. Los jugadores disfrutaron como niños:

«No me lo esperaba. Era la primera vez que me subía a un autobús para festejar algo.

»Siempre había soñado poder hacerlo algún día. Con el Arsenal sólo había ganado una copa, pero no la celebramos porque ya nos íbamos de vacaciones. Fue algo inolvidable. Recuerdo que hice el trayecto apoyado en la barandilla con Güiza. Me la podía haber pegado perfectamente...», recuerda Fábregas.

«No éramos conscientes de la que se estaba liando en España por mucho que te lo contaran los amigos, tu familia o lo vieras por Internet... En Madrid, flipamos. Yo no me lo creía. Veíamos coches atascados, gente subida en las marquesinas de las paradas de autobuses... Se te ponen los pelos de punta sólo de recordar las caras de la gente, de felicidad absoluta y total... Es ahí cuando te das cuenta de todo...», añade Arbeloa.

«La celebración fue el fiel reflejo de lo que es este equipo. A nadie le importaba que estuviéramos encima de un autobús y que nos estuviera viendo toda España. Estábamos viviéndolo y celebrándolo por todo lo alto y lo demás nos daba igual», asegura Villa.

«La llegada a Colón fue lo más bonito. A fin de cuentas representas a tu país y que un país de más de cuarenta millones de personas esté feliz por lo que han conseguido sólo cuarenta personas te llena de satisfacción», reconoce De la Red.

Al lado contrario, Aragonés miraba al cielo emocionado para disfrutar de una exhibición que había preparado la patrulla Águila del Ejército del Aire. Varios aviones C-101 hicieron dos pasadas desde el paseo de la Castellana hasta la plaza de Colón, dibujando en el cielo los colores de la bandera española.

«¡Joder, cómo está España, cómo está Madrid!», le decía Armando Ufarte. «La falta que nos hacía...», le contestaba Luis.

Alonso fue otro de los más gratamente sorprendidos por cómo salió todo: «Fue un escándalo. Cuando llegamos a Madrid flipamos. Si hubiéramos escrito la celebración en un guión, no nos hubiera salido tan bien». Marchena aún se emociona hoy día cuando se le vienen a la cabeza aquellos momentos: «Me siento orgulloso de que aquello uniera tanto a un país tan dividido futbolísticamente».

La apoteosis se adueñó de la plaza de Colón cuando el autobús logró estacionar junto al gigantesco escenario que se había instalado para la ocasión. Los campeones se dieron un baño de masas que no olvidarán mientras vivan. Pero sin duda, el momento cumbre lo volvió a protagonizar Pepe Reina. El portero, a petición de sus compañeros, volvió a soltarse (esta vez ante toda España) y dio un auténtico recital, tanto en el escenario que había instalado Cuatro como en el de la Federación: «Fue un momento de generosidad para mis compañeros. El momento lo requería y lo hice sin ninguna maldad y con todo el cariño y respeto hacia ellos con la idea de que la gente conociera un poco más a cada uno. Fueron cinco o diez minutos en los que yo estaba... Había un millón de personas en la plaza, pero yo sólo veía las seis primeras filas...».

«Os voy a detallar a los veintitrés hombres que han hecho historia en Austria y Suiza:

»Con el 1, el auténtico sin manos, el hombre que hizo posible este sueño parando dos penaltis en cuartos de final. Iker... Casillas.

»Con el 2, el auténtico chorizo de criollo, la longaniza más grande del mundo, Raúl... Albiol.

»Con el 3, el auténtico jabato venido del Besós, Fernando... Navarro.

»Con el 4, el auténtico mariscal del área, el jefe de la defensa, Carlos... Marchena.

»Con el 5, el Tarzán, el hombre que come piñas, el auténtico Carlos... Puyol.

»Con el 6, el hombre que estaba peleado con el astro rey, que no se llevaba bien con el sol, Andrés... Iniesta.

»Con el 7, ¡el 7 de España porque ha sido pichichi con su juego!, el guaje... Villa.

»Con el 8, Humphrey Bogart, ¡qué decir de Humphrey Bogart!, el auténtico y genuino Pelopo, Xavi... Hernández.

»Con el 9, el niño, ¡ay mi niño!, el niño de España, Fernando... Torres.

»Con el 10, la auténtica empanada, no se entera una mierda, Cesc... Fábregas.

»Con el 11, el auténtico y genuino Garrincha, sí Garrincha, el auténtico Joan... Capdevila.

»Con el 12, el de la omisión porque no se merece otro, es muy pequeño y es alevín, el auténtico Santi... Cazorla.

»Con el 13, el genuino Andrés, ¡ay amigo, que me ha limpiado 500 euros a los penaltis!, Andrés... Palop.

»Con el 14, parece el hijo de Johan Cruyff, el auténtico y genuino, Xabi... Alonso.

»Con el 15, en homenaje a nuestro querido Antonio Puerta que en paz descanse, el mítico Sergio... Ramos.

»Con el 16, gitanito mío, el auténtico Falete, auténtico, Sergio... García.

»Con el 17, ¿quién es el 17, cojones? El auténtico gitano, el primo, Rodolfo Chikilicuatre, el Güiza, ¡ay! ¿Dónde está Güiza? Gitano... Güiza.

»Con el 18 a la espalda, ah, el segundo más empanado del mundo, no se entera otra mierda, el auténtico Álvaro... Arbeloa.

»Con el 19, la samba, la samba brasileña española, el auténtico conguito, Marcos... Senna.

»Con el 20 a la espalda, ¡qué calidad Dios mío!, ¿quién es el 20? El 20, finito y exquisito... Juanito.

»Con el 21, es muy pequeño, es alevín, mide 1,50 pero tiene calidad para aburrir, el auténtico David... Silva.

»Con el 22, Diego Armando Maradona, él es el auténtico astro, olé, *diegolé*, *diegolé*, el auténtico Rubén... De la Red.

»Y con el 23, un humilde *speaker* que está aquí de corazón con todos vosotros, Pepe... Reina».

Todos los asistentes volvieron a la carga para entonar el grito de «Campeones, campeones», cuando Reina volvió a intervenir para poner el broche a su inolvidable actuación: «Este grupo no tiene una mierda que hacer si no fuera por el auténtico astro de los reyes, Dios mío, el mítico, genuino, mete la pierna larga, no se traga los amagues, es un fenómeno, don Luis... Aragonés».

Pepe reconoce que ha visto su actuación «más de dos veces en casa», dice entre risas, «pero es complicado que pueda volver a hacer algo así porque no hubo nada estudiado. Ellos me pidieron que repitiera lo que había hecho en el avión y me salió así...». Uno de los que mejor le conoce es Xabi Alonso, con el que compartió tres temporadas en el Liverpool: «A mí no me sorprendió tanto, pero una cosa es lo que yo le haya visto hacer en *petit comité* y otra es cómo le salió y en qué situación... Y encima enlazar del 1 al 23 sin equivocarse en ninguno. La mayoría de los comentarios eran coñas que fuimos haciendo a lo largo del campeonato. La mía no se la curró mucho, la verdad...».

Otro momento para el recuerdo fue cuando Xavi cogió el micrófono a petición de Reina para hablar ante la marabunta: «Este equipo se merecía este título porque ha hecho piña, porque tiene un entrenador cojonudo y por todo el *staff* técnico y la gente que lo rodea. Venga, ¡viva España!», terminó diciendo ante las risas de sus compañeros.

El posteriormente designado mejor jugador de la Eurocopa recuerda aquel momento con mucho cariño: «Me han vacilado mucho con el ¡viva España!, pero a mí España me ha dado mucho, qué quieres... No puedo decir otra cosa, pero hay gente que no lo entiende. Yo sí entiendo todos los pensamientos y sé que hay gente muy catalanista. Había foros que me mataban. Menos mal que me fui de vacaciones... Después, en el primer día de la pretemporada con el Barça, se me ocurre volver a decirlo en broma y me lo sacan en todos los informativos... Yo no tengo unos ideales políticos, yo soy de las personas. Siempre estoy de broma y he liado cada patata que no veas», reflexiona Xavi.

Un gran amigo suyo, Fernando Navarro, no ve ilógico el arranque de su compañero: «En condiciones normales igual no lo dice, pero él se siente muy catalán y muy español. Si lo dijo es porque lo sentía. Habíamos ganado la Eurocopa y fue una cosa sincera y que le salió natural. Siempre lo recuerda con gracia. Todo el mundo que le conocemos sabe cómo es Xavi. Es una persona increíble, con principios y está orgulloso de jugar en la selección española». Puyol tuvo mala suerte y el arranque de su compañero le pilló en el servicio: «Son momentos de celebración y creo que se alegró toda España de que fuera un catalán el que lo cantara». Para que no faltara nadie se extendió una pancarta de considerables dimensiones con el lema: «Va por ti, Genaro». Muchos estaban convencidos de que desde arriba había ayudado mucho a la selección.

Veinticuatro horas después de haber terminado la final, los jugadores seguían de fiesta. De Colón al Bhudda Bar, una famosa discoteca a las afueras de Madrid, a seguir la celebración. La contraseña para que familiares y amigos pudieran entrar fue casualmente *El Galgo de Lucas*... Los cuerpos pedían descanso, pero seguían aguantando. Durante la cena, Reina seguía recibiendo la felicitación de sus compañeros. Se había metido a toda España en el bolsillo, pero no pudo evitar echarse a llorar al recordar a su abuelo Miguel que había fallecido unos meses antes. A Pepe le hubiera encantado que el padre de su padre, que le acompañó a tantos y tantos entrenamientos cuando era un chaval, no le hubiera tenido que ver desde el cielo.

La noche volvió a ser inolvidable para todos. Lo peor fue al día siguiente, cuando hubo que madrugar para acudir a las recepciones oficiales en la Moncloa y en el palacio de la Zarzuela. No fue tarea fácil reclutar a todo el mundo. Fue Silvia Dorschnerova, la delegada de la Federación, la encargada de telefonear a cada una de las habitaciones para intentar sacar de la cama a toda la expedición. El truco era infalible: «Están todos subidos al autobús. Sólo faltas tú...», les decía a los que no cumplían con el horario establecido. «Yo había dormido dos horas. Cuando me llamó Silvia me vestí todo lo rápido que pude y bajé corriendo. Cuando subí al autobús me di cuenta de que faltaban todavía al menos diez compañeros...», recuerda Senna.

Las prisas jugaron una mala pasada a alguno, según desvela el hispano-brasileño: «Me entró la risa porque un fisio no se había puesto los calcetines. Llegó con la maleta, perdido... y la metió en el maletero del autobús. Yo le dije: "¿Pero dónde vas con la maleta, si vamos a ver al Rey?"». El de la maleta era Juan Carlos Herranz: «Nos habíamos quedado dormidos y no tuvo ni tiempo de vestirse. Bajó con los zapatos en la maleta y a Marcos y a mí nos dio un ataque de risa al verle», recuerda Raúl Gutiérrez, otro de los fisioterapeutas de la Federación.

Sólo Silva, por una gastroenteritis, causó baja: «Mi cuerpo no aguantó más. Tras la tensión del partido, estuve casi dos días sin dormir y comiendo poco y mal, bebiendo... Me supo mal no poder estar porque un momento como aquél había que disfrutarlo al máximo. Ojalá el próximo verano podamos repetir y pueda estar aunque me lleven a rastras».

Nada tuvo que ver el trayecto en autobús con cualquiera de los anteriores: «Había un silencio sepulcral. Mi voz no salía y la de muchos de mis compañeros tampoco», recuerda Güiza. «A la Moncloa no sé ni cómo fuimos. Había gente que no podía ni hablar, como Puyol. Yo le decía "Joder, Puyi, cómo te has desmadrado..."», añade Xavi, al que le llamó la atención la cercanía del presidente José Luis Rodríguez Zapatero durante la recepción: «Yo hablé mucho con él. Es muy cercano y muy buena gente. Es muy del Barça. Hasta los camareros que le servían le hacían bromas y yo pensaba: "Joder, qué confianzas..."». Sergio Ramos también corrobora la percepción de su compañero: «El presidente ya había ido a vernos a Las Rozas antes del Mundial al hotel a desearnos suerte. Es una persona sana y sencilla que nos dio confianza. Él tira más para el Barça, no como el Rey...».

La última estación antes de coger cada uno su petate e iniciar sus merecidas vacaciones fue el palacio de la Zarzuela, donde esperaba el Rey, que apenas treinta y seis horas antes había felicitado en el vestuario del Ernst Happel a la selección por el éxito conseguido. El momento era histórico, pero las fuerzas estaban al límite: «Se pasa mal porque estás hecho polvo y lo que necesitas es descansar. Yo me ponía detrás en las fotos para que no se me viera mucho...», recuerda Sergio García.

«Cuando fuimos a ver al Rey fue un espectáculo. ¡Vaya caras teníamos! Yo no tenía ni voz de tanto cantar y gritar... Cuando le di la mano me dijo: "¿No tienes voz?", y le dije: "Me la dejé en Bhudda...". Era muy gracioso. Luis le decía que tenía algo pendiente con él, pero no me enteré de qué se trataba», comenta Cazorla. La copa, tesoro al que todo el mundo quería manosear y besuquear sólo unas horas antes, pasó de repente a un discreto segundo plano: «¿Ah, que la llevamos? —bromea Iniesta—. Pues yo ni me acuerdo...». «Se la dejábamos a cualquiera», ríe Capdevila. «Nos pesaba mucho y la llevamos entre varios. Acostumbrados a no haber ganado nada... Se la enseñamos al Rey y cuando la cogió nos dijo: "No veas cómo huele a alcohol...". La verdad es que hablaba sola», confiesa Ramos.

El Rey Juan Carlos volvió a felicitar a Aragonés: «No tengo una manta para mantearte», le saludó. Luis departió con él durante un buen rato: «Recuerdo que le decía: "¿Cuándo va a arreglar lo mío, Rey"?», cuenta Albiol. A los jugadores les hacía mucha gracia ver a su entrenador dirigirse así al monarca, pero muchos de ellos no sabían a qué se refería exactamente: «Juan Carlos tiene mi misma edad y le conozco desde que era Príncipe. Me gustaba tratarle de usted, pero con un acercamiento que te permite hablarle de distinta forma. Tenemos una broma en común desde que en 1978 recibí la medalla al Mérito Deportivo. A Gento, además, le llegaron a conceder un fajín y el trato de Excelentísimo. Cuando nos impusieron la medalla yo le dije al Rey: «Me dice Gento que si en vez del fajín fueran 700.000 pesetas al mes, casi mejor». «Sí, sí, pero que se lleve el fajín», me contestó.

Desde entonces, siempre que Aragonés coincide con el Rey en algún acto oficial le saca a colación la famosa pregunta: «Se lo volví a preguntar el día que nos clasificamos para jugar los octavos de final en el Mundial de Alemania y el día que visitamos La Zarzuela tras ganar la Eurocopa, pero su respuesta siempre es la misma: "Va bien, pero todo sigue igual"», ríe Luis.

El agotamiento y la falta de costumbre a la hora de dirigirse a las autoridades provocaron algunas situaciones comprometidas que recuerdan con mucho cariño jugadores como Xavi: «A veces se nos acercaba el Rey y yo parecía el Marcos Senna de la Zarzuela: venga a hacer coberturas... Veía a Sergio García hablando con la princesa Letizia, allí que iba... "Menos mal que has venido, me decía..." Sergio le respondía: "Sí, mi Rey". Y yo le decía, "¿pero qué dices?..."». Alonso también recuerda lo mal que lo pasó su compañero en aquel trance: «El Rey le dijo algo a Sergio García y él no podía ni responderle de la afonía que llevaba. Me reí mucho. Luego él nos decía que qué queríamos que le dijera si no podía ni hablar...».

Mientras tanto, la Reina Sofía no dejaba de lado a los otros campeones de Eurocopa: «No es la primera vez que nos ha pasado, pero no deja de llamarnos la atención. Siempre se preocupa por el trabajo de los que estamos en segunda fila», recuerdan Félix, Jesús y Damián, los por entonces utileros que trabajaban para la selección absoluta.

Cuando el autobús, al ralentí, esperaba ya el regreso de la expedición para llevarles de vuelta al hotel y dar por concluida la mañana, alguien echó en falta la copa: «Nos la dejábamos tirada en la pradera. Ya nos vale...», concluye Capdevila.

Llegó el momento de la despedida. El hall del hotel Barajas fue testigo de sinceros abrazos, besos y lágrimas que ya no captaron ni las cámaras ni los fotógrafos. Pedro Cortés nos hace de extraordinario reportero: «La gente iba un poco *chispeta* y cuando vas *chispeta* tiendes a ser besucón. Yo no quería llorar porque tengo muchos años y muchos nietos, pero no pude evitarlo. Yo que me burlo de Gran Hermano cuando echan a uno y se ponen a llorar todos y mira... Cualquiera que pasara por ahí pensaría que estábamos enterrando a alguien. Era el último día de Luis y muchos jugadores lo sintieron mucho. Una parte del éxito se había acabado. Yo les decía: "Vale ya, que dentro de un mes nos volvemos a ver..."».

¿DÓNDE EMPEZÓ TODO?

A día de hoy suena raro, pero en 2006 España perdió, en poco más de cuatro meses, tres de los cinco partidos que disputó y sólo fue capaz de ganar uno. Cayó 3-1 con Francia en los octavos de final del Mundial de Alemania; empató a cero en un amistoso en Islandia; ganó 4-0 a Liechtenstein en Badajoz; perdió 3-2 contra Irlanda del Norte y volvió a caer 2-0 en Suecia. Hoy día estos resultados serían poco probables, pero evidencian que, antes de batir récords y conquistar la Eurocopa, España tuvo que recorrer un largo camino.

Tras completar una primera fase más que aceptable, venciendo a Ucrania (4-0), Túnez (3-1) y Arabia Saudí (1-0), Francia se cruzó en el camino de España en el Mundial de Alemania. Y nos mandó para casa antes de tiempo. Fue el 27 de junio de 2006, en Hannover. David Villa adelantó a España en el marcador al transformar un penalti, pero Ribery, Vieira y Zidane dieron la vuelta a la tortilla y La Roja, que llevaba dos años sin perder (25 partidos), cayó eliminada:

«No estábamos haciendo un mal papel hasta ese partido. En los tres primeros jugamos bien, pero el día de Francia, no. Fue un día desafortunado para todos. Se les podía eliminar porque no estaban en un buen momento y se habían clasificado muy justos. Empezamos ganando, pero la sensación que tuvimos fue que no dominamos el partido en ningún momento y que Francia fue superior a nosotros», reflexiona el Guaje.

«Nos fuimos con el dolor de no haber cumplido. Como mínimo

deberíamos haber llegado a los cuartos de final e intentar competir, pero Francia no nos dio opción», recalca Xavi.

Pese a que Francia llegó a ser subcampeona del mundo, el golpe fue duro:

«Durante el Mundial tuve muy buenas sensaciones. Veía que podíamos hacer algo importante y que funcionábamos, pero pasar de tener todas esas ilusiones a irte a casa es difícil. Se vieron cosas buenas, pero todavía faltaba gente por madurar para hacer algo importante», opina Xabi Alonso.

«Del Mundial me fui con un sabor agridulce por haber caído eliminados tan pronto, por la ilusión que teníamos todos... Era un grupo muy joven que, desde mi punto de vista, aún no se había integrado al máximo como equipo», añade Ramos.

«La prensa había subestimado a Francia. Parecía que les íbamos a ganar con la gorra y luego nos machacaron. De eso aprendimos mucho y fue un punto de inflexión. Ellos eran un equipo muy veterano y nosotros todavía éramos algo inexpertos. Torres y Cesc, por ejemplo, no se sentían con ese rol de importancia que ya adquirieron en la Eurocopa», confiesa Juanito.

Aragonés tampoco palpó en sus jugadores el mismo convencimiento que durante la Eurocopa: «Había gente que ya dudaba de la victoria al tratarse de Francia, aunque habíamos ido al Mundial con bastante moral. Si hubiéramos pasado de octavos de final, habría sido un éxito total». Antes de viajar a Alemania el seleccionador había manifestado en Radio Marca, el día que ofreció la lista de convocados, que abandonaría su cargo en caso de no alcanzar las semifinales. No fue tan contundente al día siguiente de la eliminación: «Me apetece seguir, pero depende de la Federación y del pueblo español. Hemos empezado un trabajo que creo que deberíamos terminar, pero si me tengo que marchar, me marcho».

Tras la eliminación ante Francia acudió a La Sexta, donde dejó claras sus intenciones: «Me he podido equivocar en una frase, pero una frase no me va a echar de seleccionador». El 30 de junio la Federación Española convocó una rueda de prensa en la que su secretario general, Jorge Pérez, anunció la continuidad de Luis Aragonés en el banquillo y su posterior incorporación a la dirección deportiva:

«Luis no quería, pero le hemos pedido que siguiera porque está realizando un gran trabajo. Además, queremos que ponga en marcha una dirección deportiva», manifestó Pérez.

«En el fondo, aunque dije que me iba, quiero seguir porque estoy a gusto. La Federación me ha dicho que está contenta conmigo. No me arrepiento de esa frase y la volvería a decir. Si queréis que diga que me equivoqué, me equivoqué, pero necesitaba decir eso en ese momento», aseguró Luis aquel día.

A España no le quedó más remedio que levantar la cabeza y afrontar la fase de clasificación para la Eurocopa de Austria y Suiza de 2008: Dinamarca, Suecia, Irlanda, Liechtenstein y Letonia eran nuestros rivales. El primero del grupo se clasificaba directamente y el segundo tendría que disputar una eliminatoria de repesca.

En el primer partido, España no tuvo problemas para imponerse a Liechtenstein en Badajoz. Sin embargo, el primer varapalo importante llegó en Belfast. El 6 de septiembre de 2006, y contra todo pronóstico, Irlanda del Norte derrotó a España por 3-2: «Todas las cosas se iban dando mal. Parecía que nada ayudaba en ese momento y perdimos ese partido», comenta Alonso, que precisamente fue expulsado aquella noche. Fue una derrota inesperada, vergonzosa y dolorosa.

Al regreso de Belfast, Aragonés presentó su dimisión en la Federación a Ángel María Villar. Fue el 11 de septiembre: «He venido a presentar mi dimisión, que es lo que todos queríais», espetó a los periodistas que hacían guardia aquella mañana. Pero el presidente no se la aceptó y Luis siguió en su cargo:

«No sólo no me la han aceptado, sino que encima me lo han dicho *cabreados* y todo», comentó aquella misma tarde en Radio Marca.

«Creo que siempre he defendido la posición del seleccionador durante mi mandato y creo que ellos también se han sentido respaldados en los momentos más difíciles. ¿Que si me costó mucho convencerle? Luis es muy bueno y le tengo mucho cariño», asegura Villar.

Aragonés dejó por primera vez fuera de la convocatoria a Raúl para el siguiente partido contra Suecia. Tampoco contó con Joaquín. El andaluz manifestó en Punto Radio que «la selección es un despelote». Después matizó sus palabras en una rueda de prensa y pidió disculpas a Aragonés. España se plantó en Estocolmo para medirse al rival más peligroso sobre el papel... y volvió a perder por 2-0. Aquella noche del 7 de noviembre de 2006 se levantó una gran polvareda. Antes de partir de regreso a España, se improvisaron en el aeropuerto tres ruedas de prensa en apenas quince minutos: la de Casillas (como capitán), la de Aragonés (más cuestionado que nunca) y la de Villar (que dejó bien claro que no peligraba el cargo del seleccionador):

«Ya dije antes del partido que, pasara lo que pasara, Aragonés seguiría siendo el seleccionador», manifestó Villar.

«Agradezco las palabras del presidente, pero eso mismo ya me lo había dicho a mí y con eso me bastaba. Ya he dimitido en dos ocasiones y ahora no lo voy a volver a hacer. Sé que los jugadores también están conmigo», afirmó Aragonés.

«Hoy era un día que se podía fallar. El traspié grave fue en Irlanda. Los jugadores estamos con el míster y pedimos el apoyo de la afición. Quedan 27 puntos en juego y podemos clasificarnos todavía», remató Casillas, que estrenaba capitanía en aquella concentración ante la ausencia de Raúl.

El resto de futbolistas, sentados esperando el embarque, presenciaban la escena con gesto de preocupación:

«Fue un momento triste porque queríamos mucho a Luis por todo lo que había hecho por nosotros. A partir de ahí, quizá por la estima que le teníamos o porque empezábamos a despertar después de la decepción del Mundial, reaccionamos», recuerda Fábregas.

«Quizás nos seguía pasando factura la eliminación contra Francia. Para muchos había sido nuestro primer Mundial y volvimos tocados. Empezamos la fase de clasificación muy mal», afirma Xabi Alonso.

«A veces no hay mal que por bien no venga. A raíz de la eliminación del Mundial y del mal comienzo en la fase de clasificación cambió la dinámica. Empezaron a ir otros jugadores, otros tuvimos más protagonismo y se abrió un ciclo nuevo», confiesa Iniesta.

El efecto que provocó todo esto no fue la partición del vestuario en mil pedazos, sino todo lo contrario, ya que el equipo se fusionó con su entrenador como una lapa: «Al míster le cayó una tremenda después de las derrotas de Irlanda y Suecia. Eso hizo que el grupo se encerrara más hacia adentro y que nos dijéramos a nosotros mismos: "Vamos a muerte con él y hasta donde lleguemos". Fue la primera piedra que hizo que este grupo se fortaleciera tanto humanamente», desvela Marchena.

De hecho, los jugadores consideran a Aragonés como el principal artífice de la remontada que se produciría posteriormente: «Nos demostró en cada convocatoria que confiaba en nosotros, pese a que mucha gente le pedía una revolución. Cuando vas ganando y te dan confianza, casi ni la sientes. Pero cuando la moral está por los suelos y te demuestran, con hechos, que creen en ti, es fundamental», admite Villa.

Cuatro días después, España afrontaba un partido amistoso en Murcia contra Argentina. Era la puesta de largo de la Nueva Condomina y el ambiente era casi bélico:

«Para mí ése fue, sin duda, el momento más jodido. El día antes del partido nos dijeron de todo en el entrenamiento. La afición y la prensa también fueron un punto negro... No queríamos ni entrenar, decíamos: "Madre mía, nos van a decir de todo", y nos dijeron de todo», recuerda Xavi.

«Cuando no se gana, todo es un desastre, hay muchos palos y casi todos iban dirigidos al míster. Eso era injusto y así lo creyó todo el grupo. Nos hicimos más fuertes y nos unimos más a él», añade Puyol.

Los jugadores consideraron desproporcionadas las críticas que gran parte de los medios de comunicación le brindaron a Luis Aragonés: «La prensa se pasó de la raya seguro, con críticas personales, llegando hasta el insulto y eso es denunciable. Los mismos que insultaron y faltaron al respeto luego te dan la palmadita en la espalda. A nosotros no nos sorprendió, pero era injusto. Todos sabemos al final quiénes somos y de dónde venimos. Eso lo llevamos en nuestra memoria», confiesa Reina.

Es difícil encontrar un punto de partida, una reunión o un momento determinados en el que empezara todo. Fue un cúmulo de circunstancias lo que llevó a los jugadores a hacer piña con su entrenador, convencidos de que él no era culpable de la situación:

«Fue de una manera inconsciente. Cuando a una familia le dan hostias desde fuera se arropan unos a otros, pero sin ánimo de decir "Ahora nos vamos a unir porque nos han pegado". Si ves que el entrenador cree en ti, que es un buen tipo, que va de cara, que tiene valores buenos, que hace grupo, que hay un orden y una disciplina y que el que se sale de ella queda retratado hace que te unas a él. A lo mejor había que pasar por todo ese sufrimiento para ahora estar disfrutando tanto», reflexiona Xavi.

«Luis no nos pidió explícitamente colaboración y ayuda, a nosotros nos salió por sí solo. Es un tipo tan entrañable, tan emblemático... Fue como un abuelo para nosotros. Nos sentimos identificados con él porque siempre dio la cara por nosotros y se partió el pecho. No hacía falta ninguna charla para decirle que estábamos con él porque ya lo sabía. El grupo, por convencimiento propio, arropaba a su entrenador y él se daba cuenta perfectamente. Era lo menos que podíamos hacer por él. Si lo miras bien, sólo habíamos perdido dos partidos», insiste Reina.

Aragonés asegura que no llegó a pedir ayuda a sus jugadores: «Nunca lo he hecho en toda mi trayectoria como entrenador». Xabi Alonso corrobora la afirmación de Luis: «Él siempre nos decía que tenía las espaldas muy anchas y que era muy fuerte. Nosotros nos dimos cuenta de que estaba sufriendo y por eso nos salió espontáneamente estar a muerte con él».

España consiguió derrotar por 2-1 a Argentina y, aunque se trataba de un amistoso, la victoria supuso una importante dosis de confianza y espantó a los fantasmas que habían vuelto a aparecer en el horizonte: «El partido de Argentina fue una piedra de toque importante. Luis estaba ofuscado y molesto con todo lo que estaba pasando. Nosotros nos sentíamos dolidos. Fue un día de mucho orgullo y coraje y la victoria nos sirvió de mucho», añade el portero del Liverpool.

Con 3 puntos sobre 9 posibles, España cerró el 2006 con otro amistoso en Cádiz contra Rumanía. «Aquel partido fue un desastre. Yo creo que es el peor que he jugado con España. Perdí un montón de balones. Le di suficientes motivos a Luis para que dejara de contar conmigo durante un tiempo», confiesa abiertamente Marcos Senna.

Para David Silva fue un mal día para debutar en la selección española ya que se volvió a perder, por 0-1, aunque tuvieron que pasar dos años y medio para ver una nueva derrota de España, en las semifinales de la Copa Confederaciones contra Estados Unidos en junio de 2009.

España estrenó el 2007 con otro ensayo, enfrentándose a Inglaterra en Old Trafford. Un gol de Iniesta dio un prestigioso triunfo ante una selección de enjundia. Pero en marzo llegó la hora de la verdad. Dinamarca visitaba el Santiago Bernabéu en la cuarta jornada del grupo de clasificación para la Eurocopa. Un nuevo tropiezo hacía peligrar muchísimo la clasificación. Como le gusta decir a Aragonés, había que ganar «por lo civil o por lo criminal».

España venció por 2-1 con goles de Villa y Morientes y los jugadores superaron así una situación límite: «Esa semana se palpaba en los entrenamientos que estábamos acojonados. Pero sólo nosotros, porque a Luis no le vi así y siempre confió en nosotros. Sabíamos que si perdíamos se complicaba todo mucho. A ellos les expulsaron a Niclas Jensen a los veinte minutos y aun así, nos pasaron por encima en los últimos veinte. Fue producto de la ansiedad que teníamos por ganar y por lograr la clasificación. Luis se enfadó mucho con nosotros porque ese día sufrimos demasiado para ganar», recuerda Villa. «Se nos ha ido la pinza. Hemos estado tremendamente nerviosos y la ansiedad nos ha vencido. Esos nervios no se pueden tener en el fútbol y tenemos que aprender a competir», sentenció Aragonés después de la victoria.

Muy poco a poco, España iba remontando el vuelo, aunque todavía era cuarta en su grupo a 6 puntos de Suecia, 3 de Irlanda y 1 de Dinamarca. Cuatro días después, y bajo una interminable tormenta en Mallorca, La Roja logró vencer por la mínima a Islandia en Son Moix. Costó mucho abrir la lata nórdica, pero un gol de Iniesta en la segunda parte deshizo el entuerto. En junio, España rindió visita de manera consecutiva a Letonia y a Liechtenstein, y se impuso a ambos países por el mismo resultado: 0-2. Ya llovía menos... Con 15 puntos sobre 21 posibles se veía más cerca la obtención del pasaporte para Austria y Suiza.

En agosto, España disputó un nuevo amistoso en Salónica contra Grecia. El día antes del partido la selección no pudo entrenarse debido a las lamentables condiciones que presentaba el césped de La Tumba, el estadio del PAOK, donde finalmente se celebró el partido. España perdía en el descanso por 2-0, pero en la segunda parte remontó y acabó venciendo 2-3.

Todo parecía ir viento en popa y la selección acumulaba ya seis victorias consecutivas. Sin embargo, Luis pudo comprobar que las escopetas seguían cargadas cuando en septiembre España no pudo pasar del 1-1 en Reikiavic contra Islandia. «Hemos hecho lo que nos ha dado la gana o lo que pensábamos que era lo mejor para nosotros, pero no lo que nos ha dicho Luis», reconocía Casillas después del partido. El resto de resultados del grupo favorecieron a España: Dinamarca y Suecia empataron e Irlanda perdió en Letonia. España se aupaba ya al segundo puesto y mantenía la distancia de tres puntos con respecto al líder, Suecia.

Pese a ello, las críticas volvieron a arreciar y trajeron consigo que Aragonés tomara decisiones drásticas con la prensa de cara al partido que cuatro días después enfrentó a España y a Letonia en Oviedo. Luis programó un entrenamiento a puerta cerrada en el Carlos Tartiere impidiendo a la afición asturiana ver a sus ídolos: «Tuve la sensación de estar entrenando en un país extranjero. El ambiente había llegado a tal extremo que la gente nos insultaba. Estábamos incómodos, pero Luis cerró filas en torno a nosotros y se echó mierda encima para defendernos», recuerda Juanito.

Además, Aragonés advirtió a sus ayudantes que tomaba la decisión de no dar ni siquiera ruedas de prensa antes y después de cada partido y que las convocatorias se anunciarían a partir de entonces a través de la página web de la Federación: «Recuerdo que en la concentración de Oviedo había mucha gente en el hotel, mucho mal rollito. Dentro, realmente, no lo entendíamos y estábamos muy disgustados. Nos cabreó mucho en ese sentido. Aquello parecía Casa Pepe», dice Marchena.

España venció por 2-0 a Letonia y Aragonés y los jugadores pasaron factura a la prensa. Tras el partido aún se desconocía la decisión del seleccionador de no hacer declaraciones y corrió el rumor de que había presentado su dimisión. Los jugadores, aliados con Luis, empezaron a salir uno a uno del vestuario esquivando a las cámaras y los micrófonos, lo que ayudó a alimentar todo tipo de especulación. Sólo Casillas, Albelda y Joaquín hablaron ante los medios. El resto, pasó de largo de una manera extraña y sospechosa.

Era evidente, pero con la perspectiva del paso del tiempo, Reina reconoce que aquella noche se vengaron: «La mayoría decidimos plantarnos porque nos ganamos muchos abucheos y pitos por culpa de la prensa. Eso es verdad y hay que contarla. Ahora que las cosas están yendo bien, se puede admitir de una forma más tranquila». El presidente de la Federación Española, Ángel María Villar, se reunió al día siguiente con el seleccionador para analizar todo lo sucedido. Aragonés había preferido volver a Madrid solo por carretera en vez de volar con sus ayudantes y algunos jugadores para evitar el contacto con la prensa.

Con este panorama tan enrarecido, España se plantó en Aarhus el 13 de octubre de 2007 para enfrentarse a Dinamarca. Una derrota prácticamente condenaba a La Roja a la repesca por tercera fase final consecutiva. Para acudir a la Eurocopa de Portugal 2004 hubo que tumbar a Noruega, y para disputar el Mundial de Alemania 2006, a

Eslovaquia. La fortuna tampoco quiso echarnos una mano: Villa caía lesionado en la jornada de liga anterior y Torres en el entrenamiento previo al partido. Por ello, Aragonés se sacó de la manga un novedoso sistema, con cuatro centrocampistas y un solo delantero, que ofreció un buen rendimiento. Tamudo, Sergio Ramos y Riera fueron los autores de los goles españoles en un partido que acabó 1-3.

España empezó a tocar y a mover el balón de un lado a otro. El gol de Sergio Ramos fue una obra de arte y supuso la culminación a una brillantísima jugada de equipo. Veintisiete toques seguidos a la pelota dieron los futbolistas españoles, sin que los daneses pudieran impedirlo. Veinticinco segundos estuvo el balón en poder de la selección y todos los jugadores de campo, a excepción de Albelda, lo tocaron en la jugada. Xavi cedió a Tamudo que vio el desmarque de Sergio Ramos y le habilitó con un pase al hueco al primer toque para que el andaluz definiese con la habilidad de un delantero centro.

Si hay que elegir un punto de inflexión, un partido clave que supusiera un antes y un después en la historia reciente de España, los internacionales eligen por mayoría absoluta el partido contra Dinamarca: «Ahí, sinceramente, estábamos solos. Si perdíamos, estábamos fuera. Lo teníamos todo en contra y había palos por todos lados por parte de la prensa. Nos dijimos: "Éste es nuestro momento, es la hora de la verdad y hay que decir si vamos hacia delante o hacia atrás". Fue clave», admite Capdevila.

El resultado fue muy importante, pero lo que más valoraron los internacionales fue cómo se ganó. El gol de Sergio Ramos simbolizó un punto de partida: «Allí empezamos a creer que podíamos hacer un papel bueno en la Eurocopa. La gente estaba un poco baja de ilusión por los últimos partidos y allí volvimos a engancharnos y a creer que podíamos ser campeones. Se empezó a construir un bloque bueno, limpio, joven y veterano a la vez, y los resultados posteriores lo corroboraron», reconoce el defensa andaluz. Silva, que aquel día estuvo en el banquillo y no participó en el partido, se alegró especialmente por su compañero: «Le habían caído muchos palos, incluso se llegó a decir que la clave para ganar a España era buscarle la espalda a Sergio. Aquel día tapó muchas bocas, marcando, además, un golazo».

España formó aquel día con Casillas, Ramos, Marchena, Albiol, Capdevila, Albelda (Pablo, 64'), Joaquín (Riera, 69'), Cesc (Luis García, 79'), Xavi, Iniesta y Tamudo. «La victoria en Aarhus y el gol de Sergio Ramos fueron el exponente principal. Demostramos una personalidad importante y desde el buen gusto por el fútbol ganamos un partido clave. Fue cuando de verdad empezamos a creer en hacer ese juego jugáramos donde jugáramos», añade Reina.

De repente, España se dio cuenta de que esa fórmula era la adecuada: «España siempre había tenido jugadores de talento, sobre todo del centro del campo para adelante, pero los resultados no acompañaban a ese fútbol de toque. Recuerdo especialmente el partido de Dinamarca. Salió todo muy bien, jugamos de maravilla e hicimos un gol muy bonito. Eso reforzaba la idea que teníamos nosotros de jugar así: tener la pelota y moverla como nadie», confiesa Marchena.

Aquel día les tocó dar la cara a los jugadores que no estaban teniendo mucha continuidad en ese momento, como era el caso de Fábregas: «Ese gol fue un punto de inflexión muy fuerte. Acabamos mareando al contrario. Fue importante el triunfo, pero lo fue más aún cómo lo conseguimos: jugando muy bien al fútbol. Además, el campo estaba *regulín*, hacía mucho frío...». Dos años llevaba Raúl Tamudo sin jugar con España. Aquella noche (con tres españolistas sobre el campo) marcó su quinto gol con la selección, curiosamente también de cabeza como los anteriores: «Ojalá podamos jugar así siempre a partir de ahora», manifestaba tras la victoria. Albert Riera debutó con gol incluido: «Llevábamos mucho tiempo pensando en este partido y aparte de ganarlo, hemos jugado muy bien», declaró.

Pese a lo mucho que había en juego, Aragonés apostó por Raúl Albiol en el eje defensivo. También fue el debut del valenciano: «Si ser convocado ya era un paso muy importante para mí, imagínate poder debutar... Reconozco que estaba bastante nervioso, pero el equipo salió a ganar desde el pitido inicial y eso me tranquilizó. En media hora nos pusimos 0-2 y no era nada fácil».

El equipo ganó una batalla mental importante. Incluso los internacionales que por distintos motivos no pudieron estar presentes en Aarhus notaron algo extraño en sus compañeros al reencontrarse con ellos en las posteriores concentraciones:

«A la vuelta de Dinamarca palpé que había mucha más tranquilidad en el ambiente. La clasificación ya estaba encarrilada, como mínimo para ser segundos, y ya se veía al grupo de otra manera», desvela Villa.

«El ánimo, el optimismo y la confianza en el grupo eran distintos. Esa victoria fue fundamental, y que el equipo diera el callo fue clave para creer en nosotros y aumentar nuestra autoestima», añade Xabi Alonso, que no pudo jugar en Dinamarca por sanción.

España pasaba a depender de sí misma para ser primera de grupo. Los dos últimos partidos del grupo de clasificación se jugaban en casa: en el Santiago Bernabéu contra Suecia y en Las Palmas contra Irlanda del Norte. Si se ganaban los dos, se evitaba la repesca y se obtenía el billete directo para la Eurocopa. Las caras de presión, responsabilidad y angustia encarnaban ahora la tranquilidad, la sonrisa y la confianza.

Contra Suecia, España no falló y se impuso con brillantez y jerarquía por 3-0, lo que le sirvió para colocarse líder del grupo. En la última jornada también ganó España por 1-0 a Irlanda, consumando así la venganza contra las dos selecciones que nos pusieron contra las cuerdas al comienzo de la fase de clasificación. España terminaba primera de grupo con 28 puntos sobre 36 posibles. En las últimas siete jornadas, sólo se escaparon dos puntos. Los futbolistas celebraron el brillante colofón en Las Palmas manteando a su entrenador en una discoteca tras el partido: «Salí a tomar algo y coincidí con varios jugadores sin saber que estaban ahí. Lo habíamos pasado bastante mal y era el momento de celebrar la clasificación», afirma Aragonés. España había sido el mejor equipo de Europa en 2007: 10 victorias y 2 empates, siendo la única selección invicta junto a Portugal.

En 2008 se disputaron cuatro partidos de preparación antes de viajar a Austria. Los cuatro se jugaron en casa y los cuatro se ganaron: 1-0 a Francia en Málaga, en febrero; 1-0 a Italia en Elche, en marzo; 2-1 a Perú en Huelva, en mayo y 1-0 a Estados Unidos, en Santander, el día antes de viajar a Austria.

«Ganar te da tanta seguridad o más que jugar bien. Por desgracia ése es el fútbol: se juega bien o mal para ganar», sentencia Aragonés.

«El ir ganando partidos fue clave. Nuestra confianza iba creciendo y veíamos que no éramos tan malos. Un día ganas a Francia, otro a Italia y vas sumando puntos hasta que otro día te crees que eres bueno y que vales para la selección», confiesa Cesc.

«Poco a poco nos fuimos metiendo en la cita de la Eurocopa, ganamos amistosos importantes y sacamos buenos resultados. Sobre todo el triunfo ante Italia nos hizo ver más cerca la posibilidad de ganar la Eurocopa», añade Villa.

Aunque no fue nada fácil. Pese a que se ganó a Estados Unidos, enlazando ya por entonces 16 partidos sin perder (14 victorias y 2 empates), el público llegó a silbar en El Sardinero a los nuestros decepcionado por su juego:

«Los pitos nos vinieron hasta bien. Nos encorajinaron y nos tocaron la fibra. ¡Me cago en la puta que todavía nos están silbando!, nos decíamos unos a otros...», recuerda Reina.

«Fue un momento de dudas porque el equipo no realizó el juego que todos esperábamos. Nos costaba ganar y recibimos fuertes críticas que nos sirvieron para crecer un poco más», comenta Palop.

«Cuando sientes que dudan de ti o del compañero que tienes al lado te haces más fuerte. Igual aquello nos vino bien... Estaba claro que teníamos buenos jugadores y que tarde o temprano las cosas tendrían que salir. Un día cambió, fuimos cogiendo confianza y acabamos ganando la Eurocopa...», añade Puyol.

Aragonés utilizó a 58 jugadores en sus cuatro años en el banquillo nacional, 32 de los cuales fueron debutantes. En los cuatro amistosos previos a la Eurocopa se estrenaron 5 futbolistas que formaron parte de la lista de 23 que viajaron a Austria: Arbeloa (contra Italia), De la Red, Cazorla y Sergio García (contra Perú) y Fernando Navarro (ante Estados Unidos). Otros 4: Silva, Güiza, Albiol y Palop debutaban también en una fase final.

El 5 de junio de 2008, cinco días antes de debutar en la Eurocopa, España volaba desde Santander hasta Innsbruck para desde ahí trasladarse por carretera hasta la localidad austríaca de Neustift. «Pase lo que pase, España siempre» rezaba el lema de nuestro autobús. Los habitantes de aquel inolvidable pueblo, con su alcalde Peter Schönherr a la cabeza, recibieron a la delegación española frente a su ayuntamiento. Unos niños cantaron el *Veo, veo* de Teresa Rabal a la expedición. La gloria nos estaba esperando.

MOFETA, PELOPO Y VIRUS

Tarde libre de la selección en Las Rozas. Vicente del Bosque está satisfecho con el trabajo que han realizado sus jugadores y les concede unas horas de descanso. Se plantean ir al cine a un centro comercial próximo a la Ciudad del Fútbol. Antonio Limones, responsable de los desplazamientos, les pone en seguida un autobús a su disposición y les da a elegir entre cuatro películas. De los veintidós jugadores convocados, sólo uno decide quedarse en la residencia para recibir tratamiento fisioterapéutico. De los veintiuno restantes, diecinueve fueron a ver la comedia *Zohan: licencia para peinar*. Marcos Senna no cree que algo así surja por casualidad: «Acabamos sentados en una sola fila y eso me llamó mucho la atención. Creo que dimos más importancia al hecho de estar juntos que a la propia película», recuerda.

Es sólo una prueba de la unión que reina en el seno de la selección en vísperas del Mundial. Los jugadores, además de un equipo de fútbol, forman una verdadera pandilla de amigos. La mayoría de ellos acumula muchas concentraciones a sus espaldas, en las que han compartido muchos desayunos, charlas, entrenamientos, confidencias, partidas, anécdotas y chistes juntos.

Tanto roce ha provocado que el grado de confianza y de amistad entre los jugadores sea tal, que incluso no es extraño verles comer juntos en sus días libres, acompañados a veces por sus familiares: «En esos casos es cuando te das cuenta de que este grupo es una piña: todos hacen lo mismo e incluso se juntan en su tiempo de ocio», asegura el fisio Raúl Martínez.

Raúl y su compañero Fernando son dos de los socios del Sushi-Team, una peña que fundó Puyol durante la Eurocopa. Grandes amantes de la cocina japonesa, los tres se daban el capricho de cambiar la rutina alimentaria, vigilada estrechamente por el doctor Jorge Candel tras cada entrenamiento posterior a los partidos. A veces también se unían Xavi, Cesc, Iniesta y Alonso, pero con condiciones: «A mí me gusta la comida japonesa, pero es que Puyol es un enfermo. Yo de vez en cuando le decía: vamos a tomar una chuleta, pero no había manera... Es un agonías espectacular», dice Xavi.

Donde sí se veían todos los días Xavi y Puyol era en el comedor del hotel. Junto con Iniesta, Cesc, Fernando Navarro y Sergio García componían una de las cuatro mesas en las que estaban divididos los jugadores durante la Eurocopa de Austria. Fábregas solía sufrir para encontrar su postre preferido: «A Cesc le encanta el Actimel de fresa y nosotros los cogíamos todos para que se quedara sin ninguno y así hacerle rabiar. Al final nos daba pena y se lo dábamos», confiesa Puyol.

Puyi, como lo llaman cariñosamente sus compañeros, es una especie de hermano mayor para algunos de los jugadores de la selección: «Me ayuda en todo. Se deja querer y es muy abierto, aunque no lo parezca. Tener a una persona de esa confianza en un grupo viene muy bien», reconoce Cesc. «Me ha sorprendido muchísimo como persona. Puyi es muy transparente y muy abierto, conectamos desde el primer momento. Me ha enseñado a afrontar muchas situaciones y siempre le estaré agradecido», añade Piqué.

Puyol admite que su veteranía puede servir de ayuda a algunos de sus compañeros, pero prefiere huir de liderazgos: «Yo intento ayudarles en todo lo que puedo, porque es ley de vida que te fijes en los que van por delante. Pero en esta selección todos tiramos del carro y si hay un líder, ése es Casillas.»

Iker también delega y reparte responsabilidades entre los más veteranos: «Yo soy el capitán porque soy el que más partidos ha jugado, pero aquí hay gente que lleva también mucho tiempo como Puyol, Xavi, Torres, Marchena, Alonso... Nos dedicamos a transmitir los valores que hemos aprendido. La selección vive un momento único, increíble y estar aquí es todo un privilegio. Se respira buen rollo y una envidiable armonía». No es fácil encontrar en el mundo del fútbol a un portero titular que mantenga una relación de amistad con el portero suplente. La portería sólo tiene un dueño y suele generar bastantes envidias y recelos entre los candidatos a ocuparla. No es el caso de Casillas y Reina, que llevan desde 2005 siendo inseparables en La Roja: «Acostumbrado a la rivalidad entre Cañizares y Palop cuando trabajaba en el Valencia, me sorprendió mucho la unión que hay entre los dos. Es digna de destacar. No creo que Pepe asuma su suplencia, pero el respeto que hay entre ambos es muy grande», recalca José Manuel Ochotorena, entrenador de porteros con Aragonés y también con Del Bosque.

Quizás el momento de mayor fricción entre los dos porteros es cuando se enfrentan en una partida de *pocha* o en una tanda de penaltis al término de un entrenamiento. Una costumbre que, de no haber sido por Ochoto, más de un día no hubiera tenido fin: «Un día Pepe, de tantos lanzamientos que tiró, empezó a sentir un dolor en el abductor y tuve que cortarles. Cada vez chutaban más fuerte... Tuve que rebajar las tandas de cinco a tres lanzamientos porque si no...».

Palop y Diego López han demostrado sobradamente estar a la altura en esta «tradición», que se mantendrá en el Mundial de Sudáfrica. Los dos porteros perdedores han de abonar cincuenta euros cada uno al ganador:

«La primera semana de entrenamientos durante la Eurocopa se me dio mal, pero poco a poco fui remontando y saqué algo de dinerillo. Pepe es un gran especialista en los penaltis e Iker, como portero titular, participaba menos», dice Palop.

«Aunque a Pepe se le daba bien, yo creo que en la Confederaciones terminó igualada la cosa», asegura Diego López.

«No es fácil estar al nivel de Andrés, pero Diego es duro de pelar», añade Reina.

«Pepito tiene mucho vicio con los penaltis y roza la enfermedad; es mejor que no te gane porque si no, hay que aguantarle todo el día», afirma Casillas.

Reina es otro capitán en la sombra. Lleva el liderazgo en la sangre y posee un gran peso específico dentro de la selección. Cazorla le conoce bien de su etapa en el Villarreal: «Pepe crea buen ambiente. Es alegre, bromista y sabe cuándo tiene que hacer una coña y cuándo tiene que hablar en serio. Cuando habla, la gente le escucha porque su personalidad atrae a la gente».

Miguel Reina le dejó bien claro a su hijo, cuando empezaba en el mundo del fútbol, que «primero hay que ser compañero y después buen o mal portero». Pepe aprendió la lección: «Tengo claro que, cuando nos retiremos, lo que nos quedará siempre serán las amistades. El carisma te lo dan tus compañeros. Me siento importante dentro del grupo porque la gente confía en mí y tengo buena relación con todos».

Reina ha contribuido a que se estrecharan lazos de amistad entre futbolistas que también competían por un puesto, como Torres y Villa: «Me enorgullece mucho que la gente diga que yo he podido contribuir a ello. La verdad es que tanto ellos como sus familias son una gente impresionante. Tengo la suerte de que mi familia compartiera la Eurocopa con las suyas. Quizás por ahí viniera el acercamiento. David y Fernando son fenomenales, y si yo encajo con ellos por separado, entre ellos tienen que encajar seguro. ¡Es una regla de tres!».

A Villa le molesta que se diga que su relación con Torres no es fluida: «Es que eso es una tontería. Incluso debutamos juntos el mismo día con la selección sub-21, en un partido contra Andorra. Siempre hemos tenido una relación genial, que quizás se vio intensificada durante la Eurocopa gracias a Pepe. En los días libres nos juntábamos para comer mi familia, la de Pepe, la de Fernando y a veces la de Silva. Patricia, mi mujer, hizo muy buena amistad con Olalla, que por entonces era novia de Torres. Tanto es así que a mi mujer le encantó su nombre y cuando nació nuestra segunda hija la llamamos así».

Durante la Eurocopa, Reina y Torres compartían mesa con Casillas, Arbeloa, De la Red y Güiza: «Era una mesa muy tranquila y de comer bien. Arbeloa hablaba a gritos desde su sitio con todos. Se le oía en todo el comedor y le pedíamos que bajara un poco el volumen...», cuenta Reina.

En esa mesa estaba Virus, un personaje tremendamente querido por sus compañeros: «Si no existiera, habría que inventarlo», aseguran. Xavi se sorprende que desconozcamos de quién se trata: «¿No sabes quién es Virus?... ¡Güiza!», exclama mientras se parte de risa. «Yo lo miraba y lo miraba y me decía: este tío se parece a alguien... Pero no caía. Un día nos metimos en Internet y todo hasta que di con la clave. ¡Es igual que Virus, el personaje de la serie de dibujos animados "Érase una vez el hombre"! Desde entonces lo llamamos así y Dani no sólo no se enfada, sino que se ríe de nuestra ocurrencia.»

Hoy día es difícil que una persona caiga bien a todo el mundo, pero Güiza roza el consenso absoluto. Cuando le preguntas a cualquiera de los internacionales por él, lo primero que hacen es esbozar una sonrisa: «Noto que me quieren mucho, pero yo a ellos todavía más. Son gente que sabe querer», confiesa el delantero, que siempre está de buen humor.

«Todos importan, pero Dani es único a la hora de soltar una de sus frases para descargar la tensión o hacer un chiste... Ese tipo de personas son muy necesarias», dice Alonso.

«En todos los grupos siempre tiene que haber un Güiza. Callado ya nos transmite alegría y cuando habla ya...», dice Senna.

«Me río mucho con él. Nunca está en su habitación. Vayas donde vayas, allí te encuentras con Dani. Yo le pregunto que si duerme por la noche», añade Fábregas.

Xavi, que fue quien bautizó a Güiza como Virus, presume de ser especialista en buscar parecidos razonables: «Los motes hay que ponérselos a gente que encaje bien las bromas y que no se enfade cuando se lo digas». Sus compañeros reconocen su brillantez en esta faceta: «Es cierto que Pelopo tiene mucha malicia para esto de los parecidos», asegura Reina.

Pelopo es desde hace muchos años el propio Xavi, que tampoco se libra de cargar con un sobrenombre: «Mi amigo Miguel Ángel empezó a llamarme así cuando jugábamos juntos en la cantera del Barça... Les debió de hacer gracia y con ello me quedé», recuerda Hernández.

Sus padres le llevaban en coche cada mañana al Miniestadi a entrenarse. Por la tarde, volvían juntos a casa en tren. Así hasta que Miguel Ángel, jugador del Nástic, Barça, Levante, Málaga y Betis, se sacó el carné de conducir: «Pelopo hace referencia al pelo de una parte del cuerpo que te puedes imaginar... Ya sabes, pelo-po, de po... Es un diminutivo cariñoso que utilizábamos mucho en el barrio. Surgió de la manera más tonta y hasta hoy», asegura su inventor.

De los motes no se libra ni el capitán, aunque el apodo de Iker goza de un carácter más íntimo y es desconocido para la mayoría del grupo. Cuando eran compañeros de las selecciones inferiores, Xavi bautizó a Casillas como Mofeta: «Antes era más gamberrete y de vez en cuando se le escapaba alguna ventosidad... Ahora ya es un tío serio y responsable y no hace esas cosas». Iker aclara este «espinoso» asunto: «Yo no era, lo que pasa es que Xavi pensaba que siempre era yo el culpable de todo», ríe.

Aparte de por sus motes, hay jugadores que son famosos por sus despistes. Si en la selección se celebrara un *casting* de olvidadizos, habría al menos tres candidatos: Arbeloa, Cesc y Fernando Llorente. Arbeloa no empezó precisamente con buen pie la concentración de cara a la Eurocopa. Nada más bajarse del taxi que le había llevado a Las Rozas del aeropuerto procedente de Liverpool, y tras atender a los medios en la puerta de la residencia, echó en falta algo de cierta importancia de cara a un viaje que podía durar casi un mes: «Pagué la carrera, abrí la puerta y me olvidé por completo... ¡Mi maleta! Menos mal que pude ponerme en contacto con el taxista para que me trajera de vuelta el equipaje... Pero que conste que fue culpa de los dos: suya por no haberme avisado y mía por no haberme acordado...».

Arbeloa reconoce su tendencia al despiste y cree que ha hecho méritos más que suficientes para que sus compañeros le llamen Empanao o Tostadas, pero desvela que no es el único que sobresale en esta faceta: «No os perdáis a Cesc», asegura.

Xavi recuerda los despistes de Fábregas, incluso antes de debutar con la absoluta: «En Serbia estábamos todos metidos en el autobús para ir hacia el aeropuerto de regreso a España. No entendíamos muy bien qué pasaba, pero no arrancábamos y ya había pasado la hora a la que nos habían citado. Unos minutos después subió al bus Cesc... Por entonces jugaba todavía en la sub-21 y se había quedado dormido... Siempre va *empanao*». A veces Cesc ha olvidado colgarse la acreditación o se ha sentado en el banquillo sin llevar puesta la camiseta del partido debajo del chándal: «En Bruselas se lesionó Torres y Del Bosque mandó calentar a Güiza. De repente cambió de opinión y dijo que saliera yo. Me di cuenta de que no me había puesto la camiseta y por mi culpa se retrasó el cambio. Pasé un mal rato», confiesa Cesc.

Fernando Llorente completa el podio de los virtuosos de la distracción: «Todo lo que tiene de grande, lo tiene de bonachón», dice Reina. Para Xavi, «Llorente lleva una torrija importante. Es un bonanza y yo le digo que no se puede ser tan bueno, que no se puede ir así». El delantero aún pasa un mal rato cuando cuenta algún despiste suyo en la Copa Confederaciones: «Una mañana que no había entrenamiento, me tumbé un rato a echarme la siesta y llegué diez minutos tarde a la comida... Me entró un sudor frío cuando miré el reloj...».

En sentido del humor es muy difícil superar a Capdevila. Es raro no encontrártelo de broma: «¿Que cómo me apodan a mí? De muchas maneras. Brad Pitt, Balón de Oro, Crack, Zidane...». Joan es otro de los jugadores que fomenta el buen ambiente dentro de la concentración:

«Capdevila es un cachondo», dice Alonso. «Es una de mis asignaturas pendientes, pero por más vueltas que le he dado no se me parece a nadie...», afirma Xavi. «En serio, es una persona magnífica, solidaria, que hace mucho grupo y que no para de bromear.» «Yo le puse Garrincha en Colón, más que nada por el número 11 de su dorsal», aclara Reina.

Los compañeros de Capdevila en el comedor de la Eurocopa fueron Marcos Senna, Cazorla, Villa y Alonso. «Marcos y yo éramos meros comparsas, porque los otros tres no paraban de hablar... ¡Villa habla por los codos!», confiesa Xabi.

«El más glotón es sin duda Capdevila y el que menos come es el Guaje», desvela Senna. El hispano-brasileño, por su apariencia, podría pasar perfectamente por un ejecutivo de alto *standing*, de traje, con sus gafas de diseño. A simple vista, da la sensación de ser una persona extremadamente tímida y reservada: «Es el más serio de todos. Aparentemente no está en sintonía y parece que no pilla las bromas», confiesa Xavi. Sin embargo, los que conviven con él a diario no tienen la misma opinión: «¿Marcos, serio? De eso nada. No habla mucho, pero te puedes reír mucho con él. Cuando te conoce bien te suelta unas paranoias que no sé de dónde las saca», asegura Cazorla. El propio implicado se define así: «Es cierto que no soy muy hablador delante de las cámaras. No soy demasiado extrovertido».

Su amigo Cazorla es otro de los más dicharacheros en la selección. Reconoce que entró de puntillas en el vestuario, pero con el tiempo se ha soltado: «Me encanta bromear, pero hasta que cogí confianza tenía que ser prudente...». Con Capdevila forma un dúo inseparable desde que se conocieron en el Villarreal y sus piques a la Play no tienen desperdicio: «Santi siempre cogía el Inter y yo el Manchester. Me ganaba casi siempre, porque yo soy un desastre, y todo el día estaba cantando goles de Ibrahimovic. Por eso le empecé a llamar Zlatan». «Joan jugaba con veintidós equipos diferentes, pero no era capaz de ganarme con ninguno. Yo siempre jugaba con Ibra arriba y le bailaba, le hacía polvo», comenta Cazorla.

Cuando éste aún no entraba en los planes de Aragonés, a Capdevila se le ocurrió una idea para homenajearle por su superioridad en la Play. Aprovechó el partido contra Suecia en el Bernabéu, en noviembre de 2007, para intercambiar su camiseta con la del delantero sueco: «Cuando volví a Villarreal se la regalé antes del entrenamiento y se quedó alucinado», desvela. «A partir de ahí me llama Zlatan, aunque hace tiempo que no jugamos porque Joan lo dejó por imposible», sentencia Cazorla.

Con Santi se ceban cariñosamente sus compañeros, pues lo llaman Enano o incluso Alf, como el popular extraterrestre de la serie estadounidense, de pelaje anaranjado y gran hocico. Reina, micrófono en ristre en la plaza de Colón, lo rebautizó como el Alevín: «¿Y qué voy a hacer? Alto, precisamente alto, no soy. Así que no me queda otra que encajar...», aclara el asturiano.

«Santi da mucho juego y es muy gracioso. Es gente que hace grupo. Aquí la clave es que todos estamos al mismo nivel. Piqué lleva en la selección poco más de un año y parece que lleva aquí toda la vida. La gente se integra con facilidad porque somos un grupo abierto», añade Cesc. «A mí Cazorla me recuerda a Pumba», remata Xavi.

Albiol confiesa que Casillas ha propuesto en varias ocasiones comercializar un llaverito tipo Elvis Presley con el cuerpo de Cazorla, de los que se cuelgan en los retrovisores de los coches: «Sí, de esos que mueven la cabeza. Dice Iker que habría que llamarlos Cazorlitas de España y que seguro que se venderían bien...».

A Albiol lo llaman Chori: «Como soy espigado y fino, pues me dicen que soy como un chorizo...». El valenciano se hizo inseparable de Arbeloa durante la Eurocopa y el tiempo les ha ido acercando hasta el punto de constituir una auténtica «pareja de hecho». Son compañeros en el Real Madrid, juegan uno al lado del otro y viven en la misma urbanización: «La Nochevieja de 2009 la pasamos juntos. Menos mal que nuestras mujeres se llevan bien...», comenta Arbeloa.

Por compartir, hasta se prestaron una lentilla en el descanso de un partido. Arbeloa la perdió durante la primera mitad: «La primera vez en mi vida que me pasaba algo así. No tenía repuesto. Pero allí estaba Albiol para sacarme del apuro. Él tiene alguna dioptría más que yo, pero entre jugar con ella o no ver casi nada por un ojo, estaba clara la elección», cuenta.

En la Eurocopa, Albiol comía con Palop, Silva y tres antiguos miembros de la llamada «mesa de Triana»: Ramos, Juanito y Marchena. «En las ensaladas no nos dejaban comer ni huevos ni cebolla, pero Sergio se las ingeniaba para que de extranjis le trajeran el huevo y la cebolla. Siempre ha sido muy cabezón y consigue lo que se propone», desvelan Juanito y Marchena.

La «mesa de Triana» nació en el Mundial de Alemania y la completaban Joaquín, Reyes, Reina y Torres. Como distinción, sus comensales lucían en el pecho un pin con el logotipo de la Federación Española: «Todos éramos andaluces menos Fernando, porque Pepe es medio cordobés», asegura Ramos. La relación estuvo en peligro la tarde en que dejaron encerrados en el vestuario a Juanito y a Joaquín después de un entrenamiento. Fue una broma pesada:

«Cogieron la llave, la metieron dentro de una botella y nos la tiraron por la ventana. Pero no había manera de sacarla y nos pillamos un mosqueo que no veas... Media hora nos tuvieron en la ducha pasando frío. Luego les entró remordimiento y nos abrieron. Joaquín y yo fuimos a la comida sin el pin para mostrar nuestro enfado», cuenta Juanito con gracia.

«Por la noche los demás llegamos a la cena con la palabra *perdón* escrita en la frente y no les quedó más remedio que hacer las paces», añade Ramos.

A Sergio se le ocurrió apodar a Marchena como el Padre: «Se pasa el día dándote consejos y decidí llamarle así. Al principio no le hacía mucha gracia, pero así se ha quedado». Su mote trascendió también en el vestuario del Valencia: «Tengo mucha confianza con Silva y con Mata e intento aconsejarles para que no se desmadren. Por eso nos llevamos tan bien», reconoce el propio Marchena. Joaquín bautizó en su día en el vestuario del Betis a Juanito como Caravieja: «Cuando se enteró Marchena estuvo media hora riéndose de mí».

Reina también tiene arte para sacar «parecidos razonables» a alguno de sus compañeros. Junto al fisioterapeuta Raúl, llaman Dexter a Xabi Alonso. Es el título de una serie en la que su protagonista, encarnado por el actor Michael C. Hall, es un reputado forense de Miami que lleva una doble vida, ya que a su vez es un asesino en serie: «Le grabé todos los capítulos y se los pasé para que los viera», confiesa el fisio.

Fernando Torres y David Villa empezaron a llamar Gordo a Reina, pero el portero del Liverpool volvió de Austria con un segundo sobrenombre que originariamente no se lo pusieron a él, sino a Sergio García. Al delantero le apodaron Falete, por su parecido con el cantante de flamenco: «Pepe me empezó a llamar así y a mí no me molestaba porque estábamos de cachondeo». A Torres le hizo tanta gracia la ocurrencia que rebautizó así a Reina.

A Torres lo bautizaron como el Niño desde que comenzó a jugar en el Atlético de Madrid. Sin embargo, cuando lucía «pelo pincho» años atrás, le cambiaron el nombre durante un tiempo sus compañeros en la selección: «Lo llamábamos Ratita, y cuando jugábamos a la Play, a un juego de fórmula 1, él mismo se hacía llamar Rata Humana», confiesa Juanito.

A David Villa le conocen como el Guaje desde su etapa en el Sporting B: «El primero en llamarme así fue Chus Bravo, que juega en la Cultural Leonesa, y desde entonces hasta hoy», confiesa.

La corta estatura de varios de los futbolistas de la selección española sirve de excusa perfecta para algunos sobrenombres. Así, en el vestuario valencianista se refieren a Silva como Pony o Enano. A Ramos lo llaman «gitano de vez en cuando... Para Reyes soy Cuqui, una expresión que utilizamos mucho en Andalucía».

Mata también tiene sobrenombre: «Villa y yo nos llamábamos Guaje al principio de conocernos, pero él después me empezó a llamar Pichonín, que es un apelativo cariñoso que se utiliza mucho en Asturias. Reina y Ramos le han escuchado y también lo usan».

Fernando Llorente es conocido como Floris en el Athletic: «En mi pueblo, al siete de oros lo llamamos Florón y así me empezó a llamar Joseba Etxeberría cuando jugábamos a las cartas. De Florón se pasó a Floris, y con eso me he quedado también en la selección».

Pocos son los jugadores que pueden presumir de no tener mote. De rositas se han ido hasta el momento Capdevila (con permiso de Xavi mientras sigue buscándole un doble), Marcos Senna y Diego López. Algunos vienen ya «bautizados» de sus equipos, como Piqué y Busquets, que son conocidos en el Barça como Geri y Busi, diminutivos de sus nombres.

A Iniesta Xavi sólo se atreve a llamarle Andrew: «Es tan tímido que no se le puede poner mote...», asegura Albiol.

Con este buen ambiente, la integración de los novatos se facilita enormemente. Fue el caso de Palop en la Eurocopa, el único de los veintitrés jugadores convocados por Aragonés que no disputó ni un solo minuto. Sin embargo, el portero disfrutó al máximo la experiencia: «Lo que más me sorprendió cuando llegué fue que era un grupo muy abierto. Cada uno aportaba su granito de arena, y todo lo que se decía se llevaba a cabo. Cualquier propuesta o idea era válida y servía para sumar», recuerda.

Desde que España se proclamara campeona de Europa, doce futbolistas han debutado con la selección: Iraola, Capel, Bojan, Llorente, Piqué, Busquets, Mata, Pablo Hernández, Diego López, Monreal, Negredo y Navas. Todos ellos coinciden en señalar la humildad y la sencillez de este grupo de *cracks* del fútbol:

«Se ve que es un grupo con mucha intimidad. Yo estoy en un equipo donde también existe eso, pero en una selección es más complicado. Hay un grupo compacto que se respeta mucho y nadie tira por su lado», afirma Diego López.

«A mí me sorprendió mucho que gente con muchos partidos a sus espaldas como Casillas, Xavi, Alonso, Torres, Iniesta... te trataran como a uno más desde el primer día. Eso te da mucha confianza. Cuando yo debuté se hablaba del interés del Barça por mí y recuerdo que Xavi me vacilaba mucho con ese tema», recuerda Mata.

Quizá esta unión sea el arma secreta de la selección, un arma de la que muchas veces no son conscientes nuestros rivales, ésa que no se ve por televisión como una buena parada de Iker, un magistral pase de Iniesta o un golazo de Villa: «Es un grupo que valora más el colectivo que la individualidad... La atmósfera que se creó en la Eurocopa sólo la he vivido cuando era juvenil. No hay un líder claro, el líder es el grupo», confiesa Ochotorena.

Esa afinidad nos distingue de los demás y ha llegado a ser una de nuestras principales señas de identidad: «Somos una generación de amigos desde las categorías inferiores. A raíz de la Eurocopa, el grupo se hizo más fuerte y el clima ahora es mucho mejor. No es que antes nos lleváramos mal, pero ahora compartimos muchas más cosas entre nosotros», añade Villa.

«Hemos cogido mucha confianza. Muchas veces supone una bocanada de aire fresco venir a la selección y salir de tu club durante unos días. El ambiente es fenomenal y disfrutas una barbaridad», dice Arbeloa.

«Tenemos claro que todos valemos igual y que tan importante es un utilero como el propio Iker Casillas», asevera Reina.

«Como jugador de la selección, éste es el mejor grupo en el que he estado», confiesa Puyol.

Un equipo ganador, pero que sigue manteniendo la humildad, tal como confiesan algunos profesionales que trabajan para él:

«La grandeza de este grupo está en la sencillez y en la naturalidad con que se hace todo, pese a ser figuras internacionales de máximo nivel mundial. Parece que son compañeros de colegio o instituto que disfrutan viniendo aquí y que te hacen disfrutar», comenta Óscar Celada, uno de los médicos de la selección.

«Te sorprende la humildad con la que trabajan o tratan a la gente. Un día llamas a un jugador y te agradece que te preocupes por él. Es nuestra obligación, pero te llama la atención porque no es habitual incluso en categorías inferiores», añade Juan José Cota, otro galeno de La Roja.

Mofeta, Gordo, Cuqui, Puyi, Geri, Chori, Padre, Tostadas, Dexter, Busi, Empanao, Andrew, Alf, Pelopo, Pony, Pichonín, Guaje, Niño y Virus. Aspirantes a campeones del mundo. Vaya pandilla...

«SI NO GANAMOS LA EUROCOPA, SOY UN MAL ENTRENADOR»

Aragonés había decidido llevarse a un psicólogo al Mundial de Alemania. Consideraba que sus conocimientos les podrían servir de mucha ayuda a sus jugadores y pidió a la Federación la contratación de Anselmo Vicioso Aragonés, sobrino suyo, miembro del equipo de trabajo de Leonard Zaikowski, prestigioso especialista del equipo de la Universidad de Massachusetts. Sin embargo, Luis no repitió la experiencia durante la Eurocopa: «Consideré que no era necesario, y ese trabajo lo llevamos a cabo entre los capitanes y yo en Austria. Creo que una de las facetas que mejor se me ha dado desde que soy entrenador es la psicológica. Un grupo debe estar preparado para competir y para ganar, y conseguimos que la gente se comprometiera y se concienciara de que podíamos ser campeones», recalca.

Luis asegura que su discurso y su convencimiento fueron exactamente los mismos desde el primer día que llegó al cargo en agosto de 2004, después de la Eurocopa de Portugal: «A mis jugadores les dije lo mismo en el Mundial de Alemania que en la Eurocopa de Austria. Yo estaba igualmente convencido de que lo podíamos ganar. La diferencia tal vez fue que ellos no lo estaban y eso fue lo que tuvimos que trabajar y cambiar», confiesa. Esta vez su mensaje caló hondo y se fue extendiendo entre el grupo: «Recuerdo que antes de iniciar la concentración en Las Rozas, celebramos una jornada de convivencia en Madrid y que Luis nos dijo que descansáramos esa semana antes de empezar a trabajar, pero que pensáramos que con el equipo que teníamos podíamos ganar la Eurocopa. Yo me fui con esas palabras grabadas en la cabeza y todavía las recuerdo de vez en cuando. Y tengo la sensación de que a muchos de mis compañeros les pasó lo mismo que a mí», desvela Marcos Senna.

Poco a poco, día a día, entrenamiento tras entrenamiento, charla tras charla, Luis Aragonés acabó metiéndoles en la cabeza a sus jugadores que España estaba por fin preparada para ganar. Pero lo que más sorprendió al equipo no fue su mensaje, sino su capacidad de persuasión: «Con su cabezonería, Aragonés fue la persona que más confió en nosotros. Nos hizo fuertes en el campo», sentencia Casillas.

«Desde el primer día nos dijo que para él éramos el mejor equipo del mundo. Lo tenía que decir, lógicamente, pero el grado de convencimiento que tenía era increíble. Él fue el que nos contagió esa mentalidad ganadora», afirma Reina.

«Recuerdo haber hablado con él varias veces y decirme que no se iba a marchar sin hacer campeón a este equipo», confiesa Puyol.

«No interpretó ningún papel, simplemente se limitó a ser la esencia que es como persona. Y Luis como persona cala. Hay gente que la ves y dices: "Madre mía... Éste no transmite nada", pero también está el caso contrario. Hay gente que por su carácter transmite y te llega. Luis lo tiene todo para ser un buen entrenador. Es muy testarudo y de su pensamiento no le sacas», añade Xavi.

«Luis sabía que íbamos a ganar. Nos dijo varias veces que si con el equipo que tenía no ganaba la Eurocopa, era un mal entrenador», confiesa Palop.

«El más convencido del triunfo era Luis y así nos lo hizo sentir en cada charla. Nosotros teníamos más dudas y éramos más reticentes a creer, quizás por las experiencias que habían vivido algunos y que nos habían contado», añade Arbeloa.

Aragonés estaba obsesionado en que sus charlas no superaran los quince o veinte minutos y prefería mostrar imágenes de los entrenamientos de los rivales a resúmenes de partidos que hubieran disputado. Por un lado, César Mendiondo y Ángel Férez se encargaron de elaborar los informes escritos, y por otro, Javier Enríquez compactaba los vídeos. El trabajo se le exponía previamente a Luis para que lo analizara antes de su puesta en escena: «Durante la semana solía reunirse por líneas, y las dosis de información eran suaves para que el jugador no se aburriera», afirma Mendiondo. Los internacionales manejaban información de primera mano, muy próxima a la realidad que luego se iban a encontrar sobre el césped. Se detallaba incluso el estado físico de los contrarios. Los jugadores españoles salieron al campo el día de la final sabiendo que Ballack tenía molestias en el gemelo derecho y Frings en la parte izquierda de las costillas. «Se trataba de anticiparte a lo que el contrario tiene previsto llevar a cabo contra ti. Hemos llegado a hacer virguerías, algunas de las cuales nos comprometerían porque están en el borde de lo que vale y lo que no vale. Hemos llegado a advertir al equipo que era probable que un determinado futbolista empujara a alguien cuando el balón saliera fuera. ¿Por qué? Porque sí. Y efectivamente eso sucedió durante el partido», confiesa Enríquez.

En vísperas de un partido contra Lituania, la versión oficial decía que sólo uno de los dos gemelos apellidados Cesnauki estaba convocado para jugar contra España. Ambos actuaban por las bandas y Luis quería saber con certeza si la información que había filtrado la federación rival era cierta. Enríquez llegó de vuelta con la misión cumplida:

—Juegan los dos, míster.

—¿Seguro?

—Se lo digo yo. Si quiere nos apostamos algo...

—Va, un café y una coca-cola para todos. —Mirando de reojo a los demás y dibujando una pícara sonrisa en sus labios, Javier sacó una hoja de papel y se la entregó a Aragonés—: ¿Qué es esto?

—Sus autógrafos.

A Luis le tocó pagar la apuesta. A su aire, viviendo de su carita de niño y haciéndose pasar a veces por un utilero y otras por un aficionado o por un periodista, la misión de Enríquez cumplía un papel desconocido para muchos miembros de la selección española. Además de tener el título de entrenador nacional, sus conocimientos sobre psicología y comunicación audiovisual le sirvieron de gran ayuda a Aragonés. Aquella tarde, el Chico de los vídeos (como era conocido por la prensa), Andrea Pirlo (como le llamaban algunos jugadores por su parecido con el italiano) o Trueba (en confianza, para la expedición) se hizo pasar por un empleado de material y entró en el vestuario de Lituania después del entrenamiento para pedirles a los dos hermanos un autógrafo, alegando que era un admirador suyo. Sorprendidos de que su fama hubiera llegado tan lejos, accedieron a su petición.

Con el paso del tiempo, España se encontró con un problema: «Nuestros rivales conocían todo de nosotros, pero nosotros no tanto de nuestros rivales». Con el reglamento en la mano, la única obligación que tienen las federaciones es entregar las fichas de sus jugadores una hora y media antes del partido al árbitro. A partir de ahí, algunos rivales utilizaron todo tipo de artimañas para intentar despistar a España: «Una selección llegó a registrar a la mitad de los futbolistas en la recepción de su hotel de concentración, cuando realmente las habitaciones estaban siendo utilizadas por todos. Acabaron alineando a varios jugadores que no aparecían en la lista que su departamento de prensa había remitido a la Federación Española», desvela Enríquez.

Más difícil se lo pusieron en Belgrado. Mientras España se entrenaba, no paraban de llegar policías para impedir el acceso a la posterior sesión a puerta cerrada de Serbia a cualquier sospechoso. Javier se puso en contacto con los operarios de televisión españoles encargados de instalar la publicidad electrónica en el perímetro del campo: «Tenéis que ayudarme: inventaos lo que queráis, pero a las ocho tenéis que aguantar aquí como sea. Voy al hotel a cambiarme y vuelvo en seguida», les dijo.

Una hora después, ya vestido de paisano con unos vaqueros y unas gafitas que le daban un interesante aire de intelectual, Enríquez estaba de vuelta con su cámara escondida debajo de su abrigo. Hasta tres veces le pidió la policía la documentación para saber de quién se trataba. Cuando llegó al césped, los operarios ya habían ingeniado la excusa perfecta para ser testigos del entrenamiento de los serbios: «Se nos ha fastidiado uno de los paneles principales. Ya les hemos dicho que hasta que no lo reparemos no podemos marcharnos de aquí».

Se palpaba la preocupación y el agobio de los actores, como para que alguien con un corazón mínimamente sensible les obligara a salir del estadio. Javier aprovechó el despiste del rival mientras fingía una conversación telefónica para apuntar las jugadas de estrategia que al día siguiente tenían previsto emplear los serbios durante el partido. Le fue imposible sacar la videocámara porque tampoco era plan de tentar a la suerte con más de cien policías pendientes: «Al dicho de que en el amor y en la guerra vale todo, yo le añadiría: también en el fútbol...», confiesa Enríquez, que tiene resumidos los cuatro años en los que Aragonés fue seleccionador en cerca de trescientas horas de vídeo (unas diez por partido) sin incluir las sesenta correspondientes a la Eurocopa. Es más que probable que en el futuro tengan salida en un documental que dará que hablar.

Lo que nunca olvidarán los jugadores serán las charlas con las que Aragonés les deleitó, especialmente durante la Eurocopa. Con una maestría admirable, Luis se apoyó en vivencias, frases y chascarrillos que entremezclaba con conceptos tácticos para conseguir su objetivo: «Iban más encaminadas a dar calor a los míos y a concienciarles de que eran mejores en todos los pequeños detalles que el contrario», confiesa.

Su puesta en escena era esperada con mucho interés y curiosidad. La gran incógnita que tenían muchos de los allí presentes era si aquellos mensajes se improvisaban o no: «Yo he llegado a pensar que Luis tenía las charlas estudiadas. Sabía dónde quería llegar y, aún más importante, sabía cómo llegar a ellos. Transmitía mucha seguridad, pero a la vez le quitaba al jugador mucha tensión a base de anécdotas. Además, él tiene una gracia especial innata para contarlo», confiesa José Manuel Ochotorena, entrenador de porteros con Aragonés y después con Del Bosque. Incluso el jugador que sabía perfectamente que no iba a jugar o que lo tenía muy complicado, no perdía detalle: «Yo procuraba sentarme en la primera fila. Me gustaba ver cómo gesticulaba, cómo hablaba, cómo transmitía el mensaje que quería que captáramos. Si yo hubiera sido uno de los habituales titulares ya hubiera sido la "releche"... Luis es un motivador nato y salías de la sala a un 200%. Hoy día en el fútbol esto es muy importante», asegura Palop.

«Las tres cosas que te quiere decir consigue que estén en boca y en la mente de todos. A veces hay cachondeo por cómo lo dice, pero sano. Por su forma de ser, prefiere ser directo e ir al grano. Con tres pinceladas y un notable sentido del humor, te queda todo muy claro y te lo pasas bien con él», resume De la Red.

Lo que desconocían los internacionales es que en las charlas todo tenía un porqué: «Después de una carcajada de los jugadores venía un concepto fundamental, sin que ellos se dieran cuenta. A un chascarrillo le seguía una clave: campo abierto, tocamos en medio, mantenemos el balón, si sube un lateral no sube el otro o no hacemos tonterías en punta... Ideas concretas que Luis impartía magistralmente», asegura Enríquez. Muchas veces él o cualquiera de sus ayudantes sorprendieron a su jefe en pleno ensayo antes de encerrarse con sus jugadores: «Luis daba vueltas, gesticulaba... Lo mejor en esos momentos era dejarle solo. Es un gran perfeccionista y exigente y autocrítico como nadie», asegura Férez.

El momento estelar sin duda fue la charla que Aragonés dio a sus jugadores el día de la semifinal contra Rusia. El equipo se había quitado un peso de encima superando a Italia y casi nada hacía presagiar un tropiezo contra un equipo al que ya habíamos ganado con contundencia en la primera jornada: «El volver a jugar contra un equipo al que ya has ganado no es fácil. Una frase a veces da más resultado que mil palabras. Eso me demuestra mi larga vivencia como entrenador. Muchas veces el éxito o el fracaso depende del tío al que se lo digas y de cómo se lo digas», aclara Luis.

Los internacionales habían visto en el hotel el partidazo de Rusia ante Holanda en cuartos de final y, sobre todo, se habían quedado prendados de la exhibición de Arshavin, que había marcado dos goles y dado una asistencia. Luis sorprendió a todos los presentes con un discurso memorable: «Arshavin no es el bueno, chiquillos, el bueno es Pavlyuchenko. Se lo digo yo. Háganme caso. Tengo un amigo que sabe ruso y le he mandado estos días a su hotel a espiarles. Me ha contado que después de eliminar a Holanda, Arshavin se bebió él solo una botella entera de Chivas. Contra nosotros no se va a poder ni mover».

Aragonés consiguió así que sus jugadores salieran al césped del Ernst Happel con una sonrisa de oreja a oreja y habiéndose desprendido de un buen cargamento de adrenalina: «Aquella charla es la mejor que me han dado nunca. Recuerdo que nada más salir del hotel para subirnos al autobús, había una cámara esperando para grabarnos. Pensaría que estábamos todos de cachondeo, en vez de estar a punto de comenzar una semifinal», asegura Puyol.

«De fútbol se habló poco, la verdad. Fue más un monólogo de "El Club de la Comedia" que una charla. No paramos de reír ni un momento», añade Xabi Alonso.

«Parecía que nos había dicho un montón de tonterías, pero luego, cuando empezamos a hablar entre nosotros en el autobús, comprobamos al instante que estábamos motivadísimos», recuerda Villa.

Pero sobre todo, lo que había conseguido Aragonés era que sus jugadores no se fijaran únicamente en Arshavin y tuvieran especial cuidado con Pavlyuchenko: «Casi todo el mundo pensaba que Arshavin era el mejor jugador, pero yo, con algún chascarrillo que me inventé, les llevé a que viesen que había un jugador que para mí casi era más importante y que para ellos había pasado casi inadvertido. Pensé que nos podía hacer más daño. Eso te lo da el ojo de entrenador. Hay jugadores que son bonitos, pero que para mí no son buenos».

Al salir de la charla, Aragonés comprobó que sus palabras habían calado en su equipo: «Escuché a un jugador, el que menos te puedes imaginar, al salir de la reunión decir: "Es un fenómeno, el hijo de puta éste". Fue un futbolista que no se sorprende por casi nada y él no se dio cuenta de que yo le escuché. Entonces pensé que yo había sabido llegar, porque nunca el que da una charla sabe si va a tener éxito o no». El jugador en cuestión fue Xabi Alonso, que aquella noche fue suplente.

Una vez más, el «psicólogo» Aragonés había conseguido la fórmula perfecta para que sus «pacientes» salieran al campo con la dosis perfecta de tensión, ni más ni menos: «No me preguntes por qué, pero después de escucharle estabas convencidísimo de que ibas a ganar. Sabía quitarte presión y motivarte como nadie. Luis es un fenómeno», afirma Capdevila.

«Conseguía contagiarnos el sentido del humor que tenía y la facilidad de evadirse de toda presión. Nos hacía sentirnos seguros de nosotros», añade Reina.

«Nos decía: "Tranquilos, que yo tengo las espaldas muy anchas y el entrenador soy yo. Usted va a jugar y lo va a hacer bien y lo va a probar todo. Y si la caga, no la cagará usted, la habré cagado yo". Esa sensación de salir tranquilo porque si había algún problema estaba él era fundamental», revela Xavi.

España se impuso con contundencia y brillantez por 3-0 ante Rusia, y realizó su mejor fútbol del torneo durante la segunda parte: «Disfrutamos mucho. Fue una delicia futbolística», subraya Iniesta. El planteamiento ruso, más valiente que el italiano, facilitó la labor: «Nos jugaron de tú a tú y nos dejaron muchos más espacios. Italia se metió atrás y nos fue imposible hacerles un gol», añade Silva. El canario cerró la cuenta goleadora aprovechando un pase de Fábregas, que dio dos aquella noche (antes asistió a Güiza en el segundo tanto). Iniesta había servido a Xavi el primero. Aragonés se lo pasó pipa desde el banquillo: «Yo nunca he visto jugar a la selección española como en aquel partido», confiesa.

Guus Hiddink, seleccionador ruso, acabó desesperado e impotente ante la exhibición de fútbol y goles de España: «Se dio la vuelta y nos hizo un gesto como diciendo: Vale ya, que ya van tres...», recuerda Raúl Martínez, fisioterapeuta de la selección.

«Yo le dije: hoy no ha pasado lo de Corea, eh... Tenía una espina clavada desde entonces», añade Miguel Gutiérrez, compañero suyo.

El cuerpo técnico tenía la sensación de que el equipo no dio su tope en la Eurocopa: «El ajuste emocional era espectacular. Teníamos cuerda para que la final hubiese sido los cuartos de final y haber ganado otros dos partidos más. Alcanzamos un 90 % y no llegamos al 100 %. Había margen aún. Era brutal», asegura tajantemente Enríquez.

En el vestuario del Ernst Happel se celebró la clasificación para la final manteando ni más ni menos que al miembro de la UEFA responsable de llevar a los jugadores a pasar el control *antidoping* (análisis de orina y sangre). Según las normas, el futbolista no puede ni entrar en el vestuario antes de cumplir con su obligación. Aquel día la alegría se llevaba por delante ese tipo de formalismos: «El tipo estaba mosqueado y yo le cogí y le lancé para arriba. En el aire se quedó indefenso», ríe Juanito.

«La que liamos fue inolvidable. Yo creo que llegó a tocar varias veces el techo y todo. Si ese día hubiera entrado el Rey le acabamos manteando», bromea Fernando Navarro.

Aragonés siempre tenía un chascarrillo desengrasante para restarle trascendencia a la situación: «El peor momento era el de entrar en el vestuario tras calentar y volver a salir al césped. Hay demasiado protocolo y se te pasan mil cosas por la cabeza», confiesa Capdevila. En esos momentos en los que un futbolista nota que el pálpito de su corazón va cogiendo carrerilla inconscientemente, aparecía la figura de Luis para provocar una carcajada: «Recuerdo que, estando ya formados los dos equipos para saltar al campo el día de la final contra Alemania, llegó el míster, le tocó el pecho a Podolski y le soltó: "Good luck!", mientras se giraba guiñándonos el ojo. Iniesta, Silva y yo, partiéndonos de risa... Low, seleccionador alemán, le saludó sin dar crédito a lo que estaba viendo. Yo creo que te lo hacía ver de otra manera para que disfrutaras dándolo todo», recuerda Cesc.

Con los árbitros siempre tuvo sus más y sus menos, aunque tuviera que llevar la contraria a los suyos: «En el descanso del partido contra Suecia algunos de nosotros nos fuimos a protestar al árbitro porque se había equivocado en un par de decisiones en contra nuestra. Recuerdo que Luis nos apartó a todos, le agarró del pecho y le dijo: "*¡Very good, very good!*", cuando todos estábamos diciendo que había sido penalti. Luego nos gritó: "¿Estáis chalados? Aún queda la segunda parte...". Estaba en todo», recuerda Ochotorena. Ese temple de respeto a la autoridad, incluso después de errores en contra, contrasta con algunas estratagemas que Luis utiliza en ocasiones: «En Turquía yo le he llegado a ver pellizcar a algún árbitro», confiesa Güiza. Aragonés se encargaba de que sus futbolistas supieran el nombre de pila del árbitro para que se dirigieran a él por su nombre durante el partido: «Si ven que les conoces, entonces se vienen arriba y te tratan con más respeto... A los jugadores hay que hacerles ver que el árbitro es el que manda, bien o mal. A veces alguno se ha ido mentalmente de un partido por no estar convencido de eso».

Luis no paró hasta que logró sacar el máximo rendimiento de sus internacionales. Algunos de ellos le llegaron a ver en algún momento como aquel profesor repelente e inflexible que todos hemos tenido alguna vez durante nuestra infancia. No obstante, el tiempo le ha acabado dando la razón en la mayoría de los casos. Y si no que se lo pregunten a Cesc Fábregas, que tras el debut de España en la Eurocopa contra Rusia se llevó un buen «revolcón» dialéctico: «Salí en la segunda parte y creía que no lo había hecho mal. Di una asistencia a Villa en el tercer gol y metí el cuarto. Además, tuve que pegarme a la derecha para tapar a Zhirkov, que corría mucho y no paraba de subir y de bajar. Terminé el partido reventado, pero contento. Al día siguiente, el míster buscó un escondrijo en medio del bosque para evitar ser captados por la prensa y me metió una bronca delante de todos mis compañeros que me dejó a cuadros... Yo alucinaba. Y eso que sólo había jugado veinte minutos. Me dijo que había cosas que no podía aceptar, como mi actitud durante el partido. La gente, y especialmente yo, nos dimos cuenta de que lo que quería era buscar la unión y el trabajo. Aquel día fue muy duro, pero reconozco que a veces hay que ser así en el mundo del fútbol porque si no puedes relajarte», reconoce el 10 de España.

Cesc sustituyó a Fernando Torres en la segunda parte de aquel partido. El Niño tampoco entendió la decisión de su entrenador: «Me enfadó el cambio porque en Santander, el día que jugamos el último amistoso contra Estados Unidos, me indicó que estuviera tranquilo y que me debía sentir titular en Austria. No me comentó por qué me decía esto, quizá porque me había sustituido en el descanso en los tres últimos amistosos (Italia, Perú y Estados Unidos). Después de la victoria contra Rusia, Luis no se dirigió a mí. Por eso, pensé que no había sucedido nada trascendente. Sin embargo, la prensa le dio mucha importancia a la sustitución y quizá por eso Aragonés me llamó para aclararme que no íbamos a provocar un problema. Incluso se atrevió a dejarme claro que "España son Torres y diez más"».

Aragonés les había recalcado a sus jugadores que trataran de evitar desaires y gestos de desaprobación a la hora de ser sustituidos: «Un futbolista tiene derecho a enfadarse siempre que sea cambiado, pero lo más lejos de su entrenador. Primero debe enfadarse consigo mismo porque algo no habrá hecho bien para ser sustituido, y después con su entrenador porque también ha podido quitarle cuando no debía. Igual que él tiene su carácter y se puede enfadar, al técnico le puede suceder lo mismo. Ya habíamos hablado de esto antes de comenzar la competición y por eso Fernando se alejó de mí al ser cambiado».

Con Sergio Ramos también tuvo Luis sus discrepancias. A dos días de disputar el partido de cuartos de final contra Italia, entrenador y jugador se vieron involucrados en una discusión ante los ojos de sus demás compañeros y con la prensa como testigo. A Aragonés no le habían gustado unas declaraciones del defensa en las que aseguraba que a veces no sabía muy bien si tenía que subir o bajar. Luis se lo echó en cara públicamente y eso terminó de encender a Ramos: «A pesar de ese rifirrafe estoy muy agradecido a Luis. Él me conocía a la perfección y sé que lo hizo para que reaccionara. Me hubiese gustado que me lo hubiera dicho en privado en el vestuario y no delante de todo el mundo, pero lo importante es que al final acabó sacando al mejor Sergio Ramos. Yo lo pasé un poco mal en Austria. Recibí muchas críticas porque mi rendimiento en los primeros partidos no fue el esperado, pero terminé la competición como me hubiera gustado empezarla. Si Luis se vio obligado a hacer eso para que reaccionara, pues perfecto».

Incluso Xavi, uno de los capitanes, sacó consecuencias positivas de aquel incidente: «Creo que nos vino bien a todos. Los dos se dijeron las cosas a la cara y así la situación no se enquistó y se arregló».

Lo único que pidió Aragonés a sus jugadores fue que evitaran cometer actos que pudieran manchar la concentración. En vísperas del partido contra Suecia, Sergio Ramos apareció en la portada de un periódico local tomando algo por la noche aprovechando su día libre. Luis restó importancia a lo sucedido y le pidió que fuera más cuidadoso al ser un jugador tan mediático: «Si mañana me tengo que poner una peluca para salir con usted y que no me reconozcan no tendré ningún problema en hacerlo».

Los ayudantes de Aragonés saben mejor que nadie que su jefe cuidó hasta el más mínimo detalle para que todo saliera a pedir de boca: «Nunca le vi dudar, y mira que es difícil en una concentración tan larga. Me llamaba la atención su enorme vitalidad. Era el primero en bajar a desayunar y el último en marcharse. Prácticamente no dormía y mantenía una entereza encomiable. Totalmente sereno, totalmente firme, tenía todo perfilado en la cabeza. Luis incluso diseñó el lugar donde tenían que estar los familiares para que el equipo estuviera aislado completamente», reflexiona Ochotorena.

«Luis es de los pocos en este país que sabe de fútbol. Tiene mucho conocimiento y sabe motivar a sus jugadores como nadie. Si a eso le añadimos la información que teníamos de los equipos contrarios, la fórmula era perfecta», añade Armando Ufarte, su segundo.

Aragonés logró que sus jugadores se sintieran partícipes de su idea: «Me sorprendió la convicción que tenía en su trabajo y en la gente que había llamado. Delegaba mucho en Jesús Paredes (su preparador físico y mano derecha) y en Ufarte, y todos nos sentíamos importantes. Él quería que las cuarenta personas que tenía a su alrededor estuvieran activas. Ése fue el último toque que hacía falta dar a un grupo de grandes futbolistas», confiesa Fernando Navarro.

La jornada de trabajo de Luis no tenía fin: «Yo suelo dormir poco, pero durante la concentración dormí poquísimo. Tres o cuatro horas diarias. Cuando subía a mi habitación, igual me quedaba otro par de horas trabajando», confiesa. La mañana de la final, Mendiondo y Férez bajaron al hall del hotel a las ocho con la idea de explicar a Aragonés, que ya había desayunado, el informe que habían elaborado de Alemania.

—¿Míster, quiere que hablemos?

— ¿De qué? —les contestó.

— De Alemania...

—¿De Alemania? A Alemania le vamos a ganar. Ya me lo sé todo.

Los dos ojeadores se quedaron de piedra: «Nos transmitió una absoluta seguridad. Estuvo dos horas sentado en la misma posición sin articular palabra. Ya se sabía de arriba abajo lo que le habíamos preparado», admite Mendiondo, que se llevó de recuerdo la pizarra donde Aragonés escribió la táctica aquella mañana a La Roja, una cervecería que regenta en Pozuelo. Pedro Cortés da también fe de ello: «Igual una noche que te desvelabas bajabas a las seis de la mañana al bar a tomar algo y ya estaba Luis en el hall viendo un vídeo que ya había visto cuatro veces. Y a lo mejor era de un solo jugador... Él vive el fútbol las veinticuatro horas del día». A Juanito le encantaría tener la receta para aprovechar más el tiempo: «Luis nos decía que se *sofroniza* para que no le duela nada. Dice que es capaz de engañar al cuerpo para aguantar durmiendo tan poco».

Aragonés estaba pendiente de todo y no quería que se le escapara el más mínimo detalle: «Había que estar continuamente encima de lo que veías que al jugador le podía despistar. Yo me levantaba el primero para ver cómo bajaban de las habitaciones. Los gestos de cuando iban a desayunar eran importantes para mí. Igualmente salía del comedor cuando ya se habían ido todos. Sabía dónde iban, dónde estaban, dónde jugaban... Todo eso es un trabajo importante y de mucho tiempo», confiesa.

Luis tuvo la inteligencia de contentar a todo el mundo: los titulares, los suplentes con rango y los suplentes que tenían asumido su papel secundario: «El trato personal fue maravilloso, cálido y muy afectivo, no sólo con los que no jugaban sino con todos. Hacía bromas, quitaba la presión a los futbolistas, siempre te hacía ver el lado positivo de las cosas... Me sorprendió que un hombre con tanta experiencia y con esa trayectoria y estatus, que podía ser más frío, era todo lo contrario: el más humilde y el más cercano», comenta Navarro.

«Yo he sido titular y suplente con Luis, y te aseguro que no habla bien de él el que juega y mal el que no. Él respalda siempre al futbolista y eso le hace muy grande. Tiene un estilo, pero sobre todo un carácter humano que le saca al jugador lo mejor que lleva dentro», reflexiona Marchena.

El gol de Villa en el último minuto del segundo partido contra Suecia tuvo un doble valor. El primero, matemático: España disputaría los cuartos de final pasara lo que pasara en la tercera jornada; el segundo, psicológico: los seis puntos que sumaba la selección permitían a Aragonés alinear contra Grecia a todos los jugadores que no habían sido titulares en los dos primeros partidos: «Para demostrarles que son importantes, también les tienes que dar la posibilidad de que compitan y a lo mejor acrediten que están más en forma que los que has puesto el primer día. Para mí fue fundamental que la gente creyera, tanto los que jugaron como los que se sentaron en el banquillo. Por eso, también apuré siempre los cambios en todos los partidos. En eso sí que me puedo apuntar algún tanto», presume.

Su decisión ante el equipo griego provocó el efecto que buscaba en el grupo: «De haber empatado ante Suecia, probablemente el míster no hubiera podido hacer tantos cambios. A toro pasado, fue muy importante que mis compañeros pudieran disfrutar de ese partido que, además, acabaron ganando también», reconoce Villa.

«El míster fue muy listo y se llevó al torneo a mucha gente joven que tenía muchas ganas y mucha ilusión. Sabía que si sólo teníamos media hora nos íbamos a dejar la piel en el campo, como así fue. Contra Grecia, el equipo salió ilusionadísimo y se ganó, lo que demuestra que todos estábamos muy enchufados. Nos sentimos importantes... Si el míster le daba a uno media hora, la aprovechaba marcando un gol o dando un pase. El seguir ganando nos dio mucha moral», confiesa Albiol.

«Todos sumamos. Había un once formado, y como las cosas iban saliendo tan bien lo lógico era no cambiarlo. Cada uno supimos interpretar nuestro papel y eso también ayudó mucho. El grupo lo formaba gente muy normal», explica Xabi Alonso.

Aparte de las charlas de grupo, Luis y alguno de sus ayudantes se reunían en ocasiones, en privado y con total discreción, con algunos de sus futbolistas para analizar vídeos motivadores o de otro tipo, sin que el resto de compañeros lo supiesen para no causar recelos o complejos en el grupo. Es innegable que Luis sentía una especial predilección por algunos de sus jugadores: «A raíz de que Raúl dejó de ir a la selección, Luis me buscó más. Quiso que hablara más con la gente y que tuviera una responsabilidad mayor. Yo nunca he intentado estar por encima de nadie y me ha gustado delegar también en compañeros que llevan muchos partidos, como Puyol, Xavi o Torres, para llevar lo mejor posible al equipo», confiesa Casillas.

«Yo notaba mucho su afecto hacia mi persona. Algo que también veía con Casillas, Marchena o Puyol. Igual porque nosotros nos identificamos mucho con los valores que él quería: seriedad, compromiso...», añade Xavi.

«Luis tiene una cosa muy buena: que siempre va de cara y eso se agradece, tanto si has jugado más o menos o si te ha gustado o no lo que te ha dicho. Pero es importante. Una de las cosas que más valoré en su día de Van Gaal fue que me cogiera la primera vez y me dijera que con él lo iba a tener muy difícil. Es mejor que te digan eso a que te engañen», sentencia Puyol.

«El fuerte de Luis es que construye un grupo por encima de sus jugadores. Quiere que nadie se crea más que otro», reflexiona Torres.

«Él me decía que estaba a muerte conmigo y que, independientemente de las críticas que pudiera sufrir, me conocía y sabía lo que podía dar. Eso me reforzaba bastante», admite Marchena.

Pero quizás, la clave de Aragonés era que tenía palabras para el que más las necesitaba: «Luis siempre tenía algo que decir al que no jugaba. Un día me cogió después de un entrenamiento durante media hora y empezó a contarme anécdotas suyas de cuando jugaba en mi misma posición. Esa charla me marcó y me ayudó mucho. Conmigo hablaba bastante», reconoce Fábregas.

Xavi no olvida la atención que le dispensó Luis en vísperas del Mundial de Alemania, cuando todavía no sabía a ciencia cierta si la grave lesión de rodilla que había sufrido durante la temporada le iba a permitir viajar o no: «Me llamaba por teléfono y me decía: "Tranquilo, eh, si no llegas, tranquilo. Pero es que quiero que llegues...". Te transmitía una confianza que decías: joder, macho... Y si ese domingo no me tocaba entrenar, iba a entrenar... Me estaba jugando un Mundial y sabía que si llegaba contaría conmigo», recuerda.

Con Villa también tuvo un momento de intimidad cuando un pinchazo muscular contra Rusia le privó de jugar la final de la Eurocopa contra Alemania: «Luis normalmente daba mucho cariño a los que más lo necesitaban. Cuando la cosa iba mal solía arrimarse a los que tenían algún problema. Vino a hablar conmigo y me dijo que no me preocupara porque yo había conseguido que la selección estuviera ahí. Aunque fuera una desgracia no poder jugar, me dijo que seguramente el fútbol me devolvería otra final como ésa», confiesa.

Pedro Cortés, amigo personal de Aragonés y que le tuvo como entrenador durante su etapa de presidente en el Valencia, define así a Luis: «Como todos los genios, tiene un carácter complicado, pero la gente no le conoce. Es un hombre muy disciplinado y no admite liderazgos más que el suyo. Él consiguió que todos fuéramos uno: el delegado, el utilero, el futbolista... Todos formamos una familia y nos creímos invencibles». Mendiondo cree que Luis se transforma cuando se pone el chándal: «Fuera del fútbol es un tío divertidísimo, pero cuando está pensando en fútbol está siempre concentrado».

Escuchando a todos los que rodearon a Aragonés, es evidente que la imagen que proyecta hacia el exterior no se corresponde con su comportamiento de puertas para adentro. ¿Por qué ese Luis humano, cariñoso, emotivo y cercano con los suyos es arisco, borde, irreverente y soez en ocasiones con micrófonos de por medio? Javier Enríquez da la clave: «Aragonés es un gran comunicador, pero no se ha preocupado por demostrarlo. No se ha molestado en hablarle al público y prefería hablarle al periodista. Dicho de otro modo, no se dirigía con cariño a los aficionados porque era incapaz de traicionar el maravilloso sentido de la justicia que tiene». Luis da su versión: «Yo no me río en mi trabajo porque es tan serio que me echan cuando va mal. Por eso soy serio y antipático, pero yo tengo plena confianza en mí mismo», sentencia.

Durante sus cuatro años en el cargo de seleccionador, Aragonés dirigió a la selección española en 54 partidos con un balance de 38 victorias, 12 empates y 4 derrotas. Pero la frialdad de los números quizá no refleje el legado más importante que dejó a los internacionales y que resume en la siguiente reflexión Sergio Ramos: «Antes saltábamos al campo con la ilusión y las ganas de ganar partidos, pero no estando convencidos de que podíamos ser campeones. Ahora sí lo estamos».

EL DÍA QUE GANAMOS LA EUROCOPA

«Pensábamos que Italia con poco había hecho mucho. España terminó la primera fase con 9 puntos, 8 goles a favor y 3 en contra. Italia sólo había ganado un partido, sumó 4 puntos, marcó 3 goles y encajó 4. Y encima se presentan en la tanda de penaltis...» Iker Casillas confiesa lo que le pasaba por la cabeza instantes antes de colocarse en la portería del Ernst Happel aquel 22 de junio de 2008 para intentar detener los lanzamientos de los jugadores italianos. Su reflexión era muy parecida a la que había tenido Marcos Senna cinco días antes, cuando abandonó el Tivoli-Neu de Innsbruck, tras el entrenamiento previo al partido contra Suecia: «Cuando Buffon le detuvo el penalti a Mutu en el segundo partido, quien más y quien menos se empezó a hacer a la idea de que Italia sería nuestro rival en cuartos». No obstante, y pese al rocambolesco empate que cedió ante Italia, Rumanía tenía todas las papeletas para cruzarse en nuestro camino. Si derrotaba a Holanda (ya clasificada como primera) en la última jornada, sería el rival de España. Pero el destino fue caprichoso una vez más. Rumanía perdió e Italia ganó a Francia.

«Teníamos la oportunidad de enfrentarnos a una selección sin mucha tradición en cuartos de final, pero... No es que pensara que nos iban a eliminar, pero muchos de mis compañeros y yo queríamos que nos tocara Rumanía. Cuando marcó Italia ya lo tenía asumido, y en cuanto el árbitro pitó el final del partido pensé: da igual. Ya está. Nosotros jugamos mejor», confiesa Iniesta, que quizás había olvidado el presagio de Aragonés desde el primer partido del llamado grupo de la muerte: «No penséis que les van a eliminar: Italia va a estar», recuerda Capdevila que repetía una y otra vez el seleccionador. «No nos lo podíamos creer. Parecía que el destino estaba marcado: Buffon para un penalti, arrancan un empate y se convierten en nuestros rivales. ¡Italia! Y dices ¡hostia!, no puede ser... Éstos otra vez... Llevan un torneo de pena y nos tocan... Preparamos el partido con mucha confianza. Sabíamos que éramos mejores, pero ellos contaban con algo que no teníamos nosotros: esa pizca de fortuna que nos había faltado», añade Fernando Navarro.

Seguro que esas sensaciones que pasaron por la cabeza de los jugadores fueron compartidas por millones de españoles. Muchos no entendían por qué la fortuna trataba siempre tan bien a los italianos y había sido tantas veces tan cruel y tan injusta con España. Pero por muchas vueltas que le diéramos, por muchos improperios que lanzáramos al viento y por muchos puñetazos que pegáramos contra la pared no había marcha atrás. Italia era nuestra rival... en cuartos de final.

Pero esta vez España no tenía la sensación de ser inferior. Prueba de ello fue el cántico que se inventó Andrés Palop en el entrenamiento previo al partido: «Respeté la música del himno italiano, pero retoqué la letra para que terminara diciendo: ¡Iitaaaliiaa, Iitaaaliiia, por el aire se va...!». Ese canguelo y ese temor que históricamente había impedido a la selección hacer historia mucho antes, parecía cuando menos controlado.

«Teníamos el convencimiento de que estábamos bien y que alguna vez tenía que llegar. El grupo era consciente de la trascendencia del partido. Por todo era clave. Por la historia, por los cuartos, por Italia. Si salíamos vivos sabíamos que podíamos llegar lejos. Y salimos de la mejor manera posible, a la italiana: empatando y ganando los penaltis. Nuestra autoestima estaba por las nubes...», recuerda Marchena.

«Antes del partido vi a la gente con mucha confianza. Luis nos dijo en la charla que no tenía ninguna duda de nuestra victoria. Teníamos la sensación de que íbamos a pasar porque sabíamos que si así era, íbamos a estar en la final», añade Xabi Alonso.

La estadística pesaba como una losa: 88 años llevaba España sin tumbar en un partido oficial a Italia. Exactamente desde la olimpiada de Amberes en 1920. Casi nada... Pero la historia nos debía una. Otro buen motivo para ser optimista eran las bajas con las que Italia afrontaba el choque. A la ausencia de Cannavaro, que cayó lesionado antes de que diera comienzo la competición, se unieron las bajas por sanción de Pirlo y Gattuso: «La gran ventaja que tuvimos fue que no jugó Pirlo. Luis nos lo dijo en los días previos. Era el hombre que daba el último pase y construía el juego de Italia», reconoce Capdevila.

La llegada de los italianos al estadio impactó a Pedro Cortés: «Nosotros parecíamos bomberos toreros al lado de aquellas torres. Parecíamos gorriones contra vacas». Pero una vez que el balón echó a rodar, y con el paso de los minutos, España fue cogiendo confianza. Los nervios se fueron disipando y empezamos a estar convencidos de que se podía:

«Dentro del campo sentía que éramos superiores, pero temía que en algún momento, si hacíamos alguna chorrada o cometíamos algún error, nos pudieran hacer daño. Miedo a encajar goles con Marchena, Puyol, Sergio y Joan atrás no tienes. Desde dentro sentíamos una seguridad muy grande», añade Cesc.

«En el campo pensábamos que era la nuestra y creo que claramente merecimos pasar. Italia parece que no está, pero siempre está ahí», asegura Puyol.

Cesc enloquece tras marcar el penalti definitivo contra Italia. © Carmelo Rubio RFEF

Arriba: Casillas para el lanzamiento de De Rossi. © Carmelo Rubio RFEF

Abajo a la izquierda: Güiza se lamenta tras fallar su lanzamiento. © Pablo García

Abajo a la derecha: Casillas y Xavi intentan consolar a Güiza. © Pablo García

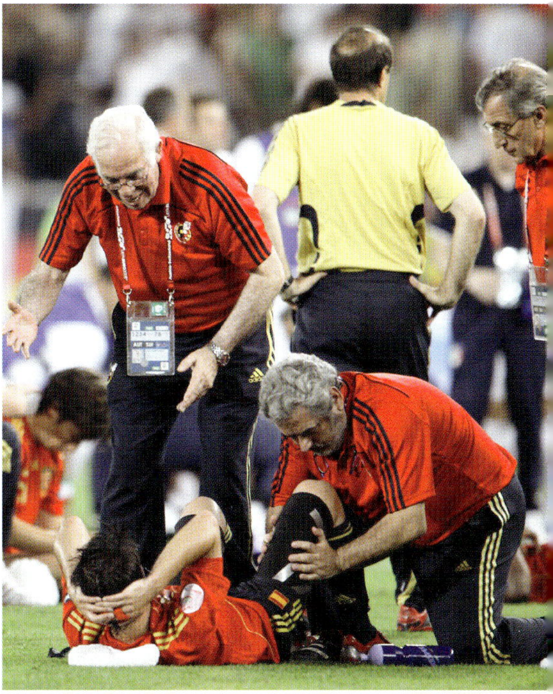

Arriba a la izquierda: Aragonés da instrucciones durante el partido ante Italia. © Pablo García

Arriba a la derecha. Luis arenga sus jugadores antes de comenzar la tanda de penaltis. © Carmelo Rubio RFEF

Abajo: Cesc recibe los ánimos de Cazorla antes de dirigirse al punto de penalti. © Pablo García

Arriba: Cesc, exultante, tras conseguir el pase a las semifinales de la Eurocopa. © Pablo García

Abajo a la izquierda: Iker celebra la clasificación ante Italia. © Pablo García

Abajo a la derecha: Juanito y Capdevila se abalanzan sobre Fábregas tras marcar el penalti. © Pablo García

Arriba: Charla privada de Aragonés con sus jugadores en Neustift. © Carmelo Rubio RFEF

Abajo a la izquierda: Sergio Ramos y Aragonés liman asperezas delante del grupo. © Pablo García

Abajo a la derecha: Luis, activo, durante un entrenamiento. © Pablo García

Arriba: La Roja, al completo, posa con los Reyes en el vestuario de Viena. © Carmelo Rubio RFEF

Abajo a la izquierda: Don Juan Carlos escucha con atención y cariño a Aragonés. © Carmelo Rubio RFEF

Abajo a la derecha: Don Juan Carlos y doña Sofía alzan los brazos a Luis ante el aplauso de la infanta Elena. © Carmelo Rubio RFEF

Arriba: Entrenamiento de la Selección a los pies de las montañas austríacas. © Pablo García

En el medio: Recepción del pueblo de Neustift a la llegada de España. © Pablo García

A la izquierda: Casillas se despide de los aficionados en el aeropuerto de Innsbruck antes de regresar a Madrid. © Pablo García

Luis canta con sus jugadores *A por ellos*, durante la grabación de un acto publicitario. © Carmelo Rubio RFEF

Aragonés charla con Miguel Ángel Díaz y Miguel Ángel Lara.

Los suplentes que tuvieron minutos a partir de la segunda parte compartían ese poderío: «Ellos tuvieron alguna ocasión que otra, como la parada de Iker con la pierna izquierda al disparo de Camoranesi, pero nosotros tuvimos un tiro de Marcos al palo, un disparo de Silva desde fuera del área... Sentíamos que teníamos el control del partido», cree Cazorla.

Sensaciones muy parecidas tenían los integrantes del banquillo. Ellos, que poco podían hacer por echar una mano, también se veían superiores: «Siendo sincero, no pasé muchos nervios hasta la tanda de penaltis. Merecimos haberles eliminado antes sin pasar por esa lotería», opina Albiol.

Peor lo pasó Arbeloa, que se sentó a su lado: «Reconozco que fue el partido en el que más sufrí. No es que viviera la semifinal o la final relajado, pero contra Italia fue una tensión constante en cuanto pasaban del centro del campo. Es el típico equipo que parece que no hace nada, pero en cualquier momento...».

En la prórroga los italianos utilizaron todo tipo de artimañas para aguantar el resultado. Dos minutos antes del descanso, Di Natale fingió una lesión y, después de ser atendido, entró en el campo sin pedir permiso al árbitro para interrumpir un contragolpe de España. La afición española no se lo perdonó y le silbó sin piedad cada vez que tocaba el balón. Senna se percató de que el cansancio empezaba a hacer mella en el equipo: «El momento más delicado fue al comienzo de la segunda parte. Se me subían los gemelos y Luis ya había hecho los tres cambios. Yo me decía a mí mismo: tienes que aguantar, Marcos. Sentí que algunos compañeros también estaban sufriendo un bajón y empecé a gritar como loco: ¡Vamos, vamos! Quería ganar como fuera. En la prórroga también fuimos mejores. Lástima que mi disparo, que se le escapó a Buffon por debajo, se estrellara en el poste...».

España tuvo una última oportunidad para ganar el partido en el último minuto de la prórroga. Cazorla se internó por la banda izquierda y se decantó por el disparo, mientras Villa esperaba el centro en el segundo palo:

«No vi al Guaje. Estaba pendiente de Zambrotta, que venía muy rápido a cortar, y le pegué cruzado... Luego escuché sus gritos desesperados: ¡Santi! ¡Santi!».

«Fue una lástima que no me viera. Si hubiéramos marcado en el último minuto de la prórroga, imagínate...», añade Villa.

Aragonés tenía decididos los lanzadores de los penaltis, en caso de ser ése el desenlace, desde la víspera del partido: «Sobre todo, tenía claro quién tiraría los dos primeros». Al término del entrenamiento, ordenó a todos los jugadores (incluidos los porteros) ensayar lanzamientos antes de marcharse al vestuario. En una portería vigilaba los golpeos y la precisión Ufarte, y en la otra el propio seleccionador: «Les había dicho que debíamos querer tirarlos todos porque a lo mejor los teníamos que tirar todos».

Cuando el árbitro pitó el final del partido, una sensación de congoja se volvió a apoderar de los jugadores. «Vamos, vamos, que vamos a ganar», volvió a insistir Aragonés, según cuenta Senna. Mientras esperaban la decisión de su entrenador, los jugadores se refrescaban e intentaban recuperar energías para el último esfuerzo: «Nosotros salimos del banquillo por si alguno necesitaba un masaje, pero más que nada con la intención de animarles. Pero en seguida nos dimos cuenta de que no lo necesitaban. Ellos te miraban como diciendo: tranquilo, que vamos a ganar. No palpabas ningún miedo o tensión y es cuando te das cuenta de que estos tíos son ganadores. Recordamos que Marcos estaba fundido, agotado y que casi no podía ni andar cuando se levantó de la camilla del vestuario», confiesan Raúl Martínez y Fernando Galán, fisioterapeutas de la selección.

Aragonés tomó el mando y comenzó a desvelar su secreto mejor guardado: quiénes iban a ser los encargados de ejecutar los penaltis: «Que nadie me diga que no lo tira porque eso es una mala señal para el entrenador», les advirtió a sus jugadores. «Los lanzadores los tenía en el cerebro, no me hizo ni falta apuntármelos, y se los hice escribir a Ufarte y a Jesús [Paredes]». Su auténtica obsesión era no fallar los primeros lanzamientos: «Me hubiera gustado que hubieran empezado ellos a tirar, pero el sorteo nos fue esquivo. Si fallan, eso te da una moral de caballo e Italia hubiera quedado marcada psicológicamente. Los tres primeros lanzamientos los tiraron los que mejor le pegaban: Villa, Cazorla y Senna. De la Red había metido todos los que había ensayado en el entrenamiento, pero no jugó y no podía contar con él», sentencia. Güiza y Cesc serían el cuarto y el quinto en asomarse al vértigo de los once metros. Pero el sorteo no fue tan negativo porque la moneda que lanzó Herbert Fandel delante de los capitanes, Casillas y Buffon, determinó que los penaltis se lanzaran en el fondo donde se encontraba la afición española. Cuando el colegiado alemán señaló con el brazo la portería, un estruendoso aplauso retumbó en la grada rojigualda. ¿Sería una premonición?

Algunos de los elegidos ni sospechaban que Luis se acordaría de ellos. La apuesta fue arriesgada porque más de uno se «desvirgó» en aquella inolvidable tanda. Para algunos fue una liberación no ser incluido en esa lista: «Yo resoplé y pensé: menos mal. Soy un desastre chutando», reconoce Capdevila.

«A mí no me hubiera importado si me lo hubiera dicho el míster, pero no me gustaba haber llegado a los penaltis. Son una lotería y habíamos hecho méritos para evitarlo», dice Iniesta.

Mientras tanto, Ochotorena, preparador de porteros, se acercó a Iker Casillas. Esa mañana, a la conclusión de la charla técnica, ya había reunido a los tres guardametas para hablar de la posibilidad de que hubiera penaltis.

«¿Lo tienes claro, Iker?», le preguntó. «Me voy a dejar llevar por lo que pase por mi cabeza. Me guiaré por mi intuición», le contestó.

La respuesta del capitán fue tan contundente que Ochotorena no añadió ninguna palabra más: «Tenía claro que iba a ser el protagonista», asevera. Reina considera que son momentos muy íntimos en los que «no hace falta dar consejos. A Iker no le dije nada porque sé que prefiere ir a su rollo y tomar él mismo sus decisiones. Sólo me consultaron Cazorla y Villa, y yo les di mi opinión. Sabíamos que tarde o temprano, la fortuna tenía que estar con nosotros».

Villa fue el primero en ejecutar. El Guaje no falló desde los once metros, y eso dio mucha tranquilidad a sus compañeros: «Nunca en mi vida me habían dicho que el primer penalti era el más importante, pero eso fue lo que me dijo Luis. Yo creo que a todos nos dijo algo parecido para cargarnos de moral. Me acerqué a hablar con Pepe y le pregunté que adónde lo tiraba. Me dijo que abajo y a la derecha. Allí lo tiré y acerté. Me quité mucha presión para el resto de la tanda». A Grosso tampoco le tembló el pulso. Le pegó con la izquierda y batió a Iker por la derecha. El portero le adivinó la intención, pero no pudo tocar el balón. Empate a uno.

El segundo en lanzar fue Cazorla, que ya había conseguido olvidarse de la última jugada del partido: «En cuanto Luis me dijo que tenía que tirar un penalti me centré en ello. Es el momento de más presión que he tenido jugando al fútbol. Yo nunca había tirado un penalti en Primera, aunque solía ensayarlos en los entrenamientos». Aragonés asegura que no desconocía este detalle: «Santi le pega con las dos piernas fenomenal y tenía plena confianza en él».

Pese al intercambio de palabras con Reina, Santi tenía ya la decisión tomada de adónde lo iba a lanzar y era inamovible: «Tenía una idea y quise morir con ella. No me hubiera perdonado a mí mismo durante toda mi vida haberlo fallado por cambiar de idea». No quiso ni cruzar la mirada con Casillas, que le observaba con atención desde un lado de la portería: «Quería pegarle fuerte al balón y si miraba a otro lado, igual le hubiera golpeado mal. En el campo estaban mi madre, mi novia y mi hermano, y me alegré también mucho por ellos. Lanzar un penalti como ése es bonito de disfrutar. Lo he visto repetido muchas veces en la televisión», reconoce. España se colocaba 2-1.

Parecía que esta vez la fortuna no nos iba a dar la espalda: «Los lanzadores tuvieron mucha confianza. A nadie le temblaron las piernas y los tiraron muy bien. Cuando vimos el primer penalti de Villa y de Cazorla, comprobamos que no nos íbamos a arrugar. El equipo demostró poderío y confianza», confiesa Albiol. Allá iba De Rossi a patear el segundo, pero Iker le adivinó la intención. El centrocampista italiano golpeó a media altura, también a la derecha de la portería, e Iker detuvo el lanzamiento: «Los penaltis son una lotería y una intuición, no hay más. Fue una gran parada porque le pegó a ese lado, pero si me tiro a la izquierda ni la huelo. Si aguanto a que dispare no llego ni loco porque hubiera necesitado un impulso sobrehumano. Intentas intuir más o menos por dónde le puede pegar, según le vas viendo venir, y sabes si le pega fuerte o le gusta colocar. Con el Real Madrid habíamos jugado contra la Roma y De Rossi me había tirado un penalti. Me acordaba de que me la intentó picar y el disparo le salió por encima del larguero. No creía que lo volviera a repetir y pensé que le podía pegar a ese lado», confiesa el portero.

El tercero en lanzarlo fue Senna, quizás el más convencido de todos, pese a que había sufrido fuertes calambres al comienzo de la segunda parte de la prórroga que casi le impiden terminar el partido. «El día anterior habíamos estado ensayando penaltis y sabía perfectamente adónde lo iba a tirar: al centro y arriba. Cuando coloqué el balón estaba confiado y tranquilo. Sabía que el portero se tiraría a un lado y que le batiría seguro. Cuando vi que el balón entraba y no se me iba arriba, me quité un gran peso de encima». España se colocaba 3-1 en el tanteo. Camoranesi colocó el balón en la red con una precisión increíble. Fue el primero que buscó el perfil izquierdo de Casillas, que volvió a adivinar la intención del lanzador. Pero el balón iba tan ajustado que le fue imposible tocarlo. Italia recortaba distancias: 3-2.

El turno era para Güiza. Aragonés había detectado malas vibraciones cuando le había comunicado minutos antes que lanzaría el cuarto penalti: «Elegí a Dani porque venía de hacer goles por un tubo con el Fenerbahce, pero por el gesto que puso me dio la impresión de que no tenía la misma seguridad que sus compañeros cuando se lo dije. Pero ya no quise volverme atrás», confiesa.

La sensación que tuvo Luis la compartían muchos jugadores: «Ninguno le vimos convencido de meterlo, todo sea dicho...», confiesa Reina. Güiza golpeó el balón con la derecha a la izquierda de Buffon, pero el portero italiano se tiró hacia ese lado y detuvo el lanzamiento. Para el jerezano sigue siendo aún hoy en día un mal trago recordar su error: «Fue mi peor momento con mucha diferencia. Lloré y lo pasé mal porque veía que se me iba a caer todo encima».

Las dudas planearon por los cerebros de nuestros jugadores: «Cuando falló Güiza, pensé: "¡Hostias! A ver si se va a alargar la tanda y me va a tocar tirar...". Prefiero no estar en la lista porque no chuto nunca y no tengo casi ocasiones de gol. Creo que deben lanzar los hombres de área, pero hay que estar en alerta por si acaso...», considera Marchena. «Lo pasamos mal. Todos pensamos aquello de "otro año más"... Pero teníamos a Iker», matiza Villa. Precisamente un grito del portero, que había visto en cuclillas el fatal desenlace, despertó a Güiza de sus peores pesadillas: «¡Tranquilo, Dani, que lo paro!», le gritó.

No mentía. Di Natale disparó y lo detuvo. Su error fue celebrado a lo grande por la afición española, que aún tenía muy reciente su antideportiva argucia. También buscó el perfil izquierdo de Iker, que se tiró y despejó el balón. «Yo no me esperaba que lo fuera a parar, pero Iker no estaba de broma. En ese momento se me abrió todo. Me salvó un dios llamado Casillas», confiesa Güiza.

Aragonés saca punta a la machada que se marcó Casillas en un momento tan delicado: «Ahí apareció no sólo el ánimo hacia el jugador que había fallado, sino la responsabilidad que adquirió en ese momento Iker al decir: "No te preocupes, que voy a pararlo". Él no sabe que con esa frase se comprometió a hacer un poco más por detenerlo y se dijo a sí mismo: "Tengo que estar más concentrado todavía. Ya he parado uno y ahora le voy a parar otro". ¡Y pensaba que sólo estaba consolando a Güiza diciéndole que un penalti lo fallaba cualquiera!», confiesa Aragonés. España mantenía el 3-2 en el tanteador.

La clasificación para las semifinales estaba en las botas de Fábregas. Cazorla se le acercó y le confesó: «Confío en ti. ¡Lo tenemos!». Todo dependía de que ese balón acabara entrando en la portería de Buffon. Iker enlazó sus manos y las apoyó sobre la cabeza, esperando no tener que volver a colocarse más bajo los palos aquella noche.

«Yo no tiraba un penalti en un partido desde mi etapa de cadete. En alevines y en infantiles también solía chutarlos, pero desde que llegué al Arsenal no me había estrenado. Quizás el último fue uno con la selección sub-16», recuerda Cesc. Suya fue la responsabilidad de tener un país entero detrás. Si fallaba, soportaría ya de por vida una cruz demasiado pesada de sobrellevar; si lo metía, sería encumbrado y pasaría a la historia. Mientras miles de españoles se tapaban los ojos, otros tantos daban la espalda al televisor, otros se abrazaban al que tenían al lado y otros subían a tope el volumen de la radio, todo esto pasó por la cabeza del 10, un dorsal que no podía dejarle tirado: «Sabía que era el momento más importante de mi carrera. Me dije a mí mismo: demuestra que puedes, ¡demuéstralo! Sabía que era una oportunidad única. No pensé en nadie. No podía. Sólo pensé en que quería meterlo. No miré a Buffon porque nunca miro a los porteros, y no recuerdo bien si él me dijo algo. Al que sí escuché fue a Iker, que me gritaba: "¡Tranquilo, tranquilo!". No le hice ni caso... Yo sólo estaba concentrado en lo mío. Tenía en mente lanzárselo a la izquierda, pero en el último momento, cuando apenas quedaban cinco centímetros para tocar el balón, levanté un poco los ojos. Vi que ya había iniciado la estirada hacia mi derecha y eso me facilitó las cosas. Cuando golpeé el balón, sólo pensé en que entrara en la portería. Afortunadamente, entró...».

¿Por qué confió Aragonés en Cesc para ejecutar el penalti definitivo, ese que no tiene término medio (o te condena o te sube a los altares)?: «Cuando a un jugador a los 19 años le dan la capitanía, con lo que ello representa en un club como el Arsenal, es porque tiene una madurez psicológica importantísima. A esa edad ya aparentaba 28 o 32. Además, es un hombre tremendamente equilibrado y meter ese gol iba a suponer para él una acogida en la selección que hasta él mismo no veía. Cesc es en su equipo el compañero ideal al que buscan siempre. Eso demuestra una gran personalidad. Todavía creo que no se ha encontrado a sí mismo porque en su equipo lo es todo y en la selección a lo mejor no. Pero en eso está equivocado. Cesc para la selección española es tan importante como Xavi para mí, lo que pasa es que no puedes poner a dos en un mismo puesto», sentencia.

La tanda se vivió con mucha tensión por parte de los jugadores que componían el banquillo. «Si llego a saber en ese momento que Cesc nunca había tirado un penalti, me muero. Menos mal que no lo sabía...», dice Capdevila. Xavi creía, pero no se fiaba de los italianos: «Estaba convencido de que pasaríamos y así se lo dije a mis compañeros: "¡Pasamos seguro!". Pero reconozco que estaba muy nervioso, sobre todo porque veía a los italianos tan tranquilos que me decía a mí mismo: "Parece mentira, mira cómo están ellos y yo estoy como un flan...". Te daban la sensación de dominar la situación. Pero nosotros teníamos a Iker, que tiene una destreza increíble con los penaltis. Creo que no ha perdido ninguna tanda. Bueno, sí, la de Corea...». Uno de los pocos pesimistas era Arbeloa: «Siendo sincero, yo pensaba que nos mandaban para casa, no por desconfianza a mis compañeros, sino porque me venían a la cabeza episodios pasados... Pero en seguida vi a todo el mundo tan convencido que se me pasó el miedo en dos minutos».

España acababa de superar una barrera infranqueable para muchas generaciones y... ante Italia, una de las selecciones que peor se nos había dado en nuestra historia. De hecho, nunca habíamos sido capaces de derrotarles en un partido oficial (tres veces en Mundiales y dos en Eurocopas). La fiesta había empezado. La angustia dio paso a la euforia, los abrazos y los gritos. Cesc se fue a buscar a su familia a la grada, mientras sus compañeros no paraban de estrujarle. Quizá, el comentario más ingenioso que escuchó Fábregas se lo dijo al oído Güiza, que contagiado por la euforia y el cariño de sus compañeros, comenzaba a recuperar la alegría: «Máquina, estabas *cagao*, eh...».

«Aquella explosión de júbilo fue para mí lo más impactante de toda la Eurocopa. Nunca he sufrido tanto en mi vida... Estoy seguro de que es peor irte a casa cayendo eliminado en los penaltis, que te hagan un gol a falta de ocho minutos como nos había pasado en el Mundial de Alemania contra Francia», reconoce Juanito.

«Me pegué un esprín de cuarenta metros como nunca en mi vida», cuenta Reina.

En ninguna de esas fotografías aparece Marchena, que prefirió aislarse y, como dice el tópico, pensar en el siguiente partido: «Me fui solo al otro fondo y me decía a mí mismo: este partido ya no vale. Yo ya estaba pensando en las semifinales. Son maneras de vivirlo...». Fábregas reconoce que de vez en cuando tiene por costumbre ponerse el penalti para motivarse: «Hasta el momento, siempre que lo he visto repetido lo marco... Espero que siga siendo así toda la vida. A veces son mis amigos los que me lo ponen. Yo, como no tengo vídeo de mi boda...», bromea.

«El penalti de Cesc fue como un orgasmo», dice Senna.

«Cuando vi que la pelota entraba, yo ya estaba en otro mundo», recuerda Güiza.

«Menos mal que pasamos, porque después de ver llorar a Güiza de esa manera... Incluso después de pasar, seguía llorando... No había manera de consolarlo», dice Capdevila.

María del Carmen Fernández, que vivió el partido desde la grada junto con su marido José Luis, no pudo soportar la presión y acabó desmayándose: «No es la primera vez que le ha sucedido. Recuerdo que durante otra final que jugué en 1995 contra el Barcelona también le pasó lo mismo», reconoce su hijo Casillas. En seguida recuperó la consciencia y pudo sumarse a la fiesta.

Desde el disparo de Villa al de Cesc transcurrieron exactamente 5 minutos y 14 segundos que pusieron a prueba los corazones de los aficionados. Hacía mucho tiempo que España no gritaba *gol* con tanta pasión. Los privilegiados que vivieron el partido en el Ernst Happel tardaron un buen rato en abandonar sus gradas, y muchos lo hicieron llorando de la emoción. En la tribuna, la mayoría de los periodistas españoles perdieron la compostura: gritos, abrazos, carreras entre los pupitres y también alguna lágrima que acabó derramando algún enviado especial ante el estupor de la prensa internacional. No era un día para cohibirse.

Ahora ya poco importa, pero si Cesc hubiera fallado ese penalti e Italia hubiese marcado el suyo, el sexto lanzamiento hubiera sido tarea de Sergio Ramos: «Lo sé, pero mucho mejor así», ríe el lateral andaluz. Aragonés había decidido que en caso de que la tanda se alargase, Casillas hubiera lanzado antes que Marchena: «Los defensas, casi siempre, los dejo para el final», desvela.

La fiesta no terminó en el estadio. El autobús salvó milagrosamente sus lunas en el camino de regreso al hotel. La música sonaba a toda pastilla una vez más, mientras toda la expedición golpeaba con fuerza las ventanillas. «Fue clave, y ya todos pensábamos que podíamos ser campeones», admite Puyol. De repente, se empezó a corear la versión del himno italiano que había compuesto Palop: «El día anterior no había tenido mucho éxito, pero cuando mis compañeros empezaron a cantarla en el autobús me emocioné. Me acuerdo que al míster le hizo mucha gracia y se partía de risa con Ochotorena».

En medio del jolgorio, las lágrimas empezaron a caer por las mejillas de Paloma Antoranz, jefa de prensa de la Federación. A Casillas le extrañó su reacción y le preguntó si le pasaba algo: «Estoy muy feliz, Iker, pero es que me estaba acordando de Genaro y no lo he podido evitar», le contestó.

Al capitán le tocó la fibra aquella reacción generosa y espontánea y se acercó a la parte delantera del autobús a charlar con Aragonés. Al instante, el seleccionador, del que dicen sus allegados que apenas transmite al exterior su estado de ánimo, cogió el micrófono y tuvo unas palabras emotivas para el doctor: «Dedico esta victoria a ese pedazo de tío que era el doctor Genaro Borrás».

Genaro, médico de la selección desde 1991, había fallecido a causa de un cáncer el 16 de mayo de 2008, 37 días antes de aquella noche mágica. Es injusto hacer distinciones entre los miembros de la expedición porque todos tenían los recuerdos a flor de piel en ese momento, pero otro que se acordó mucho aquella noche de su amigo fue Miguel Gutiérrez, fisioterapeuta de la Federación desde 1990:

«La tanda de penaltis la viví en el banquillo de espaldas a la portería porque no aguantaba los nervios. No dejé de pensar ni un instante en él. Luis, desde el segundo partido, le dijo a Genaro que quería que se sentara cerca de él en el banquillo. Fue una pena que no pudiera vivir aquel momento inolvidable con nosotros. Yo, desde la olimpiada de Barcelona, no recordaba nada parecido...».

Aquel triunfo no sólo supuso un punto de inflexión para la selección española, sino para nuestros rivales, que ya nos miraban con otros ojos. Los alemanes, a los que nos enfrentaríamos, nos apuntaron la matrícula: «El guión acorde con la historia de España hubiera sido haber caído eliminados en los penaltis después de haber hecho un buen partido y ser superiores a Italia. Sin embargo, España pasó y nosotros, que estuvimos viendo el partido en el hotel, asumimos que eran los favoritos para ganar», confiesa Christoph Metzelder.

Aquella noche en el *Cíber* (del que hablaremos en el siguiente capítulo) volaron algunas sillas y la celebración se prolongó más de lo normal: «La verdad es que montamos una buena. Fue el día clave de la Eurocopa. Sabíamos que aún nos quedaban dos partidos y que iba a ser muy complicado, pero creo que fueron más sencillos que el día de Italia. También nos quitamos de encima el miedo a los cuartos...», confiesa Silva. No obstante, hubo ausencias importantes como la de Cesc: «Estaba tan cansado que tomé una pastilla para dormir y me fui a la cama...». Fernando Navarro fue otro de los que prefirió quedarse en su habitación aquella noche viendo una película, aunque le costó pegar ojo: «Desde dos plantas más abajo se escuchaban ruidos en la habitación de Joan. Pero cualquiera se atrevía a decirles algo... Era un momento histórico».

Con la perspectiva del paso del tiempo, nadie duda de que la Eurocopa se ganó aquel 22 de junio de 2008. Tantos complejos y tantas dudas se evaporaron en torno a la media noche:

«Estoy seguro de que ese día ganamos la Eurocopa. De eso estoy convencido... A partir de ahí no teníamos miedo a nadie. Sabíamos que podíamos ganar a cualquiera», confiesa Torres.

«Pasar de cuartos y contra Italia fue una recompensa muy grande para todos», dice Ramos.

«En semifinales estábamos más tranquilos. El partido de más tensión y más complicado fue el de cuartos de final. Los italianos siempre se dan valor en todo y ahora dicen que ganamos la Eurocopa gracias a ellos. Luego ya fuimos lanzados a la final», añade Puyol.

«La gente tenía el convencimiento de que estábamos bien y que alguna vez tenía que llegar. Era el momento ideal», sentencia Marchena.

«Fue el día que cambió todo. Pasar fue una liberación y nos quitamos un peso de encima. Todos vimos que teníamos una ocasión única para ganar. Lo celebramos tanto o más que el día de la final», confiesa Alonso.

España acababa de descubrir de lo que era capaz. El trabajo psicológico que puso en práctica Aragonés con sus jugadores había dado sus frutos: «Hubo un momento en que la duda era si España se iba a clasificar para la fase final de un Mundial o de una Eurocopa, pero después de 36 años sin faltar a ninguna cita, esa duda desapareció. Aunque tuvieras que afrontar una repesca, estábamos seguros de que acabaríamos clasificándonos. ¿Qué nos faltaba entonces para culminar? Terminar con el miedo a no cumplir con lo que se esperaba de nosotros. Eso es lo que rompió aquella noche España. Conseguimos que la gente se concienciara de que los que pasan y ganan son los que tienen seguridad en sí mismos», remata Aragonés.

Pero aquella noche del 22 de junio de 2008 nadie había caído en un detalle que quizás resuma la confianza que la selección tenía de hacer historia. Puyol, que como dice Xavi «es muy pesado, pero siempre está en todo», nos confesó la clave: «Nadie había hecho la maleta, aunque jugáramos contra Italia. Otras veces sí he visto a gente que tenía las cosas medio preparadas por si caíamos eliminados, pero esta vez a ninguno se nos pasó por la cabeza. Estábamos tan convencidos de que pasaríamos...».

EL *CÍBER* DE LA 422

Sus compañeros pensaron que se trataba de otra pataleta por haber perdido una nueva partida, pero aquella vez Capdevila iba en serio: «¡No juego más!», sentenció.

En la última semana de competición de la Eurocopa, el sexteto se redujo a quinteto tras la renuncia voluntaria de Joan. Sus habituales compañeros de partida, Casillas, Reina, Villa, Cazorla y Sergio García, intentaron convencerle de que aguantara hasta el final, ya que la partida se había convertido en un ritual durante la concentración y se repetía en la previa de cada partido. Pero no hubo manera. Capdevila se mantuvo firme en su postura, no cedió a las presiones y se retiró de la *pocha*.

Pese a que su habitación se había convertido en el improvisado lugar de reunión diario donde se jugaba a las cartas, no hubo ningún tipo de compasión con Capdevila, que fue «despellejado» por sus compañeros. Uno de los secretos mejor guardados de la concentración fue la cantidad económica que llegó a perder el anfitrión y que le hizo tomar una decisión drástica y dolorosa para él. Un componente del quinteto que siguió jugando hasta la final «cantó»: «Fueron mil euros, pero yo no te he dicho nada...». Después de duras negociaciones, Capdevila nos dio permiso para publicar la cifra. Si María, su mujer, acaba enterándose del «despilfarro» al leer este libro, pedimos disculpas por ser tan indiscretos, pero nos sentíamos en la obligación de contarlo...

La *pocha* es una de las principales ocupaciones de los internacionales a la hora de pasar el rato entre entrenamiento y entrenamiento o entre charlas y masajes. Es una versión del tute en la que cada jugador ha de adivinar las bazas que cree que ganará en cada mano. Sin duda, el «momento *pocha*» era uno de los momentos estelares del día: «Había días que salíamos corriendo del comedor para elegir los sitios y ponernos a jugar cuanto antes», admite Reina.

Capdevila ofreció su habitación para iniciar la competición. Sus dimensiones, nada convencionales, sorprendieron a su huésped nada más abrir la puerta el 5 de junio, el día en que España llegó a Austria: «Cuando entré por primera vez pensé que se habían equivocado en el reparto. Creí que sería la habitación de Casillas y, como mi apellido empieza como el suyo, sería una confusión», confiesa. Por antigüedad, los capitanes suelen gozar del privilegio de utilizar las habitaciones más grandes durante las concentraciones.

Antes de instalarse, Capdevila quiso cerciorarse de que no se trataba de un error. Bajó a la recepción a preguntarle a Antonio Limones, responsable de la organización de los viajes y del alojamiento de la Federación, quien efectivamente le confirmó que la 422 iba a ser su habitación durante la concentración. Tras dar cierto orden a sus pertenencias, Joan fue a buscar a su inseparable Cazorla para constatar si todas las habitaciones tenían las mismas características. En seguida pudo comprobar que el «pisito» del asturiano era mucho más reducido. Santi se quedó boquiabierto al comprobar lo afortunado que había sido su socio y sentenció: «¡Ahí va! Cómo manda aquí el veterano... Aquí todas las noches ¡*pochita*!».

Aquella habitación, ubicada en la planta superior y que colindaba con la de Marcos Senna y con el cuarto de los fisioterapeutas, fue bautizada como el *Cíber* por los internacionales y se convirtió en el centro neurálgico de operaciones: «No sé muy bien por qué se la dieron a Joan. Igual no la quiso Casillas porque era demasiado grande. Pediremos explicaciones a Limones a ver qué criterios utiliza para el reparto», bromea Villa. Aparte de la antigüedad en la selección, Limones suele tener en cuenta la afinidad entre los jugadores para hacer la distribución: «Si yo sé que Fulanito y Menganito se llevan bien, intento ponerles las habitaciones al lado. Pero muchas veces son ellos mismos los que hacen y deshacen. Me avisan de que las han cambiado y punto», comenta.

Noche tras noche, el número de huéspedes en la habitación de Capdevila iba en aumento, y lo que comenzó siendo una partida de cartas se acabó convirtiendo en una reunión de amigos. Otros jugadores como Silva, Navarro, Ramos o Juanito solían aprovechar el *wi-fi* para navegar por Internet, chatear y contactar con sus familiares. Después de los partidos, la visita al *Cíber* era casi obligada. Allí se repasaba el partido de arriba abajo y se empezaba a pensar en el siguiente compromiso: «Yo era uno de los fijos. La cosa era estar allí y charlar, mientras tomabas algo. Los del hotel se portaban bien con nosotros y nos subían patatas y algún aperitivo por si queríamos picar algo», recuerda Silva.

«No sólo hablábamos de fútbol; también de la vida, de coches, de chicas... Nos venía bien para liberar tensiones. Más que compañeros, parecíamos amigos. En equipos donde hay tantos egos es importante respetarse y reírse hasta de nosotros mismos», apunta Navarro.

«Nos podían dar las dos o las tres de la mañana tranquilamente. Sin darnos cuenta nos juntábamos más de diez jugadores. Yo, por supuesto, me llevaba mi portátil con la música para amenizar la velada», presume Ramos.

«Yo era del sector *caipirinha*... Después de los partidos a los futbolistas nos suele costar mucho conciliar el sueño, sobre todo cuando has acabado tarde. Música, cartas, tele, ordenador...», remata Juanito.

Según Reina, aquellos encuentros que surgieron desde la espontaneidad y la improvisación tuvieron una gran importancia para la cohesión definitiva del grupo: «Fue un síntoma de la unión que hay en esta selección. También hablábamos mucho de nuestras preocupaciones. Son varios días sin ver a la familia y hay gente que lo pasa peor que otra. Y para eso estamos aquí, para ayudarnos en lo bueno y en lo malo. Recuerdo con mucho cariño lo bien que lo pasamos allí y el poco tiempo que nos dio a aburrirnos». Capdevila estaba encantado de estar tan bien rodeado: «Por espacio no había ningún problema. La habitación tenía las dimensiones de un piso, con un salón enorme, tres habitaciones y dos baños. En total tenía seis camas, así que podía elegir dónde dormir...», recuerda. Tanto movimiento y tanto trajín hubo allí que la cerradura electrónica de la puerta llegó a quedarse sin batería y hubo que cambiarla antes de que terminara la concentración.

Los veteranos Casillas, Reina y Villa tuvieron que buscar refuerzos para montar la partida con suficientes efectivos. Se notaron las bajas en la Eurocopa de Albelda, Cañizares, Pablo, Antonio López y Pernía (*pocheros* también) con respecto al Mundial de Alemania. Aparte de ofrecer su cuarto como sede, Capdevila presentó su candidatura para la ocasión y los últimos en llegar, Cazorla y Sergio García, se ofrecieron como voluntarios para completar el equipo: «Yo conocía a bastante gente de las categorías inferiores de la selección y tenía además buena relación con los del Barça. Un día Reina nos dijo a Cazorla y a mí si nos apetecía jugar y no dudamos en apuntarnos», cuenta Sergio García.

El coto de las cartas era bastante cerrado y apenas daba pie a nuevas incorporaciones. Además, exigía un compromiso y una dedicación difícil de alcanzar para otros futbolistas: «A mí me gustan las cartas y de vez en cuando juego. Pero yo no quise liarme porque a mí no me apetece ir siempre y si no vas te meten una presión que no se puede... A veces después de comer prefiero irme tranquilo a la habitación y eso con éstos no se puede hacer porque te comen», confiesa Xabi Alonso.

Los días de partido, después de comer, jugar a la *pocha* acabó convirtiéndose en un ritual: «Como vimos que nos daba suerte, los seis jugábamos siempre para que siguiera la racha», explica Casillas.

«Aunque uno perdiera casi siempre, no se iba ni a tiros», responde con resignación Fernando Navarro.

«Allí era mejor no entrar de nuevas. Tenías que ir con las prácticas hechas, porque si no te "desplumaban" y se te iba la prima de la Eurocopa en dos días. De haber sabido que la ganaríamos, igual me hubiera animado», bromea Juanito.

Los empleados del hotel captaron la jugada rápidamente y se volcaron con los jugadores para que nos les faltara de nada: «Después de las dos primeras veces, ya nos tenían preparada una cubitera en la habitación sin que nosotros la pidiéramos. Durante la partida nos tomábamos unas cervezas, escuchábamos música... El ambiente era extraordinario», desvela Villa.

Los piques estaban a la orden del día y las bromas y los vaciles no faltaban en cuanto alguno fallaba en su predicción: «Los que cortamos el bacalao somos el Guaje, Iker y yo. Los demás pelean por el cuarto o quinto puesto», asegura Reina.

Los novatos dieron el callo, especialmente Sergio, que volvió a casa con superávit: «Creo que fui el que más pasta saqué, junto a Reina. La verdad es que no se me dio nada mal y le saqué rendimiento a la Eurocopa». Villa admite que la veteranía es un grado y que no se le da nada mal competir también con naipes de por medio: «Reina, Casillas y yo somos los que solemos acabar las concentraciones ganando dinero. Todos dicen que yo soy el que más, pero yo creo que ha sido Iker», desvela. El capitán no está de acuerdo con el Guaje: «Yo creo que Pepe y él han sido los que más han trincado, pero bueno...».

Capdevila destapa la agresividad de alguno de sus compañeros de mesa en los momentos más calientes de la partida: «Iker insulta y se pilla unos rebotes que no veas cuando pierde». Villa echa más leña al fuego: «Cazorla es un auténtico vinagre cuando va perdiendo. No hay quien le aguante». Casillas se defiende: «Llorar nos gusta a todos. Que qué mala suerte tengo, que me las como todas... Pero el que más se queja de largo es Cazorla».

Espectadores de excepción, como Juanito, se lo pasaban en grande viendo en acción a sus compañeros: «Villa es muy pesado. Mientras está jugando, muchas veces se pone a contar chistes, pero es malísimo. Sé que son los chistes que le cuenta Joaquín en el vestuario del Valencia, porque hablo con Joaco cada dos por tres y ya me los ha contado a mí antes... Yo reconozco que tengo poca gracia contándolos, pero es que el asturiano... Joaquín es un artista. Te cuenta un chiste malo y te lo hace bueno. Los demás, como no se lo han escuchado a Joaquín, se parten con Villa, pero si pudieran oírle, se morirían de la risa».

El tesorero es Reina. Él se encarga de apuntar en un folio cada una de las bazas y de llevar la contabilidad de la partida. Utilizando papelitos a modo de vales que guarda escrupulosamente en su habitación, se encarga de ir recordando a cada uno si va ganando o perdiendo dinero. Antes de abandonar la concentración, hay que pagar las deudas: «Pepe es fiable y no se corta un pelo. Lleva las cuentas a rajatabla y no se le pasa una», asegura Casillas.

«Pues yo tengo dudas de si Pepe hace trampas o no...», le contradice Capdevila.

La retirada de Capdevila de la *pocha* le condujo hacia otras formas de pasar el tiempo libre. El póquer se puso de moda y a Joan se le vio participar en alguna partida junto a Riera, Xabi Alonso, Pablo Hernández, Piqué, Sergio Ramos e incluso Reina durante la Copa Confederaciones... sin mejorar su fortuna: «Una noche me entró una llamada telefónica y le dije a Xavi que jugara un par de manos por mí, y cuando volví ya me había perdido cincuenta euros... Un desastre».

En Sudáfrica, su sustituto en la *pocha* fue Fernando Llorente, que volvió satisfecho con su estreno: «Cazorla y yo estamos un poco por debajo del nivel de los demás, pero intentamos pelear todo lo que pudimos».

Mata llegó a debutar, pero pronto sintió que lo mejor que podía hacer era abandonar: «Yo iba a verles jugar de vez en cuando durante la Confederaciones. Un día me animé y entré en la partida, pero no volví a hacerlo. Están a otro nivel», confiesa. Se sentía más cómodo jugando al *rummikub*, un juego de mesa en el que sus participantes deben ir sumando las puntuaciones de sus fichas para formar diferentes combinaciones. Mata, Marchena, Xavi, Diego López y alguna noche Busquets se daban cita en la habitación de Sergio Ramos para competir: «Conectábamos su iPod al portátil y escuchábamos música. No nos faltaba de nada», recuerda Mata.

Pero la irrupción del póquer o del *rummikub* no supone, ni mucho menos, la desaparición de la *pocha*: «La *pocha* siempre será la *pocha*», reconoce Capdevila, al que sus compañeros animan a que reconsidere su postura y vuelva a jugar durante el Mundial de Sudáfrica:

«Le echamos mucho de menos porque gracias a él, el Guaje y yo ya tenemos sufragada la comunión de nuestras hijas», bromea Reina.

«Menos mal que se retiró a tiempo y ya no jugó en la Copa Confederaciones, porque si no su mujer le habría echado de casa. He sido padre de un niño que se llama Enzo y hay que hacerle algún regalito...», añade Cazorla.

«Esperamos que en el Mundial se vuelva a animar. Sin él las partidas no son lo mismo...», le pica Villa.

«Joan no es tan desastre como puede parecer, lo que pasa es que tuvo mala suerte... Entre todos le daremos unas clases a ver si espabila», remata Casillas.

Capdevila admite que se lo está pensado y que su regreso no está descartado: «No cierro las puertas a nadie, pero me tendrán que convencer. Si no, les doy un cheque de mil euros para que se lo repartan entre todos y así me dejan tranquilo. Igual me sale más barato que estar jugando todo el Mundial...», asegura entre risas.

Aquella habitación no fue coto cerrado únicamente para futbolistas: utileros y fisioterapeutas también solían rematar el día allí:

«A nosotros nos pillaba cerca y cuando terminábamos de dar el último masaje nos pasábamos por allí muchas noches a tomar una cervecita. Había un ambiente sensacional y más que un equipo de fútbol parecíamos una familia», afirma Fernando Galán, fisio de la selección.

«La habitación de Joan era la zona caliente del hotel. Nosotros no jugamos y no metemos los goles, pero siempre nos hemos sentido muy queridos por ellos. Cuentan con nosotros para cualquier celebración o conversación y siempre hemos notado mucha confianza hacia nosotros», añade Raúl Martínez, compañero de Fernando.

Una noche un futbolista llamó a Félix, el utilero más veterano por entonces, para hacerle un pedido para el entrenamiento del día siguiente. Tras acudir a la 422 y tomar nota, decidió quedarse un rato «mirando, observando. Me chocó mucho la despreocupación que tenían entre sí. No percibí la presión de otras fases finales en las que cada jugador se marchaba solo a su habitación a olvidarse un poco de todo. Estaban ajenos a todo lo que estaba pasando», confiesa. Cuando se hizo el silencio y la música sonaba ya tenue de fondo, tomó la palabra y les dijo: «He estado en siete Mundiales y es la primera vez que vivo esta unidad que tenéis entre vosotros. Parecéis una familia».

A los jugadores también les chocó aquella confesión y se les quedaron grabadas aquellas palabras: «Ni en el Real Madrid ni en la selección me había pasado algo similar. Empezamos siendo seis y acabamos siendo casi catorce. Está claro que de Neustift salimos mucho más unidos», confiesa Casillas.

«Te das cuenta de que esas cosas no te hacen ganar, pero sí que ayudan a tener una convivencia mejor. Luego los entrenamientos y los viajes se te hacen más agradables», añade Villa.

Otro utilero en aquella Eurocopa, Jesús de la Cruz, tuvo incluso el privilegio de ser invitado a participar en alguna partida: «Un día faltaba gente y me llamaron para jugar. Sabían que a mí también me gustaba la *pocha*. Creo que di la talla. Allí empezabas con las cartas y terminabas cambiando alguna película para que se te hiciera más corta la concentración. Yo he estado en dos Mundiales y en dos Eurocopas y nunca había vivido algo así».

Pedro Cortés también tuvo la suerte de compartir algunas horas con los jugadores en aquella habitación. No es fácil ser a la vez confidente de entrenadores y de futbolistas, pero gracias a su discreción y a su integridad él lo consigue: «No suelen hacerlo, pero si alguna vez un seleccionador me ha preguntado qué hacían los chicos, yo le he respondido que subiera y lo viera. Si veo algo que no me gusta, llamo la atención al jugador y eso se queda entre él y yo», afirma tajantemente. El delegado federativo confiesa que tuvo la impresión de estar viviendo un sueño en aquella concentración: «¿Cómo fue? ¿Qué pasó? Todo eran buenas noticias, todo salía bordado, todo era perfecto... En más de treinta años nunca he vivido un momento tan mágico como aquél. Nos dábamos los buenos días con una sonrisa en los labios. Hubo una simbiosis, un acercamiento... Xavi se metió dentro de Casillas y Casillas dentro de Reina, y Reina dentro de Villa, y Villa dentro de mí, y yo dentro del utilero, y el utilero dentro del doctor... y al final sólo quedó una figura: la de la selección española».

Las voces y las carcajadas que salían de la habitación de Capdevila eran suficiente reclamo para despertar la curiosidad de casi todo el mundo. Palop, que tampoco tiene las cartas como uno de sus puntos fuertes, solía pasarse por allí después de visitar a los fisios: «Me llamaba la atención que allí entrara tanta gente. Había un ambientazo espectacular». Marchena tampoco era de los habituales, pero de vez en cuando acudía a charlar un rato con sus compañeros hasta que empezaba la partida. Después, prefería recluirse en su habitación y relajarse con la lectura: «Durante la Eurocopa me dio tiempo a leer unos cuantos libros. Me fui bien cargado por si llegábamos lejos y me acabé casi todos».

A Marcos Senna no le quedaba más remedio que pasar por delante porque su cuarto era contiguo, aunque las cartas tampoco son lo suyo: «No sé jugar, pero a veces entraba a ver qué se movía por ahí. Me reía viendo cómo se picaban entre ellos, pero yo soy más de ver películas. Me gusta quedarme dormido viendo pelis. Si consigo ver una entera, me pongo otra hasta que caigo», confiesa. Alonso también se pasó por allí varias veces, aunque él prefería alternar el *Cíber* con alguna de sus aficiones: «Yo no estoy en un grupo concreto, pero me llevo bien con todo el mundo. Algunos días subía, otros prefería ver una película en mi cuarto o leer un poco. Pero las celebraciones se instauraron allí y se veía mucha alegría. Se hizo mucho grupo».

Aunque parezca mentira, hubo unos cuantos que no llegaron a entrar en la habitación o que la frecuentaron muy poco. Cesc es de los que prefiere descansar después de los partidos: «Me tomo una pastilla y a dormir». Puyol asegura que no la pisó en toda la concentración, aunque conocía perfectamente las timbas que allí se montaban: «No frecuento esos ambientes... (Risas). Yo bastante trabajo tenía con organizar la porra... La habitación era famosa y también fue importante para que el grupo siguiera creciendo». Iniesta prefería refugiarse viendo las series que se había llevado a Austria: «Ya había visto "Perdidos", así que me llevé "Anatomía de Grey" y "Prison Break"», afirma.

Otro que tampoco subió fue Xavi. Por más que Capdevila, Fernando Navarro y Sergio García se lo propusieran, él se escaqueaba sin presentar una excusa convincente. Hernández ocultaba un secreto que no podía compartir con nadie. Casi todas las noches pasaba un rato con sus amigos, que se hospedaban en un hotel cercano al de la selección. Un empleado de seguridad hacía de cómplice y le abría una habitación hasta las doce para charlar con ellos un rato o echar una partida de póquer: «Si se entera el míster de esto me mata, pero ahora ya lo puedo contar. Tampoco quería decirles la verdad a mis compañeros por si se lo tomaban mal. Pero que conste que, aunque no iba a la habitación, me enteraba de todo para luego vacilarles al día siguiente».

Las noches previas a los partidos eran especiales. Concluida la partida de *pocha*, los seis jugadores, más algún valiente que todavía aguantara por ahí, se dirigían a la habitación de Reina para llevar a cabo el «ritual del Cola-Cao», una tradición que Pepe instauró la noche antes del choque crucial en Aarhus contra Dinamarca. Se llamaba al servicio de habitaciones y se ponía punto y final al día, mientras se saboreaba una taza. Si había hambre, hasta se acompañaba de alguna magdalena: «Es un motivo para unirnos más aún si cabe. Nos empezó a dar suerte y decidimos repetirlo. Mientras nos tomábamos el Cola-Cao, hablábamos del partido y de nuestras vidas, y así nos conocíamos un poco mejor».

Al tratarse de una concentración larga, Pepe estuvo listo y previsor. Su habitación escondía exquisitos manjares (prohibidos por el doctor Jorge Candel), que hacían las delicias de los internacionales: «Mi mujer me trajo lomo y jamón, y yo de vez en cuando me metía en la cocina para coger barritas de pan calentito, y el que andaba un poco listo subía detrás de mí. Un par de días antes del partido nos metíamos nuestras flautitas, porque comer siempre lo mismo era aburrido».

Lo que Reina desconoce es que no era el único que se colaba entre los fogones del cocinero Xabier Arbizu a deshoras. Alguna noche Albiol, Arbeloa y De la Red bajaron a escondidas a coger refuerzos: «Pillábamos chocolate y nos lo tomábamos con unas magdalenas para merendar. Como el equipo seguía ganando, mantuvimos la costumbre. Una noche nos pasamos y cogimos Nocilla para un mes. Subimos con los bolsillos llenos y corriendo a la habitación por si alguien nos pillaba», recuerda Albiol con una pícara sonrisa en los labios. Hasta los oídos de Sergio Ramos llegó esta tradición y el andaluz no tardó en sumarse a ella: «Ya lo hacíamos por superstición. Nos daba suerte. Pedíamos unos cruasanes pequeñitos y, aunque no te apeteciera, les dabas un bocado por si acaso...», reconoce.

La habitación de Capdevila no era el único foco de reunión en aquel confortable hotel de Neustift. Justo una planta más abajo se ubicaba el cuarto de Fernando Torres, que también servía de centro de reunión a los que eran más amigos de las videoconsolas que de las cartas. El cuarteto de la habitación 327 lo formaban el Niño, Arbeloa, Albiol y De la Red, que montaban torneos de fútbol con la Play. «De la Red es el más vacilón cuando gana», dice Albiol. Torres se las ingenió para conseguir una Play Station y allí pasaron una pila de horas dándole al botoncito: «Organizábamos torneos de fútbol y la cosa estaba bastante igualada. No había un claro líder. Es cierto que por mi forma de ser me gustaba sacar pecho cuando ganaba, pero cuando les tocaba a ellos, no veas cómo te daban la brasa», aclara De la Red.

Durante la Copa Confederaciones, el grupo cubrió la baja de De la Red con los refuerzos de Busquets, Piqué y Sergio Ramos. Los juegos de fútbol y de fórmula 1 dieron paso al Virtual Tenis, que hacían las delicias de los jugadores. Las partidas se celebraban en la habitación de Albiol, cuyos gritos, según Mata, se oían desde lejos: «Eso parecía un Madrid-Barça... Cuando empezó el torneo éramos Piqué y yo contra Ramos, pero durante la Confederaciones Albiol fichó por el Madrid. Arbeloa era todavía del Liverpool, pero días después también fue fichado... Digan lo que digan, les ganábamos Gerard y yo», presume Busquets.

«Para mí los que mejor juegan son Arbeloa, Albiol y Busi [Busquets], sobre todo al tenis. Ahí yo estoy todavía en proceso de aprendizaje, pero al fútbol siempre estoy en los primeros puestos», asegura Ramos.

Arbeloa cree que la tradición de la videoconsola se mantendrá durante el Mundial: «Por mayoría absoluta nos ganan los de las cartas, pero no habrá problema para mantener el vicio con las nuevas incorporaciones».

Lo que nadie sabe es que en aquella habitación en la que vivieron tan buenos e inolvidables momentos, Capdevila también lo pasó mal. Cuando las luces se apagaban y reinaba el silencio, a Joan le costaba dormir. Al principio no quiso darle demasiada importancia, pero con el paso de los días el asunto empezó a inquietarle. Una mañana decidió confesar su preocupación a Cazorla, quien nos contó con detalle la confidencia a espaldas de su compañero.

«—¿No te lo ha contado...? Será mamón. Es un miedica. Un día estábamos desayunando, me viene y me dice:

»— Santi, estoy cagado por las noches.

»— ¿Y eso?—le pregunté.

»— Oigo ruidos. Tengo que echar el cerrojo porque creo que entra alguien en la habitación.»

Cazorla le vio tan preocupado que una noche se quedó a dormir con él. Cogió prestado un albornoz y se acostó en la cama de al lado. Santi no escuchó ni un ruido en toda la noche: «Está claro que este tío está *chalao*. Ni que fuera la habitación del pánico», sentencia el asturiano.

La 422 vivió su noche más complicada la madrugada después de que España se proclamara campeona de Europa. Capdevila se llevó una gran sorpresa cuando, terminada la fiesta, subió para intentar descansar un rato. No necesitó ni llave para entrar en su habitación: «La puerta estaba completamente destrozada. Alguien debió de intentar entrar y como estaba cerrada se la cargó. Hasta ahora no sé todavía quién fue el responsable. Vaya despedida que le hicimos a la pobre...».

Aragonés conocía perfectamente la «guarida» de gran parte de sus jugadores durante la Eurocopa, aunque nunca entró: «Me gusta respetar su tiempo libre; yo no soy ningún policía», asegura. Pero Luis nos desvela un secreto hasta ahora desconocido por los propios futbolistas: «Ellos pensaban que estaban solos, pero tenemos grabadas muchas de sus reuniones sin que ellos lo sepan... Yo por si acaso no he pedido las imágenes, no vaya a ser que escuche alguna cosa que no me guste», sentencia Aragonés.

EL «CASO RAÚL»

«En aquella reunión me di cuenta de los que querían subirse al carro y los que no. Detecté que había gente que ya no respondía». Son palabras de Luis Aragonés y la reunión a la que se refiere se produjo el lunes 4 de septiembre de 2006 en un antiguo castillo medieval de Belfast. Allí se concentró la selección española para jugar, dos días después, contra Irlanda del Norte el segundo partido de clasificación para la Eurocopa de Austria y Suiza.

Aragonés había convocado un encuentro con sus jugadores después de haber tenido una discusión con Raúl y Michel Salgado en el hotel Barajas la noche anterior, de la que también fue testigo Jesús Paredes, preparador físico de Luis. España venía de ganar su primer partido en Badajoz a Liechtenstein por 4-0 y el seleccionador quiso recordar las bases de la convivencia y escuchar de boca de sus futbolistas su punto de vista. La reunión duró una media hora y en ella hablaron varios internacionales. Algunos insistían en eliminar las dobles sesiones de entrenamiento, en evitar tener que pasar la noche en un hotel al llegar a Madrid de un viaje internacional y en reducir el número de convocados para que no hubiera jugadores que se quedaran sin disputar ni un minuto. El seleccionador se mostró inflexible y sólo dio su brazo a torcer en este último asunto: la siguiente lista la compusieron dieciocho jugadores en vez de veintidós. Cuando llegó al cargo, Aragonés ya había cedido, ante la sorpresa de alguno de sus ayudantes, a que los jugadores se hospedaran en habitaciones individuales y no dobles, como era su deseo.

España naufragó en Windsorf Park y cayó derrotada por 3-2 contra Irlanda del Norte. De nada sirvió que se adelantara en dos ocasiones en el marcador: 0-1 y 1-2. Tres goles de Healy colocaban a España en una situación delicada. Aragonés cargó sobre su espalda toda la responsabilidad: «No he estado acertado y, aunque no he sido el único que ha fallado, me he equivocado más que los jugadores. Con tocar la pelota nos hubiera bastado, pero el máximo culpable soy yo y pido disculpas. Les he dicho en el descanso que no me valía el empate y que había que ir a ganar y eso provocó que dejáramos más espacios», manifestó. Raúl, como siempre después de una dolorosa caída, dio la cara ante los micrófonos: «No tenemos explicación a lo que ha pasado. Hemos regalado el partido por errores nuestros. Luis tiene la ilusión y la categoría suficiente para sacar esto adelante, pero hay que decir que yo llevo aquí diez años y España, grande, grande, nunca ha sido. Muchas selecciones van por delante de nosotros».

Aquella noche, al llegar al hotel Barajas en Madrid, Raúl y Luis tuvieron su último intercambio de palabras, uno como seleccionador y otro como capitán de España. Eran más de las tres de la madrugada. Cuando a la mañana siguiente, 7 de septiembre de 2006, Raúl acudió a Valdebebas al entrenamiento del Real Madrid no podía imaginar que nunca más se volvería a poner la camiseta de la selección.

Veintidós días después, el 29 de septiembre de 2006, Aragonés anunció la lista para el siguiente partido oficial: 7 de octubre, en Estocolmo contra Suecia. Seis futbolistas se caían de la convocatoria con respecto a la anterior. Pero sólo la ausencia de uno de ellos acaparó el interés informativo: «Raúl, circunstancialmente, no vendrá para este partido, pero volverá porque se lo sabe ganar. Que no venga en esta ocasión no quiere decir nada. Llamo a los jugadores que más me convienen para esta ocasión. Yo no he tenido ningún problema ni con él ni con ningún jugador durante el Mundial de Alemania», aseguró Aragonés aquella mañana.

Las ausencias de Salgado y Marchena obedecían a una lesión, y las de Pernía (había perdido la titularidad en el Atlético), Joaquín y Borja Oubiña, a una decisión técnica. Los dos únicos futbolistas presentes en la reunión de Belfast que nunca más volvieron a ser convocados por Aragonés fueron Raúl y Michel Salgado. Ciento dos y cincuenta y tres partidos internacionales jugaron, respectivamente, cada uno con La Roja. Aunque Luis pretendió que no sólo se enfocara a Raúl como único ausente fue imposible: «Se empezó a hablar sólo de Raúl, pero le invito a revisar las convocatorias posteriores. Encontrará a más jugadores que dejaron de venir. Lo que sucedía es que Raúl era el jugador más mediático de todos». Incluso Aragonés mete en el saco a Cañizares, que había acudido al Mundial de Alemania como tercer portero y no volvió a ser más veces convocado.

Salgado se lesionó con el Real Madrid cuatro días después del partido de Belfast. Se dañó la rodilla izquierda y estuvo dos meses de baja: «Michel iba a estar con nosotros, pero se ha lesionado», aseguró Aragonés el día que ofreció la convocatoria para el partido de Suecia. El lateral gallego no se da por aludido por la reflexión de Luis al comienzo de este capítulo: «Me he quedado con la duda de saber si se refería a mí o no. Esa lesión derivó luego en otra y estuve renqueante toda la temporada. Ya no volví a entrar en sus planes».

Pernía necesitó cinco convocatorias más para volver (agosto de 2007 contra Grecia), Joaquín, cuatro (junio de 2007, contra Letonia y Liechtenstein) y Oubiña, sólo dos (noviembre de 2006, contra Rumanía). Después de la derrota ante Suecia, Luis García, que por entonces jugaba en el Liverpool, y José Antonio Reyes, que se fue cedido al Real Madrid, dejaron de contar para siempre con la confianza de Aragonés.

El 7 lo había estrenado Villa en un amistoso contra Costa de Marfil, previo al Mundial de Alemania, que Raúl se perdió por lesión. Aquella noche en Valladolid, el Guaje marcó un gol. De cara al enfrentamiento contra Suecia y ante la ausencia de Raúl, el asturiano volvió a elegir el mismo número. Aquello fue interpretado como una provocación por un sector de la prensa. Cada vez que al asturiano le tocaba salir a la sala de Prensa le interrogaban por su polémica decisión: «Era agradable que me llamaran el 7 de España, pero me molestaba que me preguntaran todos los días por ello. Sé que Raúl es muy importante para este país, pero no me imaginaba que se fuera a montar tanto revuelo. Parecía que se medía mi rendimiento por el número que llevaba a la espalda y no por lo que hacía en el campo. Lo elegí porque es un número que me ha dado muchas alegrías. Lo empecé a llevar cuando fiché por el Valencia. Esa temporada marqué veinticinco goles. Además, mi hija mayor nació un 7 de diciembre», explica.

La situación se volvió tan insoportable que un día Villa se refugió en su amigo Reina, inseparables desde que coincidieron en la selección sub-21.

«—No aguanto más. He pensado en volver a coger el 21 y así se acabará de una vez todo el debate.

»—De eso nada. Sabes que no sería digno de ti que hicieras eso».

Su segundo tanto con el 7 a la espalda lo marcó, de penalti, el 11 de octubre de 2006 en un amistoso contra Argentina, cuatro días después de perder contra Suecia. Nueve goles después, el Guaje se proclamó campeón de Europa con España: «Con Villa he compartido muchos momentos de intimidad y en Austria fue cuando, después de quedar pichichi, se quitó definitivamente la presión de ser el 7 de España. Me alegré mucho porque le conozco mejor que nadie y puedo decir que como persona es mejor que como jugador», asegura Reina.

Aragonés se sorprende al contarle esta confesión: «Pues si Villa lo pasó mal, imagínese yo que tuve que soportar esa presión casi dos años...». Convocatoria tras convocatoria la pregunta era obligada para el seleccionador: ¿Volverá Raúl a la selección? ¿No cree que está haciendo méritos suficientes para que vuelva a confiar en él? A los jugadores también se les bombardeó con esta cuestión, que terminó por hastiarles: «Era normal que sorprendiera la ausencia de un jugador como Raúl, pero el tema nos llegó a cansar. Nosotros no teníamos nada que ver con el asunto», asegura Capdevila. Apenas se hablaba del rival y los resultados quedaban en un segundo plano: «A Raúl, sin tener culpa de nada, se le utilizó para crear polémica y enturbiar el ambiente. Al final te resignabas», añade Marchena.

La España futbolística se dividió entre *Raulistas* y *Luisistas*. Nada vendía tanto como ese debate, tan radical en la mayoría de los casos: «Fue un debate incómodo, incluso para los propios implicados. Fue una testarudez de la prensa y de la opinión pública que llevamos como pudimos, pero no fue en beneficio ni de Luis, ni de Raúl, ni del grupo, ni del Guaje. Fue un debate malo en general. Sin Raúl perdimos en Suecia y contra Rumanía, pero hasta los resultados daban igual. Sólo importaba si iba a volver o no y eso nos encabronó aún más», asegura Reina.

Raúl echó en falta una llamada de Aragonés para comunicarle su decisión de dejar de contar con él: «No sé si es justo o injusto que no me llame, pero me habría gustado que hubiese sido de otra forma. Con todo lo que hemos vivido y compartido en las concentraciones, no hubiera estado mal antes de enterarme por la prensa. Se lo dije a él, pero me contestó que no lo creía oportuno», manifestó el delantero en una entrevista que concedió a Radio Marca, el 3 de mayo de 2007.

El caso Raúl provocó que el equipo cerrara filas en torno a Aragonés y se hiciera más fuerte: «Luis nos pidió que no habláramos más de Raúl porque podía afectar negativamente al grupo. Yo le tengo un gran cariño y aprecio, pero no era una decisión nuestra. Nosotros no podíamos hacer nada», comenta Ramos. El efecto fue muy parecido al que provocaron las feroces críticas a Aragonés por parte de la prensa: «Se alimentó tanta mentira que aquello unió al grupo. Se aprovechaba el tema Raúl para arremeter contra Luis y al final dijimos: "Vamos todos a una". A partir de la victoria en Old Trafford ante Inglaterra acompañaron los resultados, sacamos algunos partidos sin jugar de forma brillante y empezamos a creer en nosotros», recuerda David Albelda, que hasta principios de 2008 fue uno de los fijos para Aragonés. Su tormentosa situación en el Valencia en la temporada de Ronald Koeman en el banquillo le privó de disputar la Eurocopa de Austria y Suiza.

Luis sintió el respaldo de sus futbolistas: «Ellos pensaban: "Este tío es inexpugnable. Ya le pueden decir lo que sea que él sigue por su camino», comenta, al tiempo que repite «no tener nada en contra de Raúl». Aragonés aguantó carros y carretas y, pisara por donde pisara, le formulaban la pregunta del millón. Un año después de haber tomado la decisión, en octubre de 2007, una cámara de La Sexta grabó desde el exterior de la Ciudad del Fútbol de Las Rozas (sin que Aragonés se percatara) una conversación del seleccionador con un grupo de aficionados mientras les firmaba unos autógrafos. Luis perdió la paciencia y saltó: «¿Tú sabes a cuántos Mundiales ha ido Raúl? A tres ¿Y a cuántas Copas de Europa? A dos», se preguntaba y se contestaba a sí mismo el seleccionador. «Dime las que ha ganado. No hagáis caso de lo que os dice la prensa, que os equivoca», les espetó.

Mientras tanto, Raúl no perdía la esperanza de regresar a la selección. En la temporada 2007-2008 marcó veintitrés goles con el Real Madrid (dieciocho en Liga y cinco en Liga de Campeones), pero la llamada de Luis seguía sin producirse: «Sé que Raúl ha estado noches sin dormir antes de las convocatorias, pensando en la ilusión de volver. Otro hubiera dicho: "Pues se ha terminado...". Tengo claro que desde el primer día que dejó de venir ha seguido viendo a la selección con el mismo cariño y que se alegró más que nadie del triunfo en la Eurocopa», confiesa Fernando Hierro.

En febrero de 2008, La Roja viajó a Málaga para disputar un partido amistoso contra Francia. La afición coreó el nombre de Raúl en la estación de tren María Zambrano a la llegada de la selección, algo que, según Aragonés, no surgió desde la improvisación y que fue orquestado por el entorno del delantero. Días después, Ginés Carvajal, representante de Raúl, contactó con Luis para proponerle una reunión con el jugador. El asunto empezaba a tomar un cariz incómodo para ambas partes que sólo habían coincidido en dos ocasiones tras dejar de compartir concentraciones en la selección: la gala de la FIFA de 2006 en Zurich y la fiesta del 70 aniversario de *Marca*, donde no pasaron del simple saludo.

El 21 de febrero, el seleccionador y el delantero se vieron las caras en la Ciudad del Fútbol y decidieron ofrecer una multitudinaria rueda de prensa en la que se pudieron contar veinticuatro cámaras de televisión y ciento veinte periodistas. Ni el día de la lista para un Mundial se había visto algo parecido: «El debate y las continuas especulaciones no nos favorecen a ninguno. Queremos que se acaben cuanto antes. El comportamiento de Raúl conmigo ha sido extraordinario y creo que el mío hacia él también. No estamos aquí para bajarnos los pantalones, sino para hacer un favor al fútbol español. Si no le he traído es porque no estaba en las condiciones para venir», aclaró Aragonés.

«Me duele que en cada partido se especule y se manipulen informaciones que no son verdaderas. Llevaba varios meses pensando hablar con Luis. Entre nosotros no ha ocurrido nada importante, aunque a veces hemos estado de acuerdo en algunas cosas y en otras no. Lo único que quiero es lo mejor para la selección, el seleccionador y para mí. Sólo me arrepiento de no haber tenido esta conversación antes», añadió Raúl.

El encuentro sirvió para muy poco porque el debate, lejos de apagarse, se reavivó, pero los internacionales agradecieron el gesto al que había sido su capitán durante el Mundial de Alemania: «Fue encomiable que quisiera esquivar cualquier sospecha o maniobra. Fue muy honesto y claro en ese sentido», comenta Reina. Algunos medios de comunicación interpretaron que aquella cumbre desembocaría en el regreso de Raúl para disputar el amistoso de marzo de 2008 contra Italia, pero Luis siguió en sus trece.

El seleccionador ofreció el 15 de mayo la lista definitiva para la Eurocopa y el delantero tampoco estaba entre los veintitrés elegidos. Se tuvo que conformar con seguir el torneo por televisión. Los dos primeros partidos le pillaron de vacaciones en Australia y no los pudo ver. El tercero lo vio en Madrid y a partir de cuartos, en Menorca: «Lo disfruté mucho y sentí una envidia sana. España fue la mejor», explicó Raúl en Radio Marca en septiembre de 2008. Al teléfono móvil de Carles Puyol llegaron varios mensajes de felicitación durante el torneo. Se los enviaba su amigo Raúl: «Se ha sido injusto con él. Se llegó a decir que hacía las alineaciones. Algo parecido sufrí en mis propias carnes en el Barcelona, donde se llegó a insinuar que las decidíamos Luis Enrique y yo... Raúl ha demostrado siempre que es un gran profesional y siempre lo ha dado todo. Luego está la decisión de Aragonés. Imagino que Raúl y Luis, como dos personas mayores, se habrán dicho todo lo que pensaban».

Mucho se ha escrito y hablado sobre el ambiente de la selección en Alemania y en Austria. Paradójicamente, durante el Mundial, el equipo se partía por la mitad después de los entrenamientos. Las reducidas dimensiones de los vestuarios de los campos de Kamen obligaban a los jugadores a utilizar dos para pasar por la ducha. En uno sonaba la música y en otro no. Maneras diferentes de entender el fútbol. En la Eurocopa, los resultados ayudaron a la cohesión del grupo, pero los jugadores aseguran que la convivencia fue distinta: «Fue como la noche y el día. No es fácil tener a veintitrés personas contentas, pero en la Eurocopa Luis lo consiguió. El grupo era más joven y eso se notó mucho», sentencia Casillas. Lo que se vivió en Neustift será difícilmente igualable: «No es que el ambiente fuera malo en Alemania, pero no había el mismo *feeling*. Había otro tipo de futbolistas, con más jerarquía», confiesa Reina.

David Albelda estaba a caballo entre los veteranos de la selección y los que venían por detrás: «Es evidente que durante el Mundial de Alemania convivieron en el vestuario dos generaciones, pero no creo que hubiera mal rollo. Yo pasé mucho tiempo con Raúl, Salgado y Cañizares porque había compartido muchas concentraciones con ellos, pero también había jugado en las categorías inferiores con Casillas, Xavi y Marchena. Quizás el carácter del futbolista español ha cambiado y ahora es más alegre, lo que no quiere decir que sea menos profesional ni mucho menos».

Sergio Ramos, exponente de una generación diferente a la de Raúl, también estuvo en las dos fases finales: «No creo que antes de Raúl no hubiera un grupo y ahora sí. Yo no culpo ni a Raúl ni a ningún compañero que estuviera en el Mundial de Alemania de eso. Raúl, como capitán, era un referente para los que llegábamos a la selección y siempre estaba encima de los compañeros. Todos tenemos nuestra etapa y nuestro momento, y Luis decidió que concluyera ahí». En la misma línea se manifiesta Xabi Alonso: «Tampoco era un asunto que nos preocupara demasiado. Era más un debate externo que interno. Fue una decisión de Aragonés en la que nosotros no podíamos entrar».

Xavi Hernández es una voz autorizada en el vestuario de La Roja para analizar este asunto: «La convivencia en Alemania fue buena, de verdad, pero he visto que ahora hay más armonía». Quizás con esta reflexión, el 8 de La Roja ponga el dedo en la llaga: «El futbolista es muy egoísta y yo lo llego a entender. Hubo rifirrafes por ganar y tener la gloria. Todo el mundo se quiere sentir importante, pero hay que estar para el grupo. Luego hay gente especial, con carácter difícil, que cada vez que no juega se enfada o putea. Eso se entiende también porque uno es ganador y quiere jugar. No había mal ambiente, pero sí es cierto que había caracteres fuertes».

Hernández pone como ejemplo a Reina, al que le tocó ser suplente en el tercer partido contra Arabia Saudí, en el Mundial de 2006. En teoría ese partido era para él, ya que había completado como segundo portero toda la fase de clasificación junto a Casillas, pero Aragonés alineó a Cañizares: «Pepe se adapta y tiene un carácter flexible. Es humilde y hay gente que no lo es, no nos vamos a engañar». Albelda considera que no es fácil digerir la suplencia cuando representas tanto: «El hábitat natural de Raúl era, aparte de ser el capitán, el que lo movía todo. Cuando te sacan de ese rol, ¿quién lo va a asumir? Yo creo que nadie. ¿Quién concibe hoy a Casillas de suplente? Si llegas de nuevo, lo asimilas perfectamente. Yo viví el Mundial siendo suplente en algunos partidos al lado de Raúl y, sinceramente, creo que estuvo al lado del grupo».

Raúl ofreció su versión en la mencionada entrevista que concedió a Radio Marca en mayo de 2007, desmintiendo rotundamente que su comportamiento hubiera sido inapropiado: «Para nada fui mal compañero. Puedes preguntar a todos los que estuvieron allí y al propio seleccionador. Son informaciones interesadas por algunas personas o medios de comunicación. Esto es un juego que a veces no se puede parar y que a alguien le interesa continuar. No creo que no esté en la selección por un asunto personal».

Aragonés dejó a Raúl en el banquillo en los dos primeros partidos del Mundial 2006: contra Ucrania y contra Túnez, en el que marcó un gol. Las dos victorias conseguidas aseguraban a España la clasificación para los octavos de final y el primer puesto del grupo. Aragonés aprovechó el tercer partido contra Arabia Saudí para alinear a todos los que habían sido suplentes, incluido el propio Raúl. Luis apuró hasta última hora la gran decisión: ¿sería Raúl titular en los octavos de final contra Francia? «Muere con tu idea», le aconsejaron algunos de sus ayudantes la noche antes del partido. Aragonés no les hizo caso y Raúl fue titular junto a Villa y Torres.

Lo que nadie cuestiona es la entrega y la profesionalidad de Raúl. El Mundial de Sudáfrica puede encumbrar a Xavi Hernández al cielo del fútbol español, pero antes de disputarlo sitúa al 7 del Real Madrid en lo más alto: «Raúl, de momento, ha sido el mejor jugador de la historia de España que he visto yo. Hablan de Luis Suárez, pero yo no lo he visto. Me parece una persona ejemplar a todos los niveles, de verdad. Es un tipo extraordinario, es ganador y compite a todas horas. No para, no se da un respiro, es una barbaridad... Te hace ponerte las pilas. Aquello que se decía que "tiraba del carro" es una frase buena de verdad. Él es capaz de entrenar al cien por cien todos los días. Si hay que hacer una abdominal más, la hace a tope. Es una pasada».

Cuando Del Bosque llegó al cargo en julio de 2008, muchos pensaban que Raúl volvería a La Roja; sin embargo, no fue así: «Era una pequeña maldad de la gente el decir que éramos los elegidos para que volviera Raúl. Somos gente íntegra que se viste por los pies y, con nuestros errores, tratamos de hacer lo que debemos, no lo que la gente quiera». El debate se enfrió en seguida y a Vicente no se le insistió apenas con el regreso de Raúl: «Le tengo mucho agradecimiento y reconozco que muchas veces nos hemos planteado su vuelta. En otro país sería impensable que un futbolista como él saliera de la selección sin mediar una decisión suya, pero aquí ha sucedido», concluye el seleccionador.

La verdad sobre el caso Raúl sigue siendo un tema tabú. El paso del tiempo no ha servido para esclarecerlo. Sólo sus protagonistas directos, él mismo y Luis Aragonés, saben exactamente lo que pasó entre ellos, pero ninguno de los dos lo ha desvelado públicamente. Quizá sea una prueba del respeto que se tienen: uno por haber jugado ciento dos partidos con La Roja y el otro por haberla llevado a ser campeona de Europa. A Luis le tuve delante, le pregunté y me remitió a la reunión de Belfast. Raúl está al tanto de los testimonios incluidos en este capítulo, pero prefirió no hacer ninguna valoración. Considera que el tema está zanjado y que no tiene nada nuevo que decir. El secreto sigue vivo y posiblemente nunca sea desvelado.

«CON LUIS TE PARTES»

Pese a que, por edad, podría haber sido el abuelo de alguno de sus jugadores (conquistó la Eurocopa un mes antes de cumplir setenta años), Aragonés consiguió crear un vínculo afectivo y cariñoso con todos ellos que, a la postre, resultó fundamental. Si de cara al exterior Luis podía transmitir la sensación de tener un carácter áspero y agrio, de puertas para adentro consiguió ganarse a todos los que le rodeaban: «Con Puyi lo he hablado muchas veces. Había temporadas en las que nos salían bien las cosas en el Barça, pero la selección no andaba. No íbamos ni con ruedas... Venías a pasarlo mal. Nos caían hostias por un tubo y venir era exponerte a ser el centro de las críticas. Lo pasabas realmente mal. Sin embargo, con Luis, te fuera bien o mal en tu club, venías muy a gusto. Sabías que entrenarías bien, que te ibas a reír y te irías de la selección apenado cuando se acabara la concentración, contando las semanas que faltaban para que comenzara la siguiente», confiesa Xavi Hernández.

En definitiva, la gente se lo empezaba a pasar bien y la llamada de la selección se disfrutaba de principio a fin. Si, en alguna ocasión, una convocatoria podía ser interpretada como un marrón o como una incomodidad en medio de la temporada, formar parte de aquel grupo humano llegó a convertirse en un auténtico privilegio. Aragonés, con suma maestría, fue capaz de crear un ambiente ideal para huir de la monotonía y del tedio, dos de los enemigos que más temía. Los que han trabajado a su lado y le conocen a fondo resaltan su humanidad: «Mucha gente no le conoce. Luis tampoco ayuda porque muchas veces pone una barrera para que no le lleguen a conocer. Sólo puedo decir que es una persona entrañable y que él se preocupaba de conocer a sus futbolistas no sólo por su juego. Les conocía tan bien porque hablaba mucho con ellos y le gustaba el contacto íntimo y personal. Por eso nos dejó huella. Supo llegar y eso no es fácil», resalta Ochotorena.

Javier Enríquez reconoce que no es fácil conocer al verdadero Aragonés, pero el que se lo propone lo acababa consiguiendo: «Siempre me ha dado la impresión de que quien realmente quiera acercarse a él, se lo ha de merecer. Pero no por egocentrismo o despotismo. Yo creo que Luis piensa: "El que me quiera entender que me entienda"».

Aragonés compara su relación con los jugadores con un matrimonio: «Él resuelve los problemas cara a cara y no permite que nadie interceda. Yo lo he observado y lo he presenciado. Nunca ha tolerado que nadie critique en público a cualquiera de sus jugadores. Luis respeta a muerte sus códigos y es mejor que no se te ocurra tocarle a ningún futbolista porque no lo admite», desvela Pedro Cortés.

Como seleccionador, el Sabio nunca dejaba de sorprender. Sus frases, genuinas e intransferibles, calaron hondo en sus jugadores. Muchas de ellas pertenecían a tiempos pasados, pero su gracejo y su peculiar puesta en escena encandilaron a sus pupilos. En los entrenamientos, Aragonés era un volcán y convenía estar en alerta o espabilado para no ser el blanco de sus iras. Si alguno tenía una mala tarde o pecaba de ser demasiado osado, lo podía pagar muy caro: «Déjese de inventar y péguele de interior. ¿Qué se cree, brasilero?», le recriminó a Cazorla más de un día. «Chiquito, quítese las botas de madera», le gritaba a Güiza si perdía demasiados balones en un *rondo*. «Con Luis te partes hasta entrenando», añade el jerezano.

Cualquier momento era bueno para una nueva aportación: en una conversación privada, en una charla, durante un partido mientras se desgañitaba en la zona técnica... La lista es interminable:

«¡Va, va, va! En el centro del campo toca, toca, toca, toma chocolate y paga lo que debes», les decía a los centrocampistas para que aguantaran la posesión. La frase es de Armando Ufarte, que la aprendió durante su etapa de futbolista en Brasil, donde jugó seis temporadas. Se le dice al contrario cuando estás jugando tan bien que lo único que puede hacer es correr detrás de la pelota.

«Usted y usted, colóquense en la barrera. Pero hagan algo que no están aquí porque los haya puesto el ayuntamiento», les ordenaba a los zagueros a la hora de defender una falta en contra. «Lo que nos quería decir era que saltáramos y nos moviéramos para intentar despejar o desviar la pelota», rememora Juanito.

Xabi Alonso recuerda esta frase: «El lateral derecho no tiene pierna izquierda, si me voy, se cae». Mientras que a Reina, la que más le hizo reír fue ésta: «El portero tiene cascos de caballo: en los balones paralelos falla».

Armando Ufarte subraya la credibilidad que los jugadores dieron a Aragonés: «Luis calaba porque la manera que tenía de decir las cosas transmitía. El futbolista no es tonto y sabe perfectamente cuándo la persona que les habla tiene conocimientos y cuándo no. Si el entrenador es demasiado teórico y en la práctica no le aporta nada, el jugador te escucha de otra forma. Ellos detectaban que Luis tenía un completo conocimiento de lo que les hablaba y eso influye. Pero también hay una cosa clara: si no tienes buenos jugadores, por muy bien que hables, no puedes ganar un campeonato».

Capdevila cuenta con mucha gracia algún consejo de Aragonés para persuadir al contrario y ganarle la partida en el remate: «Cuando vayamos a sacar un córner a favor dígale al central: "¡Qué bueno eres!, ¡qué partidazo estás haciendo!... ¡Eres el mejor del mundo!...” Sacamos el córner, rematas y le dices: ¡Tururú!».

Capítulo aparte merecen sus charlas previas a los partidos. Solían salirse de lo común y, por supuesto, en varias ocasiones traspasaron la frontera de lo futbolístico. Fernando Navarro, jugador del Sevilla y campeón de Europa en Austria, lo pasó mal al principio. Era un recién llegado y tenía un gran respeto a Aragonés, pero aguantar la compostura en determinadas situaciones era más difícil que frenar al rival: «Yo soy de risa fácil y en las primeras charlas lo pasaba fatal. Intentaba sentarme de los primeros y me costaba mucho no soltar alguna carcajada. Me divertía mucho la forma tan particular que tenía de decir las cosas, con expresiones que sólo entendía él...».

«A veces les ponía motes a los linieres o se inventaba sus nombres», apunta Iniesta.

«Un día Torres, Reyes y yo hicimos una apuesta a ver quién adivinaba cuántas veces diría “y tal...”. Llegamos a perder la cuenta y no supimos quién era el ganador», confiesa Juanito.

Sus peleas con la pizarra eran frecuentes. Aragonés no paraba de gesticular y de mover los brazos, lo que le originaba algún que otro problema: «No había charla en la que no se tropezara con ella», asegura Puyol.

«Si se chocaba con fuerza, hasta se encaraba con la pizarra. Parecía que iba a atizarle y todo», añade Arbeloa.

Pero ahí no quedaba todo. Inconscientemente, con frecuencia, cambiaba el nombre a sus futbolistas, lo que provocaba esperpénticas situaciones: «A mí un día me llamó Fábricas y hasta lo llegó a escribir en la pizarra», recuerda Cesc.

«Una vez me llamó Alfonso», apunta Xabi Alonso.

«Y a mí Silvia», remata Silva.

«En Bruselas, recuerdo que a Baraja le llamó de un montón de formas diferentes: Barajas, Pipa, Pipo... hasta que ya Rubén le recordó su nombre y Luis le contestó: "Yo le llamaré como quiera, ¿vale? A mí también me llamaban Zapatones y me he tenido que aguantar..."», apostilla Reina.

Especialmente gracioso fue el día que España se enfrentó a Grecia en el tercer partido de la Eurocopa. A Luis no se le ocurrió otra cosa que soltar en la charla técnica una orden muy contundente: «Salgado al primer palo y Albelda al segundo».

Ninguno de los dos había sido convocado. Xavi ha investigado esta faceta de Luis: «Me han contado que cuando tenía 40 o 50 años también era así y que también se equivocaba mucho con los nombres».

Otro momento memorable fue el día que dejó la pantalla del proyector inservible para futuras exposiciones: «En vez de pintar con el rotulador en la pizarra se confundió y dejó la tela de la pantalla llena de flechas... Pintó hasta un círculo...», recuerda Sergio Ramos entre risas.

«No recuerdo bien cómo acabó aquello, pero te aseguro que aquel aparato no costaría menos de dos mil euros... Encima nos pasó en un hotel, así que les hicimos una faena a sus empleados», añade Juanito.

Raúl Albiol nunca olvidará su debut con la selección española. Si ya de por sí el estreno está acompañado de tensión y nervios, el momento tampoco ayudaba demasiado. España estaba obligada a ganar en Aarhus a Dinamarca, de lo contrario la clasificación para la Eurocopa podía estar en peligro. En plena charla, sucedió algo difícil de imaginar: «A Luis le sonó su móvil ante la sorpresa de todos. Lo cogió, lo tiró y gritó: "¿Pero quién cojones me llama ahora?". Imagínate: yo, inquieto con el debut, nosotros jugándonos la vida y el teléfono por los aires. Como para olvidar aquel día...», cuenta Albiol.

Aragonés aún no sabe quién le hizo aquella inoportuna llamada: «No me preocupé por saberlo. Se me había olvidado apagarlo. Pero es resistente porque pese al golpe que se llevó siguió funcionando perfectamente», recuerda.

Javier Enríquez subraya la maestría de su jefe para salir del paso de situaciones tan embarazosas como ésa: «Luis es un espectáculo. Sabe cómo captar la atención, pegando un grito, dando un manotazo o una patada a la pizarra si se tropieza con ella... Cuando lanzó el móvil yo creo que les quiso decir a sus jugadores: "Discúlpenme porque esto no me puede pasar a mí. Lo único que me importa ahora mismo es el partido y ustedes"».

No era fácil pillarle el punto a Luis. Es más, muchas veces él utilizaba su vehemencia para bromear: «A lo mejor te echaba una bronca y luego te miraba y te decía: "Que estoy de coña, joder". Y nosotros mientras estábamos cagados», desvela Capdevila. Uno de sus ayudantes, César Mendiondo, conoce bien el particular humor de Aragonés: «Tiene una flema muy británica. De repente está serio y te suelta un chascarrillo cuando menos te lo esperas. Al jugador le transmite seriedad y un respeto absoluto, pero con él también tiene cabida la guasa».

Villa agradece su cercanía y que su carácter dé pie a la broma: «Es difícil llegar a bromear con un entrenador. En el autobús muchas veces le cantábamos chascarrillos y los encajaba siempre con una sonrisa. Conmigo hablaba bastante de Asturias porque su madre está enterrada en Candás. Si no me lo dijo cincuenta veces no me lo dijo ninguna».

Los veteranos que ya tenían la fortuna de conocerle, aconsejaban a los novatos ir con pies de plomo con Aragonés. En un principio imponía, y no era plan de toparse con un conflicto nada más llegar. Sin embargo, por muy a la defensiva que acudieras a la concentración, a veces Luis pasaba directamente al ataque para romper el hielo.

A Xavi le costó más de la cuenta entrar en sus planes y no fue convocado para los tres primeros partidos que dirigió Aragonés: «Yo me encontraba en un buen momento en el Barcelona, pero él prefirió contar con Albelda, Baraja, Valerón y Xabi Alonso».

En octubre de 2004, de cara al doble enfrentamiento contra Bélgica y Lituania, Xavi recibió la llamada de Luis. Nada más saludarle y darle la mano, y sin previamente haber cruzado una palabra con él, le soltó:

«—¿A que usted ya estaba pensando "A que el hijo de puta del viejo ya no me llama?"».

»—Que no, míster, de verdad...

»—Ya, ya... Yo sé que lo pensaba».

Santi Cazorla fue junto a Sergio García la gran novedad en la lista de convocados que ofreció Luis el 15 de mayo de 2008 para viajar a la Eurocopa: «Iba conduciendo camino a casa, escuchando la radio. Tenía un viaje a Las Bahamas reservado para marcharme de vacaciones con mi novia y me cambió la vida», recuerda. El asturiano cuenta con mucha gracia su primer intercambio de palabras con Aragonés. Directo, conciso y a la cara: «Me cogió en el vestuario y me lo dejó bien claro: "Usted es uno más a partir de ahora; no crea que es menos que los demás. Si trabaja no tendrá ningún problema y tendrá mi confianza, pero si no, le podré agarrar del pecho y no me pondré ni *colorao*...". La charla no duró más de cinco minutos y me marcó. Aunque no te lo parezca, salí muy tranquilo».

Si hay algo que detesta Aragonés es que un recién llegado le dé las gracias por la convocatoria. Eso le pasó a Sergio García, que se enteró de la buena nueva en el vestuario del Zaragoza: «La prensa decía que la duda era Cazorla o yo. Como Luis leyó el nombre de Santi antes que el mío, pensé que de mí ya no se acordaría. Cuando pronunció mi nombre pegué un grito que no veas... Al llegar a

Madrid me dio la bienvenida y yo las gracias. Él me dijo que no tenía que agradecerle nada porque si estaba allí era porque había hecho una buena temporada y me lo había merecido».

Los idiomas tampoco son su fuerte. Más de una vez le cambió el nombre a un rival. «A veces no le salía el nombre adecuado pero todos sabíamos perfectamente a quién se refería», comenta Marchena. Ejemplo de ello es que fue incapaz de pronunciar el nombre de Cherundolo, en la charla previa al partido amistoso contra Estados Unidos en vísperas de la Eurocopa, en Santander: «No había manera de que lo pronunciara. La verdad es que el nombrecito tiene tela», recuerda Güiza.

En el entrenamiento previo a la final de Viena, Luis reunió a todos sus futbolistas para advertirles que tuvieran especial cuidado con Wallas...

«—¿Wallas?

»—Sí, Wallas, ese chiquito, como se diga, joder, el capitán...

»—Será Ballack, míster —le corrigió Xavi.

»—Pues usted que es tan listo dígame cómo se pronuncia el 7 de Alemania —le espetó Aragonés en medio de la carcajada generalizada».

El 7 en cuestión era Schweinsteiger, nombre ya no sólo difícil de pronunciar para Aragonés, sino para cualquier español. El tal Wallas dio mucho juego y fue protagonista de algunos de los cánticos de los jugadores. En la charla del día de la final de la Eurocopa, Luis seguía llamando Wallas a Ballack y algún valiente volvió a corregir a su entrenador: «Le llamo Wallas porque me sale de los cojones», concluyó.

La intención de Aragonés era «buscar una sonrisa y que saliéramos más convencidos todavía de lo que ya lo estábamos. Aquel día, eso era más importante que cualquier detalle táctico porque esa parcela ya la teníamos muy bien aprendida. Aunque alguno igual no me cree, sabía perfectamente que se llama Ballack».

Aragonés asegura que lo que menos le gusta de su profesión es «mandar. Es muy pesado, pero me ha tocado hacerlo durante treinta y pico años». Quizá por eso, a veces, prefería acudir directamente a las habitaciones de alguno de sus jugadores y no enviar a alguien a que fuera a buscarlos para charlar con ellos. Sus visitas eran inesperadas y provocaban situaciones rocambolescas. «Conmigo hablaba mucho», reconoce Xavi.

Una noche, mientras el azulgrana estaba duchándose, alguien tocó su puerta. Eran casi las doce de la noche. Luis García, ex jugador del Barcelona, Liverpool y Atlético, había quedado en llevarle un DVD. «Lucho, vete a la mierda, anda. A buenas horas me traes la peli...»

Mientras se secaba con la toalla aprisa, volvieron a picar. «Eres pesadito, eh, Lucho...»

Xavi abrió la puerta, pero allí no había nadie. Cuando ya se disponía a cerrar, alguien hizo un movimiento brusco y espetó ante su sorpresa al verle desnudo: «Me cago en la hostia. Ande, póngase un calzoncillo que a mí no me cabe ni el pelo de una gamba...».

«Míster, no le esperaba», le respondió.

Y ni corto ni perezoso, Aragonés se sentó en la cama de Xavi y se quedó un buen rato hablando con él. «Hablaba de mil cosas. Aparentemente es muy solitario, pero está claro que todas las personas necesitamos cariño. Al que pillaba por banda no sólo le hablaba de fútbol, sino también de sus cosas.»

Sus despistes eran memorables y a sus propios jugadores no les quedaba más remedio que tomárselos a guasa. Marcos Senna no podrá olvidar nunca su debut. Fue un frío día en Valladolid contra Costa de Marfil, tres meses antes del Mundial de Alemania. En la segunda parte, el seleccionador le ordenó iniciar los ejercicios de calentamiento: «Me extrañó que tuviera que hacerlo solo y no con el preparador físico. Hasta ahí, todo normal. Al rato, Luis me llamó para salir. Mientras me ponía la camiseta, me acerqué a él pensando que me daría alguna indicación. Sin embargo, estaba tan centrado en el partido que no me dijo nada. Entonces, tomé yo la iniciativa:

»—Míster, me ha llamado. ¿Yo qué hago? —le pregunté.

»Aragonés se quedó mirándome y me contestó:

»—Usted entre ahí y haga lo que sabe.

»Entré y corrí por todos los lados. No lo debí hacer del todo mal porque luego fui al Mundial, bromea el hispano-brasileño».

Aragonés le animaba a lanzar las faltas en el Villarreal, aunque esa tarea solía corresponder a Riquelme: «Quítale, hombre, y tíralas tú que la pegas mejor», me decía.

Esta convicción le llevó a protagonizar la siguiente situación durante una concentración en La Calderona. Una tarde, España se enfrentó en una pachanga a los juveniles del Valencia. De repente, en una falta, Luis se levantó del banquillo como un resorte y empezó a gritar: «"¡Senna!, ¡Senna! ¡Que la tire Senna!...". Pero yo estaba sentado en el banquillo», recuerda el centrocampista.

En un entrenamiento, Aragonés ordenó a sus futbolistas que ensayaran los pases en largo. Juanito y Marchena, que formaban pareja, empezaron a golpear duro al balón: «El míster se cruzó y no le vi, con tal mala suerte que le pegué un balonazo como para estar tirado en el suelo un buen rato. Se le cayeron hasta las gafas...

»—¿Quién ha sido? —preguntó Aragonés.

»—He sido yo, míster. Perdóneme —le contesté.

»—Perdono, pero no olvido —me dijo».

Seguramente sería casualidad, pero para ese partido Juanito no se sentó ni en el banquillo y le tocó ver el partido desde la grada.

Pepe Reina, Xabi Alonso y David Villa se encargaron de ir recopilando esas sentencias para que no quedaran en el olvido. «Yo soy el más cabroncete y me quedé con muchas. Son frases míticas que quedarán siempre en nuestro recuerdo», confiesa el portero del Liverpool. Las más recordadas a día de hoy por los internacionales son las siguientes: «Tengo el culo *pelao*»; «El dueño del juego, el dueño del balón»; «Yo no tengo la llave del fútbol»; «Los negros son azules», etcétera. La mayoría de las frases pertenecían a su etapa de futbolista.

«A mí me contaba muchas batallas de su época. Me hablaba mucho de Ormaechea y de cómo tiraba las faltas cuando jugaba en el Barça», recuerda Xabi Alonso.

Los propios futbolistas forzaban el contacto con su entrenador porque se lo pasaban bien con él: «A veces, subidos en el autobús, empezábamos a cantar aquello de "que viene, que viene" para provocar que Luis se levantara de su asiento y viniera a la parte de atrás a hablar con nosotros. Cuando lo conseguíamos, todos aplaudíamos. A veces nos contaba un chiste y todo...», desvela Marcos Senna.

Aragonés es un gran conversador y siempre aglutinaba gente a su alrededor. Su enorme vitalidad le permitía trasnochar mientras apuraba un vaso de Coca-Cola o un cigarrillo en compañía de sus ayudantes o de Pedro Cortés, con el que mantiene una extraordinaria relación. Incluso algún jugador se unía de vez en cuando a la tertulia. Un día libre Palop decidió quedarse descansando tranquilamente en el hotel para entrenar a tope al día siguiente, en vez de salir a pasar el día fuera: «Todavía no había llegado mi familia y me quedé con Ochotorena. Después de cenar nos dimos una vuelta por la cafetería y el míster nos invitó a tomar un café. Con Luis tengo mucha confianza porque habíamos coincidido en el Valencia. Empezamos a hablar de mil cosas: de jugadores, de representantes, de vivencias...

Cuando nos quisimos dar cuenta eran las tres y media de la madrugada. Menos mal que quería descansar...».

Andrés nunca olvidará cómo fue su primera llamada para incorporarse a la selección española para disputar un amistoso contra Grecia, justo un año antes de la Eurocopa: «Acabábamos de ganar la supercopa contra el Madrid. Teníamos día libre y me fui a la playa con mi mujer y mis hijos. Estaba en casa de un amigo y recibí una llamada desde el teléfono de Ochotorena. Se puso directamente Luis. Me preguntó que cómo estaba y me dijo que se había lesionado Casillas y que quería que fuera a Madrid para viajar a Salónica. Como había tanta gente que imitaba a Aragonés, pensé que Ochoto me estaba gastando una broma... Pero Luis se puso serio, le reconocí y me di cuenta de que verdaderamente era él...».

La retranca de Luis traspasaba la puerta del vestuario. Xavi no olvida una anécdota: «Aunque es madridista, tengo un íntimo amigo que se llama Benji. Viajó a Aarhus con algunos colegas para ver a España. Se encontró a Aragonés fumando en la puerta del hotel y le preguntó: "¿Cómo lo ve, Luis?". Aragonés se quedó mirándole fijamente y le contestó: "Usted va a jugar mañana"».

Pedro Cortés fue una de las personas que más horas pasó junto a Aragonés durante las concentraciones. El jefe de expedición de la selección, junto a Juan Luis Larrea y Luis Uranga, cuenta con mucho humor las miles de conversaciones futbolísticas que compartieron: «Me ha dicho muchas barbaridades y me ha echado muchas broncas. "Tú no tienes ni puta idea", me decía. "Pues no sé entonces para qué me preguntas...". A los cinco minutos ya quería tomarse una cerveza conmigo y si yo le decía que no, porque estaba enfadado, me contestaba: "Venga, que no hablamos de fútbol...". Luis sabe que yo soy para él como un hermano pequeño y que puede decirme lo que le apetezca».

Muchas noches, después de atender a las radios a medianoche, Aragonés solía quedarse un rato más de tertulia con algunos miembros de la expedición: Ufarte, Paredes, Ochotorena, Teodoro Nieto (en su primera etapa hasta el Mundial de Alemania), Paloma Antoranz... En aquellas conversaciones el seleccionador se relajaba y hablaba de otras cosas: «Nos contaba asuntos de su vida más joven, charlábamos de la familia, de la sociedad española, de la actualidad, de temas que no tenían nada que ver con el fútbol...», recuerda la jefa de prensa, que sigue sin entender por qué llegado un momento, más o menos las dos y media de la madrugada, Luis le decía: «Vámonos, niña, que ya estoy cansado...».

Después de despedirse, Paloma escuchaba desde su habitación algún ruido extraño: «En algunos hoteles en los que dormíamos en el mismo pasillo, me ha subido y luego he oído cómo él volvía a abrir su puerta. Yo creo que subía a acostarme porque pensaba que si no me quedaría hasta el final e igual no quería que yo estuviera presente en alguna conversación. Yo le he comentado a él mi sospecha, pero siempre me ha negado que volviera a bajar al hall...», comenta.

Aragonés dejó tanta huella en el vestuario que muchos de sus jugadores tenían por costumbre imitarle. «Sergio Ramos y Reina son los que mejor lo hacen», desvela un peso pesado del vestuario.

«Que conste que lo hacíamos desde el respeto y el cariño», asevera Ramos.

«Y que nunca nos ha pillado», apunta Reina.

Mientras los vídeos no digan lo contrario, habrá que creerles...

DJ RAMOS

«Hoy te veo arreglada
aunque ya no queda nada.
Mi nuevo amor cada día
se parece más a ti.
Tu mirada me hipnotiza,
recuerdo tu sonrisa.
Encima mi nuevo amor
se parece más a ti [...]»

Así comienza la canción del grupo argentino Jambao, todo un himno para la selección durante la Eurocopa. A todas horas se escuchaba *Se parece más a ti* en la concentración. Una cumbia que Cazorla, Capdevila y Marcos Senna habían cantado en el vestuario del Villarreal y que les había traído suerte. Tras proclamarse subcampeones de liga, pidieron a Sergio Ramos que incluyera esta canción en su carpeta musical para viajar a Austria. El andaluz cumplió el deseo de sus compañeros y fue la primera pista de un CD que se convirtió en la banda sonora de La Roja en el verano de 2008: «Nosotros la escuchábamos a menudo porque también le gustaba mucho a Gonzalo Rodríguez, que es argentino. Le dijimos a Ramos que la incorporara al CD porque tenía mucho ritmo y era pegadiza. Nos hizo caso y triunfamos. Sergio nos consulta a todos por nuestras preferencias para que todo el mundo esté contento. Yo creo que la música anima y alegra mucho», asegura Cazorla.

En la maleta de Ramos nunca falta un altavoz y un portátil para reproducir los temas de su iPod. Al principio solía utilizarlo en su habitación o en el *Cíber* para amenizar las reuniones con sus compañeros, pero viendo la acogida y la respuesta del equipo, Sergio pidió permiso a Aragonés para que también se pudiera escuchar música dentro del vestuario antes y después de los entrenamientos y de los partidos, mientras se cambiaban: «No soy un hombre que le guste mucho poner música. Ni siquiera en el coche cuando voy conduciendo porque creo que distrae. Tampoco me hacía mucha gracia que se pusiera en el autobús, pero bueno... Le dije que mientras se cambiaban no había ningún problema, pero que cuando estuvieran vestidos para salir al campo tendrían que apagarla», confirma Luis.

Sin embargo, Aragonés fue uno de los que más disfrutó en la grabación de *A por ellos* junto con La Banda del Capitán Canalla, en Austria. Ante la sorpresa de Sergio y de sus compañeros, que no pararon de reír, Luis se soltó el pelo cantando y saltando. El tema fue talismán y se volvió a interpretar en la plaza de Colón en el reencuentro con la afición.

Poco a poco, Aragonés fue siendo más permisivo con el asunto musical: «Al principio no era muy partidario e, incluso, se planteó prohibir los iPod... Pero no sé por qué, cambió de idea y creo que acertó», recuerda Marchena.

Desde bien pequeño, Ramos mantiene un vínculo especial con la música y siempre la ha visto como un estímulo y una motivación: «Lo cogí por costumbre cuando jugaba en el Sevilla con Jesús Navas, Renato, Pablo Alfaro... Incluso Joaquín Caparrós era el primero que ponía canciones si se nos olvidaba a nosotros... Desde entonces, siempre he intentado inculcar mi afición tanto en el Real Madrid como en la selección. A Capello no le gustaba mucho, pero los demás entrenadores no me han puesto ninguna pega. No creo que la música despiste, sino todo lo contrario. Creo que motiva mucho».

Durante el Mundial de 2006, Sergio hizo un primer intento pero aquello no cuajó. En Kamen, lugar de concentración de España en Alemania, la selección se cambiaba en dos vestuarios porque en uno no cabían todos juntos, así que la música sólo sonaba en uno: «A lo mejor a los veteranos no les gustaba tanto, pero en el vestuario donde nos cambiábamos los de la "Mesa de Triana" sí que triunfó», confiesa. Hay que recordar que este grupo lo formaban Reyes, Joaquín, Reina, Torres, Juanito, Marchena y el propio Sergio.

> «[...] La miro a los ojos
> se reflejan en ti.
> Hoy beso su boca
> y más me acuerdo de ti.
> Desnuda en mi cama
> ella que me ama [...]»

Tanto se repetía la canción que los integrantes de la selección no tardaron en aprenderse su estribillo. En Austria se coreaba al unísono en cada trayecto al estadio o al campo de entrenamiento. El ritmo tropical de esta cumbia de Jambao retumbaba en el autobús de España: «Yo todavía la sigo oyendo y la tengo en mi iPod. Cuando volvimos a Viena para jugar contra Austria la pusimos otra vez en el vestuario. Qué recuerdos...», comenta Villa.

Sin duda, uno de los momentos más recordados fue el regreso desde el Ernst Happel de Viena al hotel de concentración tras haber eliminado a Italia en los cuartos de final de la Eurocopa. Reina, sin camiseta, empezaba ya a erigirse como el auténtico maestro de ceremonias en las celebraciones. Todos a la vez cantaron la letra de la canción, siguiendo el compás mientras golpeaban las ventanas del autobús. Alguno se atrevió incluso a echarse un bailecito en el pasillo. El guión no parecía el de una fiesta improvisada. En Internet hay un vídeo grabado por los propios internacionales, y que colgó Javier Gómez Matallanas, en el que queda demostrado el rotundo éxito que tuvo la canción: «No sé cómo aguantaron las lunas del autobús y los maleteros con los golpes que les dimos», ríe Capdevila.

«Hasta Paloma, la jefa de prensa, y Silvia, la delegada, se unieron a la fiesta. Montamos una inolvidable», añade Fernando Navarro.

La segunda canción del disco de los campeones de Europa llevaba por título *Por ti*, interpretado por Asignatura Pendiente. En este caso, Sergio Ramos barrió para casa, ya que se trata de un grupo sevillano:

> «Por ti, la vida di, y aún la daría si puede ser así [...]
> las puertas del cielo, tendrás abiertas,
> tras las que un día me escondí por ti [...]»

La elección musical gustó en el equipo y casi no hubo oposición. Las canciones quedarán para siempre en la memoria de los protagonistas, como asegura Reina: «Sergio estuvo sembrado y se curró un pedazo de CD. Cuando lo oigo me vienen a la mente muchos recuerdos y hasta me da repelús...».

El tercer tema se titulaba *La mano de Dios* y era una canción que Rodrigo Alejandro Bueno, cantante argentino que falleció en un accidente de tráfico en el año 2000, dedicó a Diego Armando Maradona:

«A poco que debutó
“Maradó, Maradó”,
la 12 fue quien coreó
“Maradó, Maradó”.
Su sueño tenía una estrella
lleno de gol y gambetas [...]
y todo el pueblo cantó:
“Maradó, Maradó”,
nació la mano de Dios,
“Maradó, Maradó”.
Sembró alegría en el pueblo,
regó de gloria este suelo [...]»

Cada vez que sonaba la canción todas las miradas apuntaban a Rubén de la Red, al que apodaban cariñosamente Maradona: «Así me empezó a llamar Reyes cuando jugábamos juntos en el Real Madrid. A lo mejor me había salido una buena jugada y empezaba con el cachondeo... Mientras sea cariñoso y por cosas buenas, a mí no me importa». *La mano de Dios* dio mucho juego durante la concentración: «Nos hinchábamos a reír. Se la cantábamos a Rubén y teníamos mucho cachondeo con él. Es un tipo fantástico, pero le picábamos mucho y no sé cómo aguantaba tanto», reconoce Juanito.

«Yo cantaba la canción como todos. Le cogimos mucho cariño y nos animaba mucho. De eso se trataba», asegura el propio De la Red.

Como si un duende se encargara de ello, la música estaba presente a todas horas en el día a día de la selección en Austria. Tan asumido estaba que llegó un momento en el que Obélix (así llamaban al conductor austríaco del autobús por su gran parecido con el famoso personaje de cómic) ya ponía el CD sin ni siquiera consultar: «El proceso fue curioso. Primero nos limitábamos a escuchar sólo las canciones.

Pero acabamos cantándolas todos. Y si era de regreso al hotel después de los partidos pues hasta dábamos saltos», cuenta Puyol.

«Teníamos las canciones metidas en la cabeza y ya nos las sabíamos de memoria», asegura Arbeloa.

«Yo creo que ya las cantaba hasta el mismo conductor. La primera, sobre todo, era una canción muy pegadiza. Yo no la llegué a cantar, pero me faltó poco...», añade Aragonés.

En la selección musical no podía faltar David Bisbal. Pese a ser culé, el cantante almeriense es buen amigo de Ramos. Su tema *Hate that I love you*, interpretado junto a Rihanna, también tuvo una buena acogida entre los internacionales. Pese a todo, acertar con los gustos de todos es complicado. Por ello, según avanzaba el disco, el consenso iba disminuyendo y las preferencias musicales de algunos de sus compañeros chocaban con las de Sergio: «El artista se agrandó, se vino arriba y la calidad iba bajando. Le he dicho que para el disco de Sudáfrica tiene que ser más selectivo. Analizándolo, sólo las primeras canciones estaban chulas», confiesa su gran amigo Juanito.

«He de reconocer que al final nos identificábamos con ello y terminaron siendo las canciones del grupo, aunque no es el estilo de música que más me apasiona. Pero para el momento era divertido y quedaba bien. No las suelo escuchar en el coche...», reconoce Xabi Alonso.

En total, dieciséis canciones componían el famoso CD de Ramos. Las demás eran las siguientes:

– *Por ti daría* (Hanna)
– *Say it right* (Nelly Furtado)
– *Suave* (Juan Magán)
– *Otra noche* (Don Omar)
– *Pecho a pechuga* (Fulanito)

– *So confused* (Raghav)
– *Quitémonos la ropa* (Alexandre Pires)
– *Because of you* (Ne-Yo)
– *Baby love* (Nicole Scherzynger)
– *Keep bleeding* (Leona Lewis)
– *Rehab* (Amy Winehouse)
– *Ay Dios* (Franco Devita)

El estilo del disco era muy variado, ya que había éxitos de artistas internacionales como Nelly Furtado o Amy Winehouse, pero también canciones como la divertida *Pecho a pechuga*, en la que se imita el sonido de las gallinas. No faltaban temas pinchados en las discotecas, muy bailables y con ritmos latinos. Todos tenían en común que contagiaban alegría y fortalecían el espíritu de grupo de La Roja.

La recopilación de Dj Ramos caló tanto que Marcos Senna le pidió a Silvia Dorschnerova, la delegada del equipo, que hiciera copias para que todo el mundo pudiera llevarse una de recuerdo: «Ese disco nos unió mucho y a la vuelta de la Eurocopa lo escuchaba casi todos los días. Sergio nos proponía cada tema para ver qué nos parecía y le íbamos dando nuestra opinión. De todas formas, aunque alguna canción no nos gustaba demasiado, a base de escucharla terminábamos acostumbrándonos».

Del Bosque no piensa cambiar esta tradición y asegura que no le molesta que sus jugadores pongan música en el vestuario o en el autobús de camino al estadio: «Es algo propio de ellos y yo no me meto», explica.

El seleccionador nacional considera que los tiempos cambian y recuerda cómo durante su etapa de futbolista algunos de sus entrenadores eran realmente tajantes: «Antes no había móviles ni iPods, pero me acuerdo que Miljan Miljanic nos decía una hora antes del partido:

"No palabra, no palabra...". Teníamos que guardar silencio obligatoriamente y hasta estaba prohibido leer un periódico. Él entendía que era bueno para concentrarnos de cara al partido, pero yo creo que si esa concentración viene a través de la música, el entrenador no debe impedirlo».

A día de hoy, escuchar música es una costumbre arraigada en el seno de la selección, tanto que los empleados de la Federación compraron un altavoz por si algún día se le olvida a Ramos. Sergio no dejará de ejercer de gurú musical del equipo y confía en elaborar un nuevo disco que haga las delicias de sus compañeros durante el Mundial de Sudáfrica: «Hasta que no nos juntemos todos en la concentración no decidiremos qué canciones entrarán. De lo que está ahora de moda me gusta mucho *Looking for paradise* que cantan Alejandro Sanz y Alicia Keys».

A la espera de la nuevas incorporaciones, quizás el tema mejor colocado para convertirse en el nuevo himno sea *I got a feeling* del grupo Black Eyed Peas, canción que ha pegado fuerte durante las vísperas del Mundial tanto en el vestuario del Real Madrid como del Villarreal.

Para Casillas, Alonso, Albiol, Arbeloa y sus compañeros es casi de obligado cumplimiento escuchar esta canción junto con *Hot* de Inna en el autobús camino al estadio donde vayan a jugar el partido. Los dos temas son considerados talismanes en el vestuario madridista. A Capdevila, Cazorla, Senna y Diego López también les hace tilín *I know you want me* de Pitbull.

Otro gran amante de la música, Gerard Piqué, que tiene por costumbre refugiarse en unos cascos de grandes dimensiones antes de los partidos, hace su particular sugerencia: «Le diré a Sergio que ponga alguna de David Ghetta».

No será fácil contentar a todos...

LA INTELIGENTE TRANSICIÓN DE DEL BOSQUE

Su esposa Trini había colocado una bandera de España en el balcón aquella mañana. La Eurocopa pilló a la familia Del Bosque en plena reforma de su piso. Hacía calor en Madrid, y por ello Vicente decidió abrir las ventanas de par en par en busca de aire fresco. Al vecindario le encantaba curiosear las reacciones del que se iba a convertir en nuevo seleccionador mientras se disputaba la final. El gol de Torres fue celebrado a lo grande y desde el parque se escuchó la explosión de varios petardos: «Todo el mundo estaba más contento que un demonio», recuerda Del Bosque.

Sus familiares habían insistido durante el torneo del peligro que podía suponer el triunfo de España: «Te lo van a poner difícil si ganan...», le advertían. «Al contrario, es lo mejor que nos puede pasar», les contestaba.

Cuando pitó Roberto Rosetti, Vicente y Gema, dos de sus tres hijos, se marcharon a la plaza de Colón a festejar la victoria. Del Bosque se quedó en casa, saboreando el triunfo de España y atendiendo al teléfono, que no paraba de sonar: «Creo que todos los que hemos vivido tantos años en el fútbol español necesitábamos un triunfo como ése. ¿Tú sabes la depresión que hubiera significado no haber ganado la Eurocopa? En España somos tan extremistas que pasamos de ser la leche a ser una mierda en un suspiro... Me considero un tío afortunado por haber llegado en este momento a la selección», reflexiona.

Del Bosque ya sabía esa noche que sería el nuevo seleccionador. Fernando Hierro, que fue nombrado director deportivo en septiembre de 2007, le había llamado en vísperas de las Navidades: «He pensado en ti para ser el nuevo seleccionador a partir de la Eurocopa. Si no tienes inconveniente, voy a proponer tu nombre a la junta directiva». «Adelante», le contestó.

La Federación preguntó a Aragonés en septiembre de 2007 si estaba dispuesto a continuar en el cargo de seleccionador antes de viajar a Islandia. Su respuesta fue negativa. Días después de que terminara esa concentración, Aragonés se sentó a la mesa con Jorge Pérez, secretario general, y Fernando Hierro. Luis volvió a repetirles sus planes de futuro. La Federación consideró entonces que tenía libertad para empezar a buscarle sustituto.

En noviembre, España derrotó a Suecia en el Santiago Bernabéu y obtenía matemáticamente el billete para la fase final. Aragonés confirmaba en la rueda de prensa posterior al partido su intención de marcharse al volver de Austria: «Yo tengo fecha de caducidad y la sabéis todos. Yo tiro la leche cuando está pasada porque ya no se puede beber. La Federación ya sabe que no seguiré desde hace tiempo».

Luis ni siquiera acudió al sorteo de la fase de clasificación para el Mundial de Sudáfrica celebrado días después. Sin embargo, a Aragonés no le gustó leer en la prensa los movimientos que había iniciado la Federación: «Luis quiere estar en la Eurocopa, pero igual la Federación apunta a otras cosas... Yo hablo por los vientos...», comentó el 1 de febrero de 2008, día en que ofreció la convocatoria para el amistoso contra Francia.

Su discurso se endureció a medida que se acercaba el comienzo de la Eurocopa e incluso se volvió contradictorio. El 23 de marzo, víspera del ensayo contra Italia, Aragonés volvió a tensar la cuerda ante los medios de comunicación: «Yo no he visto a ninguna selección en el mundo con dos seleccionadores. Lo más correcto sería echarme y contratar a otro, pero igual no se piensa así...».

En privado, Luis le había comunicado a Ángel María Villar su postura. Por su parte, la Federación considera que se obró adecuadamente: «Si España no hubiera sido campeona no se hubiera dado tantas vueltas al asunto. Luis sabe que los tiempos establecidos fueron los lógicos y que hubo transparencia y normalidad. La Federación no podía estar parada y ponerse a buscar seleccionador el 30 de junio...», asegura Hierro.

«Nadie en el mundo puede decir que hace las cosas bien al ciento por ciento, pero la Federación hizo lo que tenía que hacer y creo que saqué buena nota en esa transición», añade Villar.

Aragonés era contrario a estos pensamientos y se mostraba preocupado por la reacción que pudiera tener en sus jugadores: «Te decían: "es que tenemos que saber...". Y yo les decía: "¿Y yo vine sabiendo?". Yo llegué a la Federación un mes después de que España cayera en la Eurocopa de Portugal. No me gustaba que mi equipo supiera que ya había otro entrenador porque igual podían pensar: a mí qué me importa ya este tío si no va a seguir... Por seguir no era, porque había quedado claro que me iría».

Durante la Eurocopa, Aragonés se comprometió con el Fenerbahce para convertirse en su entrenador dos temporadas. José Félix Díaz destapó en *Marca* la noticia que Luis intentó ocultar para el buen desarrollo de la concentración. Fue el 17 de junio. El seleccionador se vio obligado a admitir ante sus jugadores la veracidad de la información: «Nos recalcó que su decisión de marcharse era inamovible y que eso no nos tenía que afectar en nada. Fue en una charla antes del partido contra Grecia. Quiso que lo supiésemos, pero nos aseguró que iba a estar a tope hasta el final y que esperaba lo mismo de nosotros», confiesa Juanito.

Villa y Torres festejan uno de los goles conseguidos contra Rusia en el primer partido de la Eurocopa. © Pablo García

Senna, Marchena y Puyol colocan al equipo en la final contra Alemania. © Pablo García

Casillas alerta a la defensa. © Pablo García

Arriba: Xavi y Cesc, demostrando que no son incompatibles. © Pablo García

Abajo a la izquierda: Xabi Alonso, tras marcar contra Sudáfrica en la Copa Confederaciones. © Pablo García

Abajo a la derecha: Silva celebra su gol contra Rusia en las semifinales de la Eurocopa. © Carmelo Rubio RFEF

Arriba: Iniesta y Xavi, concentrados antes de un partido. © Pablo García

Abajo: Reina reclama la atención de sus compañeros. © Pablo García

Arriba: Piqué lucha por el control del balón. © Pablo García

Abajo a la izquierda: Albiol pelea con el sudafricano Parker en la Copa Confederaciones. © Pablo García

Abajo a la derecha: Arbeloa, actuando por la banda izquierda. © Pablo García

Arriba: Sergio Ramos esquiva la entrada de un contrario sueco. © Pablo García
Abajo: Jesús Navas, el día de su debut con la Selección absoluta contra Argentina. © Carmelo Rubio RFEF

Arriba: Mata logra hacerse con la pelota.© Pablo García

Abajo a la izquierda: Busquets recupera el balón ante el iraquí Kareem. © Pablo García

Abajo a la derecha: Güiza le dedica un gol a su amigo Marchena. © Pablo García

Familiares y amigos de los jugadores posan durante la Eurocopa. © Pablo García

Los enviados especiales de la prensa española a Innsbruck, antes de subir al avión de regreso a Madrid. © Carmelo Rubio RFEF

Es más, Aragonés cortó de raíz algunas filtraciones interesadas que salieron en algunos medios de comunicación y que aseguraban que la Federación se estaba planteando que siguiera en el banquillo nacional: «Se acabó. No le deis más vueltas que me voy a Turquía. ¿Quién se viene conmigo?», les preguntó a sus ayudantes.

Acompañado de su hija, había aprovechado un día libre para abandonar la concentración en Neustift y cerrar el acuerdo con el Fenerbahce. César Mendiondo y Ángel Férez le dieron el sí para embarcarse en el proyecto, mientras que Armando Ufarte y Jesús Paredes prefirieron no aceptar la propuesta. Ese mismo día, Dani Güiza fue sometido a un reconocimiento médico antes de comprometerse también con el equipo turco. El 25 de junio, víspera de la semifinal con Rusia, el Fenerbahce hizo oficial la contratación de Aragonés por dos temporadas.

Vicente del Bosque fue presentado como nuevo seleccionador junto con sus ayudantes Toni Grande y Javier Miñano. Fue el 17 de julio de 2008. Habían pasado tres años y medio desde que fueran destituidos por otro equipo de Estambul, el Besiktas. Posteriormente, se unieron al cuerpo técnico de la Federación Paco Jiménez y Antonio Fernández. Únicamente José Manuel Ochotorena, entrenador de porteros, conservaba su puesto: «Soy consciente de la responsabilidad que asumo, pero más que preocupado me siento un privilegiado», fueron las primeras palabras de Del Bosque.

De este modo, el salmantino seguía los pasos de sus dos referentes futbolísticos: Miguel Muñoz y Luis Molowny, que al igual que él habían sido jugadores y entrenadores del Real Madrid y posteriormente seleccionadores nacionales. Su estreno en el banquillo fue el 20 de agosto en un amistoso celebrado en Copenhague contra Dinamarca, en el que España se impuso por 0-3. Del Bosque hizo debutar a Iraola y Capel, convocó por primera vez a Amorebieta y volvió a llamar a Bojan, que tendría que esperar a la siguiente lista para estrenarse con la absoluta. Con respecto a la convocatoria de la Eurocopa, sólo Palop, Arbeloa y Sergio García (por decisión técnica) y Fábregas y Marchena (por lesión) se quedaron fuera.

La charla de presentación de Del Bosque a sus jugadores duró unos cuarenta y cinco minutos. Al nuevo seleccionador le inquietaba entrar con buen pie y, sobre todo, ganarse su confianza lo antes posible: «No somos ningunos impostores ni hemos venido a usurpar el sitio a nadie», fueron sus primeras palabras. «Habéis pasado a formar parte de la historia del fútbol español, pero no debéis quedaros ahí, miraros el ombligo y decir: somos la leche. Tenemos por delante motivos para buscar nuevos retos», les añadió.

De los veintidós jugadores que le escuchaban, sólo uno había trabajado anteriormente con él y sus ayudantes. Era Iker Casillas, que cuando Del Bosque abandonó el Real Madrid en 2003 tenía sólo veintidós años. El cuerpo técnico notó muy cambiado al capitán de La Roja: «Entonces era un chico que escuchaba más que hablaba. Ahora habla más que escucha. Antes era uno más y hoy es uno de los líderes», asegura Del Bosque.

«Es un Iker más hombre, más preocupado. Ese galardón que ha adquirido en la selección le hace ser un ejemplo para todos», añade Toni Grande.

«Nunca le había visto tan concentrado. Cuando reúne a sus compañeros en el vestuario para conjurarse, transmite mucha seriedad con su mirada. Incluso cuando no juega mantiene la misma actitud y eso, para el grupo, es un nexo de unión muy bueno», culmina Miñano.

Álvaro Negredo pudo comprobar por sí mismo la jerarquía de su capitán cuando en su segunda convocatoria con España llegó tarde a la Ciudad del Fútbol: «Iba a Las Rozas en el taxi de mi padre y el tráfico nos jugó una mala pasada. Me tocó pagar la correspondiente multa y encima me llevé un tirón de orejas de Iker, que me dijo muy serio: "Tú, máquina, llega cuando quieras, ¿eh?"».

El primer encuentro entre Del Bosque y Aragonés tuvo lugar el 22 de septiembre de 2008 en Viena, horas antes del homenaje que la UEFA ofreció a los campeones de Europa: «Nos saludamos, pero Luis estaba muy frío y no quise forzar la máquina. No tengo nada contra él, primero porque nunca hemos tenido una gran afinidad. Nos hemos llevado bien hasta un punto, pero nunca nos hemos ido juntos de cañas... Somos dos personas totalmente distintas que nunca han intimado, pero creo que nos une algo que es la pasión por el fútbol. Desde muy jóvenes hemos sentido la vocación de ser entrenadores».

Volvieron a coincidir el 6 de octubre de 2009, día en que la Federación reunió en la Ciudad del Fútbol a más de cuatrocientos internacionales en la historia de la selección con motivo de la celebración del centenario. Entre tanta gente, Del Bosque y Aragonés no llegaron a verse. A la tercera fue la vencida. El 3 de febrero de 2010, en la gala del Anuario del Deporte Valenciano se produjo la esperada fotografía. Los dos entrenadores subieron al escenario y se piropearon mutuamente: «Permanentemente volvemos a la fecha del 29 de junio de 2008 para encontrar ese impulso tan importante que dio el fútbol español de la mano de Luis», manifestó Vicente.

«Del Bosque es muy inteligente y la selección vive un buen momento. Le desearía que, como a mí me tocó la Eurocopa, a él le toque el Mundial», añadió Aragonés.

El nuevo seleccionador quiso saber desde el primer momento cuáles eran los hábitos que había implantado Aragonés en la selección para que el cambio fuera lo menos drástico posible: «Se trataba de investigar el trabajo que se había hecho para no dar palos de ciego».

Tanto él como sus ayudantes recabaron todo tipo de información, aunque también los jugadores consultaron, sobre todo a los auxiliares de Del Bosque, cuáles iban a ser los métodos de trabajo. La transición fue suave y Vicente dio continuidad al trabajo de Luis, aunque poco a poco ha ido moldeando La Roja a su manera: «No hemos borrado ninguna huella del pasado. Nos hemos apoyado en él para seguir avanzando, porque el inmovilismo es malo. Tanto Luis como yo hemos sido gente muy de la familia del fútbol», comenta Del Bosque.

«El trabajo de Aragonés nos ha servido de guía. Estamos agradecidos por la forma en que se trabajó y dentro de nuestras ideas hemos apostado por esa continuidad. Nos hemos sentido beneficiados», añade Toni Grande.

Los jugadores no tardaron en confiar en su nuevo seleccionador: «No he sido un hombre polémico que haya creado grandes líos con nadie. Hasta ellos mismos podrían decir: este tío no ha hecho nada malo... No me he sentido rechazado en ningún momento», confiesa Del Bosque. Con su sentido común, su mano izquierda para manejar grupos («pero también con mano derecha; no hay que ser ni permisivo ni muy exigente», aclara) y su sapiencia futbolística, el salmantino no tardó en superar el examen con nota: «Vicente es un entrenador que te gana por la libertad que te da. Es un tío inteligente, un tío de fútbol y tiene mucho tacto. Trabaja con sigilo en la sombra respetando una especie de barrera y sin crearse ningún protagonismo, lo que le hace ser especial. Siendo muy diferente, es a la vez muy parecido a Luis. Ambos comparten el gusto por el buen fútbol», asegura Reina.

Del Bosque reconoce que no le gusta atosigar al futbolista ni desgastarse en asuntos que no sean sustanciales: «No hago demasiadas tonterías para ganarme su confianza. Me gustaría que mis jugadores me vieran como un tío normal que entiende un vestuario, que es laborioso, que le gusta trabajar, que tiene capacidad y una buena formación. En lo personal, que me vean como un tío que no es falso, que no dice una cosa a uno y otra a otro y la va liando».

Ochotorena conoce perfectamente tanto a Del Bosque como a Aragonés. El entrenador de porteros hace la siguiente comparativa entre ambos: «Tal vez no sean tan reales las etiquetas que llevan cada uno colgadas. Luis es más del cuerpo a cuerpo, más impulsivo y más cercano. Habla mucho con el jugador y sus reacciones pueden ser sorprendentes. Vicente es más comedido, pero también tiene su carácter. Los códigos de Luis son más claros; Vicente deja más margen al jugador, pero si se pasa de la raya, también avisa. Luis lo suele hacer casi de inmediato y Vicente a lo mejor lo pasa por alto dos veces, pero a la tercera le llama la atención para que recapacite. Ambos son amantes del fútbol porque lo han mamado y son pasionales. Además, prefieren que los jugadores sean los protagonistas y los que se lleven los elogios».

No oculta que es amigo personal de Aragonés, pero Pedro Cortés reconoce que Del Bosque le ha ganado: «¿Quién es mejor, Elvis Presley o Frank Sinatra? Pues no lo sé... La convivencia con Vicente es muy buena. Es señor y un hombre encantador en el trato personal. Es comedido, tranquilo y equilibrado, y no tiene altibajos».

El contrapunto ideal de Del Bosque es su segundo, Toni Grande, que siempre ha trabajado a su lado desde que empezó a entrenar al Real Madrid:

«Me río mucho con él. Es más castizo que Vicente. Yo le digo que es muy chulo», asegura Cortés.

«Toni es un cachondo. Es un tío muy llano y muy normal. Busca lo sencillo, que a veces es lo más complicado. Llega con frases cortas y que todo el mundo entiende», añade Diego López.

Los que no pueden comparar porque no coincidieron con Aragonés destacan la humanidad y la afabilidad de Del Bosque:

«Ofrece una imagen de sencillez, humildad, cercanía y tranquilidad. A la gente que hemos llegado últimamente nos trata con mucho cariño», asegura Mata.

«Es muy llano, pese a estar donde está y haber conseguido lo que ha conseguido. Es muy humano», añade Diego López.

Claro que su apariencia puede confundir en algunos casos. Busquets no se imagina a Del Bosque abroncando a los jugadores: «Lo hace todo con tanto corazón que creo que es una persona que jamás en la vida se enfadaría».

Sin embargo, sus ayudantes echan por tierra esta impresión:

«Vicente también tiene su carácter y se cabrea como todos. Lo que pasa es que no lo hace pegando gritos», confiesa Toni Grande.

«Claro que se mosquea, pero tiene la capacidad de no exteriorizarlo y metabolizarlo. Entiende que el mejor momento para corregir algo no es justo cuando ha sucedido. Vicente se pone mucho en el lugar del otro y siempre cree que tiene parte de razón, aunque yo muchas veces no lo vea ni lo comparta», asegura Miñano.

Paloma Antoranz, jefa de prensa, le había advertido a Del Bosque que no se lo tuviera en cuenta si acababa sucediendo: «Tenía terror y pánico, y me sigue pasando a veces, a empezar la rueda de prensa diciendo "con vosotros Luis Aragonés", en vez de Vicente del Bosque. Estuve tres años y medio diciéndolo. Se lo confesé nada más llegar y le pedí perdón por adelantado por si me ocurría. Lo que sí he aprendido con el tiempo es a detectar cuál es el gesto para dar por concluidas conferencias de prensa».

Los dos primeros partidos oficiales de Del Bosque fueron en Murcia y Albacete, contra Bosnia y Armenia, respectivamente. El nuevo seleccionador aprovechó la primera concentración larga para mantener reuniones con sus jugadores, distribuidos por líneas. Cuando les tocó a los defensas, Vicente le dio una orden a Capdevila: «Joan, te toca sacrificarte por el equipo. Quédate atrás y que suba Sergio.»

En el minuto siete del partido contra Armenia, Capdevila desobedeció a su entrenador y se sumó al ataque. Iniesta leyó su desmarque y le dio un pase medido que el lateral no desaprovechó. España conseguía su primer gol. Al acabar el partido, jugador y entrenador intercambiaron impresiones:

—Míster, perdóneme que no le haya hecho caso.

—No sé qué don tienes que todos los balones que caen ahí son para ti —le contestó.

Una charla de Del Bosque en un día de partido no suele superar los doce minutos de duración: «El jugador lo primero que mira es la pizarra para saber si juega o no. Si juega, estará atento y, si no, estará endemoniado. En cuanto estés más de veinte minutos hablando, se mueven, tosen y se nota que la concentración es mínima...», asegura.

El seleccionador cree que el éxito está en hablar lo justo y en recalcar los pequeños detalles: «Hace años decían de mí que no hablaba mucho. No se trata de hablar mucho o poco, lo ideal es hablar lo justo. Cuando empiezas una charla es bueno saber empezar y saber terminar. Alargarla es un error. Lo que hace falta es que lo que digas cale», asegura.

Los jugadores agradecen su sencillez: «Me llama la atención la facilidad que tiene para transmitir las cosas. Es capaz de contagiar esa tranquilidad al grupo y eso te hace ganar mucha confianza», cuenta Pablo Hernández. Su condición de castellonense le ha hecho compartir alguna charla con Del Bosque, que jugó en el equipo de su ciudad durante su etapa de futbolista.

Con los informes técnicos de Paco Jiménez y de Antonio Fernández como guía, Pablo Peña es el encargado de destripar al rival en una serie de vídeos didácticos que se muestran a los jugadores los días previos al partido: «Estructuramos al rival en defensa, en ataque, en sus jugadas de estrategia, en cómo hacen las transiciones... Se trata de subrayar dónde son fuertes y dónde flaquean», asegura Toni Grande.

La cualidad que más admiran los ayudantes de Del Bosque es su capacidad para mantener la frialdad en momentos de máxima tensión. En Bruselas, en el cuarto partido del grupo de clasificación para el Mundial, la desgracia se cebó con España. Con el 1-0 en contra, Fernando Torres cayó lesionado en el minuto doce. El seleccionador mandó calentar a Güiza. Bélgica apretaba y algunos jugadores se acercaron al banquillo para reclamar con urgencia el cambio. Después de un par de minutos en la banda, Miñano llamó al delantero para que se preparara para entrar. Sin embargo, Del Bosque tocó la rodilla a su preparador físico y cambió el guión: «Me dijo que pusiera a calentar a Cesc. En esos momentos en los que todos estamos a mil por hora, Vicente es capaz de enfriarse. Tiene un grado de espera, de quietud y de paciencia que no se lo he visto a nadie. Poder pensar en los momentos de estrés para mí marca la diferencia entre un entrenador de élite y un entrenador normal».

La entrada de Cesc provocó que España se adueñara del centro del campo. Iniesta, en una memorable jugada, empató el partido antes del descanso. Güiza no se quedó sin su cuota de protagonismo, pese a que no salió hasta el minuto ochenta y cuatro. Él fue quien se inventó un pase con la izquierda al interior del área en el último minuto, que fue cabeceado por Villa y que supuso un nuevo triunfo de La Roja.

No es Del Bosque amigo de realizar grandes aspavientos en el banquillo: «Parece que el entrenador tiene que salir y estar pegando voces todo el partido porque si no es un inútil. Pero yo creo que un entrenador irreflexivo que está protestando una falta o un saque de banda no puede tomar una decisión. Yo procuro estar centrado», asegura. A Vicente a veces le gusta consultar con los que le rodean antes de tomar una decisión: «Si a Vicente algo no le gusta, sobre todo durante un partido, es capaz de retenerlo en ese momento, de reflexionar sobre ello y de preguntarnos a los que trabajamos con él. Después de escuchar nuestras opiniones es cuando decide. Eso es llevar el trabajo en equipo a su grado sumo», añade Miñano.

Con mucho tacto, Del Bosque fue dando entrada a jugadores que habían tenido un recorrido importante en las categorías inferiores, que empezaban a ser piezas importantes en sus equipos y que hoy día son realidades para la selección: «Sabíamos que teníamos que ir metiendo progresivamente a nuevos jugadores que estaban saliendo y que formaban una gran selección sub-21. Ni Piqué ni Busquets eran absolutamente titulares en el Barça, y a lo mejor los trajimos cuando aún no había un consenso absoluto de que tenían que venir. Ése ha sido el toque necesario que le hemos dado a la selección y lo hemos dado en el momento justo».

Piqué debutó en un amistoso contra Inglaterra en febrero de 2009, después de haber sido titular en el Barça en catorce de las primeras veintidós jornadas de Liga. Busquets se estrenó dos meses después, en un partido oficial en Estambul, tras haber jugado de inicio sólo en doce de las veintiocho primeras jornadas con Guardiola. Otra debilidad de Del Bosque es Juan Mata. En el Real Madrid no llegaron a coincidir por poco: cuando el entrenador abandonó el club en 2003, el asturiano fichó por las categorías inferiores. Debutó con España a finales de marzo en el Bernabéu contra Turquía: «Vicente me dice que puedo jugar abierto en banda, pero entrenando y en algún partido me ha puesto de mediapunta. Me ve en las dos posiciones y para mí eso es bueno», comenta Mata.

En la concentración previa al partido contra Inglaterra, Dani Güiza fue noticia por un asunto extradeportivo. El delantero recibió la visita de su ex mujer y de su hijo en el hotel de Sevilla. Dani llegó a llevar a su pequeño al comedor. La prensa del corazón se cebó con el delantero y su inclusión en la siguiente convocatoria para el doble enfrentamiento contra Turquía era más dudosa que nunca: «Llevaba seis meses sin ver a mi hijo y era la única manera de tenerle al lado. Hablé con Fernando Hierro y espero que me haya entendido», manifestó Güiza en la Cadena COPE, tres días antes de que se hiciera oficial la lista.

Representar a España en Estambul, la ciudad donde vivía y jugaba con el Fenerbahce, suponía una especial ilusión para Güiza. Del Bosque, que había decidido inicialmente no convocarle, se retractó y lo llamó finalmente: «Lo que hizo no estaba bien, pero no recuerdo nada malo tampoco. Me sabía mal ponerme en manos de los que pensaban que el asunto había tenido más eco. Es un tío majo, aunque algo primitivo en algunas cosas. Nuestra primera reacción fue: "¡Este tío no vuelve más!". Pero luego en frío piensas: "¿Y qué ha hecho?"».

Fernando Hierro considera que Del Bosque tiene un don especial para reconsiderar y valorar este tipo de cuestiones tan especiales: «Yo creo que el míster tiene diez sentidos en vez de cinco. Es su forma de ser y en psicología va siete pasos por delante de todos... Dani es muy especial por su carácter y necesita que le demos todo el cariño que él regala». El castigo y las imposiciones quedan excluidos del manual de estilo del seleccionador: «Vicente prefiere siempre el diálogo antes que el palo para convencer a una persona. Aplica ese comportamiento en todos los órdenes de la vida, no sólo en el fútbol. Para eso no valemos todos y hay que tener una filosofía muy definida», añade Toni Grande.

Ante Turquía en Estambul, Güiza entró en el minuto ochenta y cinco de partido, con el 7 a la espalda, y acabó dando el pase de la muerte a Riera, que en el último suspiro establecía el 1-2 definitivo. España seguía lanzada: seis partidos en el grupo de clasificación, seis victorias: «Este pase de gol es más importante para mí que los dos goles que marqué en la Eurocopa. ¿El 7? Hoy Villa no estaba en el campo y lo elegí, pero el 7 de España es Villa. A mí me da igual el dorsal, mientras siga viniendo...», comentó Dani después del partido.

En junio de 2009, La Roja disputó la primera Copa Confederaciones de su historia. Días después de que terminara el campeonato, Jesús Navas asistía a la boda de su hermano Marco. El novio ya había advertido días antes a Antonio Fernández, uno de los ayudantes de Del Bosque y gran amigo personal de la familia, que aprovechara la celebración para hablar con la perla sevillista: «En casa ha comentado que está convencido y que se ve con ganas y confianza de ir a la selección».

Antonio conoció a Navas en 1999, cuando inició su etapa profesional en el Sevilla en la que llegó a ser secretario técnico del club. Por entonces, Jesús tenía sólo catorce años y ya destacaba en la cantera hispalense. Después del enlace, y mientras compartían un refresco antes del banquete, Antonio le preguntó: «¿Cuándo vas a venir con nosotros?». En aquella ocasión, Navas no miró para otro lado como solía hacer hasta entonces. Antonio percibió un brillo especial en sus ojos y una energía positiva que nunca antes había detectado durante su estancia en el Sevilla. «De eso quería hablar yo contigo...», le contestó.

Tras cuatro años de tratamiento, y después de haber llorado muchas veces en su casa por la impotencia de tener que conformarse con ver a la selección por televisión, Jesús se sentía por primera vez preparado para dar el paso. Antonio aprovechó los últimos días de las vacaciones del futbolista para compartir unos días con su familia y comprobar su recuperación definitiva.

La vuelta al trabajo con el Sevilla volvió a confirmar que sus episodios de ansiedad eran historia. Qué lejos quedaba aquel verano de 2005 en el que Jesús se quedó con las ganas de participar en el Mundial sub-20 de Holanda al verse obligado a abandonar la concentración. Por segundo verano consecutivo, Navas completó la concentración de la pretemporada con total normalidad. Fernández volvió a visitarlo y todos los síntomas eran positivos. Fernando Hierro fue puntualmente informado de todos los pasos que iba dando el futbolista andaluz: «Vas hablando con su director deportivo, con su entrenador, con su psicólogo, con su entorno y cada día te va llegando el mismo mensaje: "¿Y por qué no?". Hasta que fuimos cerrando el círculo y tomamos la decisión de comer con él para que fuera él mismo quien nos transmitiera sus sensaciones».

Mientras tanto, España sellaba su clasificación matemática para el Mundial de Sudáfrica el 9 de septiembre de 2009. Los jugadores saltaron al césped del estadio Romano sabiendo que Bosnia y Turquía habían empatado y que el objetivo estaba conseguido. No obstante, la selección se impuso a Estonia por 3-0 y seguía contando por victorias todos sus partidos. A Pedro Cortés le sorprendió ver tan serio a Del Bosque después del encuentro:

—Vicente, entra al vestuario y felicita a los chicos, hombre. Parece que hemos perdido y resulta que ya estamos clasificados y hemos ganado todos los partidos... —le comentó.

—No hemos jugado bien, coño... —le respondió malhumorado.

Después de los dos últimos partidos, contra Armenia (1-2) y contra Bosnia (2-5), España ponía el colofón a una brillantísima fase de clasificación: treinta puntos sobre treinta posibles. Del Bosque se muestra satisfecho, aunque reconoce que la fortuna estuvo de nuestro lado en momentos puntuales: «Jugamos bastante bien, pero surgieron algunas dudas en ese recorrido acerca de si la selección estaba haciendo un fútbol mejor o peor que antes. Tuvimos suerte con Bosnia en casa, en un partido durísimo que ganamos 1-0, y en Bruselas y en Estambul, donde nos impusimos con un tanto en el último minuto».

Fueron los dos últimos partidos que Navas tuvo que ver por la televisión. A finales de octubre de 2009, Hierro y Fernández se reunieron con él en Córdoba para corroborar definitivamente su alta en La Roja. Unos días después, Navas confirmaba en una rueda de prensa que se sentía preparado para ser uno más: «Llevo mucho tiempo esperando. Estoy capacitado para dar este paso. Estoy ilusionado, y quiero intentarlo y disfrutar de la selección. Es un buen momento para hacerlo. En el grupo hay compañeros con los que he coincidido. Ahora el entrenador es el que tiene que tomar la decisión».

Del Bosque decidió dar el paso y convocarlo para los amistosos de noviembre de 2009 ante Argentina y Austria: «Nos interesaba acercar a Jesús a la selección, pero no podíamos ir en contra de su voluntad y de su cabeza. Hemos dado los pasos que teníamos que dar y, superados sus problemas, no podíamos dar la espalda a un jugador de sus características», asegura el seleccionador.

Navas debutó en el Vicente Calderón contra la selección albiceleste y lo celebró al día siguiente compartiendo un asado en casa de su amigo Antonio Fernández. El ojeador acompañó a la selección a Viena para arropar a Jesús y estar pendiente de él, junto con Sergio Ramos y Negredo. Tomando un café después de comer el día del partido contra Austria, Antonio escuchó de boca de Navas la confirmación a todo su empeño: «Si tuviera que estar aquí veinticinco días más, lo haría sin problema».

Del Bosque ya tenía a su extremo: «Lo veo como una alternativa obligatoria. El fútbol no sólo es por dentro, sino que tiene que haber un equilibrio entre el pase corto y el pase largo y entre el regate y el pase al primer o segundo toque».

Navas ha sido el último de los doce futbolistas que han debutado con Del Bosque en sus dos primeros años en el banquillo nacional. En total, el seleccionador ha utilizado a 35 jugadores, tres de los cuales no llegaron a jugar: Amorebieta, Fernando Navarro y De la Red. Todos sueñan con estar en Sudáfrica, pero en la lista sólo tienen cabida veintitrés: «Seguro que a alguno le vamos a hacer alguna faena, como me hizo a mí Kubala, que era una persona extraordinaria. En un choque con Zamora en Atocha me lesioné en el peroné unos meses antes del Mundial de Argentina 78 y me quedé fuera de la lista con veintisiete años... Va a haber debate y lío seguro porque hay más de veintitrés jugadores que merecen ir al Mundial».

Uno de los secretos que guarda con más esmero el seleccionador son las convocatorias. Desde que Del Bosque llegó al cargo trató de poner fin a las filtraciones a los medios de comunicación antes de hacer pública su elección: «Confío plenamente en la gente que está a mi alrededor. Valoro la discreción y el dar de comer a todos al mismo tiempo. La mayoría de las veces son especulaciones, pero me fastidia tanto que si alguna vez ha pasado a veces digo: "Pues ahora este tío no va y llamo a otro"».

Si España gana el Mundial, descarten que Del Bosque cometa alguna locura o que se afeite su inconfundible bigote. Vicente sería feliz con que su hijo Álvaro, que padece síndrome de Down y que es su ojito derecho y el de su esposa Trini, viera cumplido su sueño: «Está obsesionado con poder subir al autobús descapotable y completar el recorrido hasta Colón con la selección. Me lo ha pedido muchas veces... Sólo en ese caso, me saltaría el protocolo para convertir en realidad su deseo».

LA PORRA DE PUYOL

Se ha convertido en otra de las tradiciones de la selección cuando se afronta una fase final. Los más veteranos la ven con naturalidad, pero los novatos se sorprenden cuando se topan con ella: «Recuerdo que cuando bajé a comer el primer día en Sudáfrica, me encontré una hoja en mi mesa. Pensé que sería el plan de actividades de la jornada, pero cuando empecé a leerla me di cuenta de que no tenía nada que ver. Allí venían escritos todos los partidos de la competición, grupo a grupo. Al lado de cada uno venían dos casillas, una para rellenarla con el resultado y otra para poner el vencedor del partido», comenta Juan Mata.

La Roja tiene su porra. Como sucede en muchos bares y oficinas de España, los jugadores también hacen sus propios pronósticos para comprobar quién es el que más sabe de fútbol y, de paso, llevarse un pellizquito económico. El pionero de su organización fue Luis Enrique y el testigo ha sido recogido por Carles Puyol: «Lucho se encargaba de las porras tanto en el Barcelona como en la selección. Para que no se perdiera la tradición yo le di el relevo. Creo que es algo divertido y es una buena forma de hacer grupo. Desde por la mañana, ya te levantas comentando los resultados y viendo quién va primero en la clasificación».

¿Qué dos selecciones de cada grupo pasarán a la siguiente fase y en qué posición? ¿Quién será el pichichi? Siempre hay unanimidad a la hora de predecir que España se clasificará como primera de grupo, pero en otros vaticinios decisivos para determinar al vencedor de la porra hay que mojarse: ¿quién meterá más goles, Villa o Torres? En la Copa Confederaciones todos los internacionales, a excepción de uno, acertaron quién sería el pichichi de la primera fase. Hubo un jugador de la selección que no puso ni a Villa, ni a Torres ni a Luis Fabiano. ¿Quién fue?

«El cachondo que me hizo la porra me puso a mí como pichichi y no me pareció mala idea... Al principio acerté muchos resultados y llegué a estar primero», confiesa Dani Güiza.

El jerezano consiguió marcar dos tantos en el partido contra Sudáfrica por el tercer y cuarto puesto, pero ya era tarde.

Puyol es el encargado de recoger todos los pronósticos y de recaudar el dinero. El único requisito para poder participar es ser miembro de la expedición de la selección y aportar 50 euros: «Se puede jugar individualmente o por grupos de dos, tres o cuatro participantes. El primero se lleva el 50% de la recaudación, el segundo, el 30% y el tercero, el 20%. La organización no se queda nada de comisión, aunque ten en cuenta que hay muchos gastos de logística: un paquete de folios, los bolígrafos, el tiempo que pierdes llevando todo al día...», aclara entre risas.

Casillas y Reina fueron los únicos jugadores que doblaron su apuesta en Austria. Además de jugar individualmente, crearon juntos otro equipo que fracasó rotundamente.

Una vez rellenados todos los boletos, el capitán del Barça los recopila para ir sumando los puntos y determinar, posteriormente, quiénes son los vencedores: «Lleva mucho trabajo. Así que no os extrañe que no pisara la habitación de Capdevila durante la Eurocopa...», bromea. Noche tras noche, una vez celebrados los partidos de la jornada, Puyol se recluía en su habitación delante de su portátil para actualizar la clasificación.

Poco a poco el sistema ha ido introduciendo algunas novedades que perfeccionan las porras organizadas por su antecesor: «Con Luis Enrique se pronosticaba el torneo completo, incluida la final. Pero había un problema: si España caía eliminada antes era un lío porque había que volver a casa sin saber quién ganaba la porra y sin poder repartir el dinero. Por eso decidí hacerla por fases. Primero hay que pronosticar los resultados de la fase de grupos, qué selecciones se clasifican como primera y segunda y quién será el pichichi hasta ese momento. Luego se decide entre todos si se vuelve a hacer una nueva apuesta a partir de octavos o cuartos, pero normalmente ya se deja así».

La porra del Mundial de Sudáfrica 2010 volverá a ser gestionada por Puyol. El grupo está encantado con que la tradición continúe: «Puede parecer una tontería, pero este tipo de cosas ayudan a hacer más ameno el día a día. Hay muchas coñas con los últimos clasificados, así que merece la pena dedicar un rato a pensar los resultados porque luego no hay quien aguante a algunos...», cuenta Arbeloa.

Llegó casi el último y acabó el primero. Sergio García fue el vencedor de la porra durante la Eurocopa de Austria: «Con cabeza y un poco de suerte gané y les vacilé un poquito a todos. Por supuesto, puse que España ganaba todos los partidos y que Villa sería el pichichi en la primera fase. Gané pasta a la *pocha*, quedé primero en la porra y encima gané la Eurocopa... Aproveché el viaje, vamos», presume.

El Guaje no le falló y, pese a que se perdió la final por lesión, consiguió terminar la Eurocopa como pichichi con cuatro goles. Sergio García se embolsó 1.050 euros. Completaron el podio De la Red, que fue segundo con 630 euros, y Pedro Cortés, que fue tercero y al que le correspondieron 420 euros.

La porra no es coto exclusivo de los jugadores y lo que busca también es que se establezcan aún más lazos de unión entre toda la expedición: «También juegan los entrenadores, los utileros, los doctores, los fisioterapeutas, los delegados, los miembros del departamento de prensa, de seguridad...». Si uno echa un vistazo a la lista de participantes en Austria, llama la atención el nombre de Las Supremas: «Nos lo puso Fernando Navarro durante la Eurocopa», confiesa Paloma Antoranz, jefa de prensa, y una de las tres componentes del trío.

Las otras dos eran Esther Gascón, directora de gabinete de la secretaría general de la Federación, y Silvia Dorschnerova, delegada. Sus reglas del juego eran tajantes: «España gana siempre y, por parentescos personales, también Alemania y la República Checa», asegura Silvia.

«Lo demás, lo hacemos a voleo. Tapamos las casillas y lo que salga», añade Paloma.

Los fisioterapeutas (Miguel Gutiérrez, Raúl Martínez, Fernando Galán y Juan Antonio Herranz) participaron con el nombre de Eficacíssimos en la Eurocopa y de Fisiorum en la Copa Confederaciones. El equipo Los Cracks son los doctores Jesús Candel y Jesús Jiménez.

Entre los participantes hay ausencias destacadas como la de Aragonés: «No me gusta y no la hice. Si alguna vez me han preguntado por algún partido, he contestado 6-0 para no acertar y punto», nos dijo cuando le preguntamos por este asunto. Sin embargo, Luis no decía la verdad. Descubrimos su tapadera: «¿Que Luis no participó en la porra? ¿Quién te ha dicho eso? Jugaba conmigo y encima no me dejaba poner ni un solo resultado. Me cogía la hoja y me la llenaba de tachones. Si le decía voy a poner una equis, protestaba y me decía:

»—No tienes ni puta idea... Ponle un dos, hombre. ¿Cómo quieres ganar así, cojones?

»—¡Estate quieto! —le contestaba—. Si dices que no quieres participar...

»Al rato venía y me preguntaba:

»—¿Qué has puesto en el Alemania-Croacia?

»—Una equis...

»—Ponle ganador a Alemania, hombre...

»—Pues hazla tú...

»—Hazla tú, que no quiero que los chicos se enteren de que yo también juego.

»—Pero si no me dejas meter baza...».

El compinche de Aragonés era Pedro Cortés. La sociedad terminó con éxito, obteniendo un meritorio tercer puesto en la Eurocopa. A Puyol le preguntamos si conocía la existencia de esta sociedad: «¡Hostias!, me pillas ahora... No me acuerdo».

Tras demostrarle que conocíamos el secreto de Luis, Carles rectificó y contestó con contundencia: «¡Claro que lo sabía! Yo soy el jefe y me entero de todo...».

En la clasificación de la porra de la Eurocopa 2008, que se adjunta al final de este capítulo, se demuestra la complicidad de Puyol con Aragonés. Aun sabiendo que el míster participaba, no quiso que apareciera su nombre para que el resto del equipo no se enterara.

Puyol está encantado del compromiso de sus compañeros. Todos le suelen entregar puntualmente sus pronósticos, aunque algunos también tienen a sus personas de confianza para ayudarles con sus predicciones. El futbolista más solicitado es Albiol: «Albi es un enfermo del fútbol y siempre está pendiente de todo. Cuando jugaba en el Valencia, si querías saber cómo había terminado un partido cualquiera lo mejor que podías hacer era preguntarle a él. Está todo el día enganchado a Internet con el móvil», desvela Silva.

«A mí también me hace la porra Albiol, pero yo creo que me la hace mal aposta. Me quita de en medio. Es increíble», le acusa Marchena.

Albiol tiene pensado tomar represalias en el Mundial de Sudáfrica: «Encima que me preocupo por hacérselas... Luego me riñen si no van bien clasificados. En la Copa Confederaciones se la rellené a Güiza ¡y le puse de pichichi!», confiesa.

Puyol no entiende que confíen tanto en el valenciano: «Me sorprende que, viendo los malos resultados que han tenido hasta el momento, sigan delegando en Raúl». Razón no le falta puesto que Albiol terminó 22.º en la Eurocopa y 10.º en la Copa Confederaciones. Sus representados empeoraron incluso sus registros: Güiza, Silva y Marchena (que fue el último en Sudáfrica) no estuvieron ni entre los treinta primeros.

Muchos de los que han intentado adivinar el transcurrir de la competición reconocen haber fracasado garrafalmente:

«Acabé fatal. Me dejo el dinero a lo tonto. Dicen que desafortunado en el juego...», añade Iniesta.

«Para que luego digan que los jugadores somos los que más sabemos de fútbol. A la vista está», reconoce Juanito.

«Yo suelo empezar bien, pero luego me hundo», confiesa Senna.

«Lo difícil es acertar quién queda primero y quién segundo. En cuanto llega la tercera jornada, ya me quedo sin opciones», reconoce con resignación Villa.

Está visto que en la porra los novatos suelen ser los triunfadores. Vicente del Bosque no se volvió de vacío de la Copa Confederaciones y se llevó el primer premio junto con su ayudante Paco Jiménez, encargado de realizar los informes de los rivales. Ambos se repartieron 1.150 euros:

«Se me dio bastante bien. Acerté las victorias de España, el pichichi y varias posiciones de los dos grupos. Intentaremos repetir en el Mundial», recuerda Del Bosque.

«No sólo participó sino que trincó. Por algo es el míster, ¿no?», sentencia Puyol.

Antonio Limones, responsable de la gestión de los viajes de la Federación, fue segundo y se embolsó 690 euros, mientras que Xavi acabó tercero y ganó 460 euros.

A Del Bosque le fue complicado rellenar la casilla del pichichi en la Copa Confederaciones: «Habría estado feo decantarme sólo por uno de mis delanteros». Por ese motivo, Vicente le entregó el papel a Puyol dejando en blanco este apartado:

«—Míster, no ha puesto quien será el pichichi...

»—Prefiero no ponerlo —le contestó.

»—Usted verá, está renunciando a unos puntos importantes, decisivos al final. Puede elegir a un delantero que no sea español si le es menos comprometido.

»—Ah, pensé que eso no se podía hacer... Entonces, ponme a Luis Fabiano».

Y acertó... Al término de la primera fase, el delantero brasileño encabezaba la clasificación junto a Villa y Torres. Los tres habían marcado tres goles. Después, Luis Fabiano incrementaría su cuenta anotadora con un doblete en la final.

Pero el futuro de la porra está en peligro. El Mundial de Sudáfrica podría suponer el adiós de Puyol a la selección española. Para que esta tradición continúe, su organizador deberá encontrar un sucesor. ¿Quién organizará la porra de la Eurocopa de 2012? El listón está muy alto.

Reglas de puntuación de la porra de la Eurocopa:

1. Cada cuadrícula blanca incluye los puntos de las 12 jornadas disputadas entre los 4 grupos. Acertar el ganador del partido o si termina empatado equivale a 3 puntos. Si, además, se adivina el resultado exacto se suman otros 3.
2. Las cuadrículas gris claro corresponden a las posiciones que ocupan las 4 selecciones de cada grupo al término de la primera fase. Acertar el primer clasificado suma 4 puntos, el segundo 2 y el tercero y el cuarto sólo 1. Eso quiere decir que quien acierte el orden exacto de un grupo obtendrá 8 puntos.
3. Las cuadrículas gris oscuro se refieren al pichichi de la primera fase. Adivinarlo suma 10 puntos.

										A		B		C		D	PICHICHI	TOTAL
SERGIO GARCÍA	3	6	3	3	6	3	3	6	3	8	6	6	3	6	3	8	x	86
DE LA RED	3	6	0	6	6	3	3	6	0	6	6	6	3	6	6	8	x	84
PEDRO CORTÉS	3	6	0	6	3	0	6	3	3	8	6	8	0	4	3	4	x	73
SANTI CAZORLA	3	6	0	3	6	0	0	6	3	8	3	6	3	3	3	8	x	71
DAMIÁN (Utilero)	0	6	6	3	0	3	3	6	0	4	3	6	3	4	6	8	x	71
FÉLIX (Utilero)	3	3	0	6	3	0	0	6	3	4	6	6	3	4	3	8	x	68
SENNA	6	3	0	3	6	0	0	6	0	4	3	6	3	3	6	8	x	67
PUYOL	3	6	0	3	6	3	0	6	0	4	6	6	3	4	3	4	x	67
TORRES	6	6	3	6	3	3	3	3	0	4	6	6	6	3	3	4		65
EDUARDO Y PROFE (Viajes y Jesús Paredes)	6	3	3	6	0	0	0	6	0	4	3	6	3	4	3	8	x	65
PALOP	3	6	3	3	6	0	3	3	0	3	6	6	6	8	3	4		63
JESÚS BARBAS (Utilero)	6	6	3	6	6	0	0	6	0	8	3	6	3	3	3	4		63
CESAR MENDIONDO	6	6	3	6	3	3	3	3	0	4	3	8	3	4	3	4		62
EFICACÍSSIMOS 1	3	3	3	3	3	3	3	6	0	4	3	3	3	8	6	8		62
EFICACÍSSIMOS 3	3	3	6	6	3	0	0	3	0	4	3	3	3	8	3	4	x	62
EFICACÍSSIMOS 2	0	6	3	3	3	0	3	3	3	6	6	8	6	4	3	4		61
URANGA	0	6	0	3	6	3	0	3	0	8	3	6	3	3	3	4	x	61

										A		B		C		D	PICHICHI	TOTAL
JUANITO	3	3	6	6	0	0	3	3	0	4	6	6	6	6	3	4		59
JAVIER ANDRÉS (Adidas)	6	6	0	3	0	3	0	6	0	3	3	8	0	0	3	8	x	59
CESC	3	6	3	3	0	0	0	6	3	4	6	6	3	4	3	8		58
VILLA	3	6	3	3	3	0	0	3	0	4	6	6	0	3	3	4	x	57
ALBIOL	3	6	0	3	3	0	3	3	0	8	3	6	3	4	3	8		56
LORENZO (Seguridad)	3	3	3	3	6	0	3	6	3	4	3	4	3	4	0	8		56
XAVI PELOPO	3	3	0	3	6	3	0	3	0	8	6	6	3	4	3	4		55
ARBELOA	3	6	0	3	3	0	0	6	0	4	6	6	3	4	3	8		55
LAS SUPREMAS	6	6	0	6	3	0	0	6	0	3	6	6	3	3	3	4		55
XABI ALONSO	3	6	3	3	0	3	3	3	0	4	6	6	0	6	0	8		54
IKER Y PEPE	3	6	6	3	3	3	3	0	0	4	6	6	0	4	3	4		54
GÜIZA	3	6	0	3	6	3	0	6	0	4	3	6	3	3	3	4		53
MARCHENA	0	6	6	3	6	0	0	0	0	8	3	6	3	4	3	4		52
IKER	3	6	3	3	0	3	0	3	0	3	6	8	0	4	6	4		52
JAVIER ENRÍQUEZ (Vídeos)	3	6	3	3	3	0	0	6	0	8	3	6	3	3	0	4		51
PEPE REINA	3	6	3	3	3	0	0	6	0	3	3	3	3	3	3	8		50
MARCO OTERO (FIFA)	3	3	0	3	0	3	0	6	0	0	0	4	3	3	3	8	x	49
SERGIO RAMOS	3	6	0	3	3	0	0	3	0	4	6	6	3	3	3	4		47
SILVA	0	6	0	6	3	0	3	6	0	4	3	6	3	3	0	4		47
LOS CRACKS	3	0	3	0	6	0	0	3	0	3	3	6	0	4	3	4		38
A. INIESTA	0	0	0	3	3	0	3	6	0	0	6	4	0	4	3	4		36
F. NAVARRO	0	3	3	3	0	3	3	3	0	4	0	3	6	0	0	4		35
CAPDEVILA	3	3	3	3	0	0	0	0	0	4	3	6	0	3	3	4		35
LIMONES	3	0	0	3	3	0	0	0	0	0	0	0	3	0	3	0	x	25

Reglas de puntuación de la porra de la Copa Confederaciones:

1. Las cuatro primeras cuadrículas corresponden a las dos primeras jornadas de cada grupo. Se suma 1 punto por acertar el ganador del partido o si termina empatado, y 2 si, además, se adivina el resultado exacto.

2. En la quinta y sexta casillas se añaden también los puntos por acertar las dos selecciones que se clasificarían para semifinales. Si se aciertan las dos y por orden, 2 puntos, y si sólo se acierta el primero o el segundo, 1 punto.
3. Acertar el pichichi de la primera fase supone 5 puntos.

							PICHICHI	TOTAL	CLASIFICACIÓN
VICENTE - PACO	4	2	1	3	6	0	5	21	1
LIMONES	2	1	4	3	4	1	5	20	2
XAVI	1	2	2	4	4	1	5	19	3
EVARISTO (Santa Mónica)	1	2	2	1	6	1	5	18	
RIERA	1	4	2	3	3	0	5	18	
CARLOS ROJO (Adidas)	3	1	2	1	4	1	5	17	
LARREA (Delegado)	1	4	1	3	3	0	5	17	
LORENZO (Seguridad)	4	2	1	1	2	1	5	16	
DIEGO LÓPEZ	2	2	2	1	4	2	5	16	
URANGA (Delegado)	1	2	1	3	3	1	5	16	
REINA	1	4	2	1	2	1	5	16	
LUIS CANO (Adidas)	1	2	2	1	2	2	5	15	
ALBIOL	2	2	2	1	3	0	5	15	
FISIORUM	1	2	2	1	3	1	5	15	
PUYOL	1	2	2	1	3	1	5	15	
XABI ALONSO	1	1	2	1	4	1	5	15	
ARBELOA	1	2	2	1	4	0	5	15	
MATA	2	2	2	1	2	1	5	15	
UTILEROS	1	1	2	1	2	2	5	14	
LLORENTE	1	1	1	4	2	0	5	14	
VILLA	1	1	2	1	4	0	5	14	
TORRES	2	1	2	1	3	0	5	14	
IKER	2	1	2	2	1	1	5	14	
CAPDEVILA	1	2	1	1	1	1	5	14	
BUSI	2	2	1	1	3	0	5	14	
CESC	1	2	1	4	1	0	5	14	
CARMELO (Fotógrafo)	1	4	1	1	3	0	5	14	
PIQUÉ	1	1	2	2	2	1	5	14	
SILVIA	1	2	2	2	2	0	5	14	
PABLO PEÑA (Vídeos)	1	1	2	1	3	1	5	14	

							PICHICHI	TOTAL	CLASIFICACIÓN
FRAN PORRAS	1	2	2	1	3	0	5	14	
OCHOTO-JAVI	1	2	2	1	1	1	5	13	
PABLO HERNÁNDEZ	1	2	1	1	2	0	5	13	
ASHWIN (Seguridad)	1	2	2	1	2	0	5	13	
CAZORLA	1	2	1	1	3	0	5	13	
TONI GRANDE-ANTONIO	1	2	2	1	2	0	5	13	
COTA (Doctor)	2	4	1	0	1	0	5	13	
SILVA	1	1	2	1	1	0	5	11	
ÓSCAR CELADA (Doctor)	1	1	2	1	1	0	5	11	
GÜIZA	4	1	4	1	1	0	0	11	
SERGIO RAMOS	1	1	1	1	1	1	5	11	
ESTEBAN (FIFA)	1	2	1	1	1	0	5	11	
MARCHENA	1	2	1	0	1	0	5	10	
PALOMA	1	1	2	0	1	0	5	10	

LOS SATÉLITES DE LA ROJA

Al día siguiente de conocerse los rivales de España en la primera fase del Mundial, Antonio Limones, Silvia Dorshnerova y Javier Miñano viajaron a Potchefstroom para cerrar definitivamente la casa de España en Sudáfrica. El lugar elegido, entre más de cuarenta opciones en Johannesburgo, Durban, Pretoria, Porth Elisabeth y Rustenburg, fue el Sport Hotel Village: «El lujo no es el factor más importante a la hora de elegir porque en una estancia larga puede acabar siendo incómodo. Si es mínimamente confortable, damos prioridad a que las instalaciones sean buenas y que el personal sepa lo que necesita un jugador de fútbol. Que puedan estar en chándal sin sentirse un bicho raro», asegura Limones, el responsable de los desplazamientos en la Federación.

Los futbolistas acudirán a los entrenamientos andando: «Vimos que era más rentable no perder media hora todos los días en el trayecto, aunque luego tardemos un poco más en trasladarnos al aeropuerto», cuenta Limones. La ciudad está dotada de un pequeño aeropuerto que ha sido ampliado para que pueda ser utilizado por la selección, que se desplazará en avión a Durban, Johannesburgo (situado a 150 km) y Pretoria.

El centro de alto rendimiento posee veinte campos, la mayoría de rugby, aunque fácilmente convertibles a campos de fútbol, un gimnasio perfectamente equipado y piscinas con baños de agua fría y caliente. La residencia, que consta de ochenta chalets con dos camas cada uno, fue reformada y se reinauguró en abril de 2010. Allí han trabajado atletas de la talla internacional del keniata Wilson Kipketer, triple campeón del mundo de 800, y la inglesa Kelly Holmes, campeona de 800 y 1.500 en Atenas. Está ubicado en Potchefstroom, una localidad ideal para los atletas que buscan entrenarse en una altitud moderada. *Potch*, como la llaman sus habitantes, está situada a 1.400 m de altitud. Es conocida como la *Casa del Deporte* de la provincia del noroeste y es la ciudad más americana de Sudáfrica.

Allí esperan convivir durante treinta y un días (si España llega a la final) en torno a cuarenta personas, de las cuales sólo veintitrés serán futbolistas. «Hay un grupo fantástico y lo formamos todos. Las personas que están a nuestro alrededor son muy humildes y cercanas. Siempre están por y para el jugador y eso es muy importante para nosotros. Son una maravilla y estamos encantados», asegura Xavi Hernández. Su labor es clave para el buen funcionamiento de La Roja: «También son indispensables. Llevamos mucho tiempo ya conviviendo con ellos y nos ayudan tanto que son de los nuestros. Es gente muy profesional y muy maja», añade Xabi Alonso.

El Mundial de Sudáfrica será el quinto para Xabier Arbizu, el cocinero de la Federación: «Igual es el último porque la edad va pesando...», confiesa. Su labor entre los fogones es básica en la selección, pero su libertad y creatividad se han ido recortando con el paso del tiempo. Hasta el Mundial de Alemania, el doctor Genaro Borrás se multiplicaba para desempeñar una doble función: la traumatología y la confección de los menús. Fue Luis Aragonés, amante de los pequeños detalles, el que en enero de 2006 propuso a la Federación la incorporación de Jorge Candel al organigrama médico, especialista en nutrición con el que ya había trabajado en el Valencia. La idea era repartir tareas y que Borrás se centrara únicamente en la recuperación de los lesionados.

Candel se sentó a la mesa con Arbizu antes de viajar a Alemania en 2006 y le cambió el menú de arriba abajo. Se acabaron los bollos y los dulces preparados en los desayunos. En las comidas quedaron eliminadas las patatas fritas y la grasa animal, la margarina empezó a primar sobre la mantequilla, las tortillas se empezaron a cocinar sólo con clara de huevo y la besamel con leche desnatada: «A mí me han facilitado mucho el trabajo. Ahora la comida es más sencilla, más limpia y menos elaborada», confiesa Arbizu.

El huevo, la cebolla, el pepino, el pimiento y las aceitunas desaparecieron de las ensaladas, que pasaron a componerse sólo de lechuga, rúcula, tomate y maíz: «Se trata de evitar una pesada digestión y que los alimentos puedan repetir», asegura el doctor. Los jugadores se tomaron las restricciones con filosofía y buen humor: «La verdad es que antes de que llegara Candel parecía que todos los días teníamos una comida de empresa... En la Eurocopa, Sergio Ramos y yo llegamos a hacer una apuesta a ver quién bajaba más de peso. Yo empecé con 80 kilos y volví con 77... Por mucho que quisieras comer, no había manera de engordar», confiesa Juanito.

El siguiente paso fue la eliminación de algunas costumbres arraigadas entre los jugadores y que perjudicaban su rendimiento. Candel suprimió el aperitivo: «Muchas veces eran incontrolados y se convertían en un aporte de grasa y de proteínas inadecuado. Se abusaba del consumo de refrescos con muchos azúcares y hasta de marisco en ocasiones». También controlaba los minibares de las habitaciones para que su trabajo no se echara por tierra en un santiamén: «Soy consciente de que alguna trampa hicieron, pero con eso contaba. Me sorprendió el grado de cumplimiento tan alto que tuvieron. Prueba de ello fue que terminaron con el nivel de grasa adecuado». Los jugadores se vengaron del médico bautizándole como el Doctor Hambre.

Candel recuerda lo que comieron los jugadores en Viena el día de la final contra Alemania:

Desayuno: café con leche o Cola-Cao, zumo de naranja, tostadas, cereales, fruta cortada y Actimel.

Comida: espaguetis (con aceite y sal, con salsa boloñesa o con tomate y queso rallado), dos o tres pechugas de pollo fileteadas con patatas hervidas, y fruta o flan *light* (sin azúcar ni nata).

Merienda: café solo o con leche de soja o desnatada, tostadas con pechuga de pavo o jamón de York, queso desnatado y yogures.

La última cena en Austria fue en Neustift, adonde volvieron tras ganar la Eurocopa. La expedición llegó cerca de las tres de la mañana: «Ahí ya hubo total libertad. Éramos campeones y las restricciones dieron paso a los excesos...», comenta el doctor.

Óscar Celada dio el relevo a Candel en agosto de 2008 y continuó su línea de trabajo: «La época en la que los bufets parecían bodas tiende a desaparecer», dice. Los controles antropométricos y de grasa siguen teniendo mucha importancia para él. En su maletín están confeccionados los menús que degustarán los internacionales durante el Mundial: «Daremos prioridad a la comida mediterránea. Al ser muchos días de concentración, buscaremos la variedad en las ensaladas: verduras, hortalizas, frutos secos... Habrá dos o tres platos a elegir de carne y pescado como plato principal, habitualmente con verdura a la plancha. Los días de partido no haremos ningún cambio porque podría provocar algún problema gástrico y sería un gran contratiempo».

Celada permitió que después de mucho tiempo los jugadores pudieran saborear un cruasán en el desayuno: «Puede ser un aliciente para ellos», comenta. Pero poco les duró la alegría porque los volvió a suprimir: «Durante el Mundial se las tendrán que ingeniar si quieren probar alguno...», bromea. Los únicos excesos que se permiten son con la ensalada, el puré y la pasta: «De eso pueden comer todo lo que quieran», subraya Arbizu. En la comida de la víspera del partido, el cocinero tiene orden de que el entrecot y el solomillo no incluyan nada de grasa ni superen los cien gramos de peso. Tampoco está permitido abusar del muslo de pollo para disminuir el consumo de fibra. La cena del día antes del partido incluye casi siempre arroz a la cubana.

Hasta la Eurocopa, los mismos jugadores elegían la comida directamente del bufet, pero ahora son los camareros los que les sirven el segundo plato en la mesa. En los días libres, siempre que Del Bosque y Celada den su visto bueno, aquellos que no decidan salir del hotel a comerse una buena hamburguesa recibirán un regalo culinario: «Llevaremos unos cuantos kilos de lentejas y de garbanzos para mezclarlos con arroz».

La experiencia en Sudáfrica durante la Copa Confederaciones fue francamente positiva: «Hay de todo: verduras, vegetales, la carne es muy buena, el rape y el lenguado de muy buena calidad...». Por ello, Arbizu sólo llevará en el equipaje agua mineral y vino: «Para la Copa Confederaciones llevamos aceite, pero allí había mucha variedad, así que no creo que llevemos para el Mundial...».

A lo largo de su trayectoria Arbizu asegura haber disfrutado mucho: «Cuando cocino para los jugadores, pienso que lo estoy haciendo para mis hijos. Son más o menos de la misma edad». Dice que en la selección actual no hay apenas manías a la hora de comer y recuerda con especial cariño una rareza que tenía Santiago Cañizares: «Sólo bebía zumo de zanahoria y pepino para acompañar las comidas. Ya estaba advertido y me llevaba la licuadora para preparárselo. No probaba ni el agua ni el vino».

Arbizu sigue echando de menos a su amigo Genaro Borrás que falleció un mes antes del comienzo de la Eurocopa de 2008. Fue sustituido por Jesús Jiménez, galeno del Sevilla, para trabajar junto a

Candel en Austria. Después del nombramiento de Del Bosque como nuevo seleccionador, el elegido para formar pareja con Celada y encargarse de la parcela traumatológica fue Juan José Cota, doctor del Celta de Vigo y que había trabajado muchos años en las categorías inferiores de la selección. Reconoce que no ha sido fácil sustituir a su paisano Borrás: «No ha habido un solo día de concentración, desde que estoy aquí, en que no se haya hablado de Genaro en la mesa de los médicos y de los fisios. Eso te da una idea de la persona de la que hablamos. Puedes ser mejor o peor médico, pero cuando dejas ese calado en la gente es que tienes un don especial», confiesa Cota.

Los doctores Cota y Celada tienen en común dos cosas: los dos fueron futbolistas (el primero centrocampista, y el segundo portero) y ninguno consiguió ser internacional con España, una espina que se están sacando hoy día. Una de sus principales preocupaciones nada más llegar a la selección fue reforzar la fluidez y la comunicación con los clubes: «Les pedimos un informe de la situación de cada jugador antes de venir. Estamos en permanente contacto para estar al tanto de cualquier molestia que puedan sufrir. Queremos instaurar la filosofía de que incluso sea el propio club el que se ponga en contacto con nosotros y poco a poco lo vamos consiguiendo. Nuestro objetivo es aportar al seleccionador y al director deportivo la mayor información posible antes de confeccionar la convocatoria», señala Cota.

Con la discreción por bandera sienten que su trabajo sirve de mucha utilidad al cuerpo técnico: «Lo más importante es que nuestra opinión es escuchada. Se valora, se respeta y, es más, se nos pide», asegura Celada, quien confiesa que les ha servido de gran ayuda la labor que han realizado en los últimos años los fisioterapeutas de la selección. «En nuestro trabajo lo más complicado es ganarse la confianza de los jugadores y ellos ya se la habían ganado. Eso supuso una gran tranquilidad para nosotros».

Miguel Gutiérrez, Raúl Martínez y Fernando Galán componen el equipo de fisioterapeutas de la selección. Con su trabajo y profesionalidad han convencido a los jugadores hasta tal punto que hoy día es impensable que alguno se plantee la posibilidad de llevarse a su fisio de confianza a una concentración. Aragonés apostó por su trabajo y así se lo dejó claro a sus pupilos: «Mis fisios son los mejores del mundo». Ellos se lo agradecieron: «Luis nos pidió que nos organizáramos entre nosotros y creyó desde el primer momento en nuestro trabajo», admite Martínez. El mejor ejemplo que demuestra todo esto se produjo en Armenia, en octubre de 2009. Fernando Torres terminó el partido con unas molestias musculares que le descartaban para jugar el siguiente partido en Bosnia. Sin embargo, el entrenador del Liverpool Rafa Benítez prefirió que su jugador no abandonara la concentración y que viajara a Zenica para seguir tratándose con los fisios de la selección.

Cualquier momento es bueno para recibir un masaje: en el mismo vestuario después del entrenamiento, durante la última hora de la siesta y, sobre todo, después de cenar, que es cuando hay más tiempo. Gutiérrez lleva desde 1990 en la selección y sus funciones son la masoterapia (masajes terapéuticos), la atención a pie de campo y la selección del material para el servicio médico. También se encarga de administrar a los jugadores los componentes ergogénicos, los antioxidantes y las vitaminas para mejorar su rendimiento deportivo: «Calculamos que en Sudáfrica se consumirán entre 50 y 60 litros de bebida isotónica y de agua por día cuando se trabaje en doble sesión. En la semana previa que estemos en Austria el consumo será mayor porque hará más calor», comenta.

Martínez se incorporó en 2001 a la selección absoluta, durante la etapa de José Antonio Camacho, y tres años después, ya con Aragonés en el banquillo, se unió Galán. Ambos son osteópatas y traba-

Arriba: Del Bosque juguetea con el balón durante un entrenamiento. © Pablo García

Abajo: Niños sudafricanos felices por el regalo de unos pósteres de la selección española. © Pablo García

Arriba: Del Bosque espera a sus jugadores antes de una sesión de entrenamiento. © Pablo García

Abajo: Miguel Ángel Díaz, Raúl Varela y Miguel Ángel Lara conversan con Vicente del Bosque. © Pablo García

Arriba izquierda: Casillas, Mata, Cazorla y Pablo Hernández bromean sentados en el banquillo.
© Pablo García

Arriba derecha: Capdevila firma una bandera española a un aficionado. © Pablo García

Abajo: Ángel María Villar, Fernando Hierro y Vicente Del Bosque, en la entrega de trofeos de la Copa Confederaciones. © Pablo García

Arriba: Carles Puyol ha supervisado el diseño del CP5, el único reloj del mundo inspirado en el universo del fútbol

Abajo: Miguel Ángel Díaz posa con los jugadores durante la sesión fotográfica para la portada del libro. © Pablo García

TODO EQUIPO NECESITA UNA CAMISETA CON HISTORIA
EL PODER DE LA ROJA
LA NUEVA CAMISETA OFICIAL DE LA FEDERACIÓN ESPAÑOLA DE FÚTBOL
EL PODER QUE ILUMINA EL CAMINO HACIA LA GLORIA
UN ESCUDO. MÁS DE 100 AÑOS DE HISTORIA EN EL CORAZÓN.
ELEGANTES DETALLES EN AZUL QUE COMBINAN PERFECTAMENTE CON LA CLASE DE QUIENES LA VISTEN.
EL ROJO, EL PODER QUE IMPULSA A LOS HÉROES DE 2008 A BUSCAR NUEVOS RETOS...
IMPOSSIBLE IS NOTHING
adidas

ADIDAS es el patrocinador que más tiempo lleva apoyando a la Federación Española de Fútbol. Nada más y nada menos que ¡28 años! La equipación que ha diseñado para lucir en el Mundial 2010 es un merecido homenaje a aquellos futbolistas que, a lo largo de cien años de historia, han tenido el privilegio de defender con orgullo los colores de todo un país.

El diseño recuerda a los atrevidos años 80. Una década muy intensa, con la celebración del Mundial 82, la final de la Eurocopa de Francia o el 12-1 a Malta. En honor al indomable espíritu de la Selección, el rojo recupera la intensidad de aquellos años, así como el pantalón, que se presenta con el clásico azul eléctrico y las bandas con los colores de la bandera española.

Como homenaje a Sudáfrica, las bandas recuperan el color dorado en referencia a Johanesburgo, donde se jugará la final, conocida como "lugar de oro", por sus yacimientos y minas.

SISTEMA DE PREDICCIÓN FUTBOLÍSTICO CASTROL

El mismo Sistema de Predicción de Castrol que adivinó la final de la pasada Eurocopa entre España y Alemania, antes de que el campeonato comenzase, ha realizado más de 100.000 simulaciones del Mundial de Sudáfrica 2010. Los datos de análisis de los 32 equipos, según el rendimiento de sus jugadores, auguran una final entre España y Brasil. El sistema analiza las posibilidades de pasar de ronda y con qué equipos se puede enfrentar.

Si lo hace como primera de grupo, que es lo más probable con un 67% de opciones, España se verá con Portugal en octavos, con Italia en cuartos, con Argentina en semifinales y con Brasil en la final. Sin embargo, si lo hace como segunda de grupo, se encontrará con Brasil, Holanda, Inglaterra y, ya en la final, con Argentina.

El Sistema de Predicción se irá actualizando a medida que se vayan produciendo los resultados durante el Mundial en **www.castrolfutbol.es**, donde los aficionados pueden ver las posibilidades que tiene España, o cualquier otra selección, de enfrentarse a Inglaterra, Argentina, Italia, Alemania, etc., así como las probabilidades de victoria que posee cada equipo.

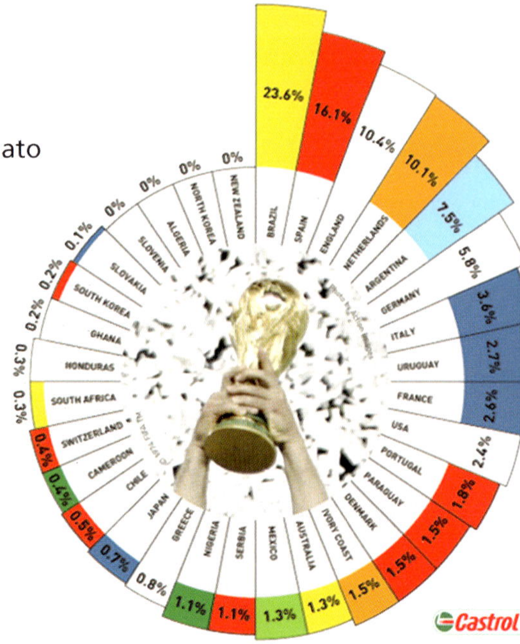

PRONÓSTICO CASTROL DEL GRUPO H

66.9% Posibilidades de ESPAÑA de finalizar 1º de grupo

21.2% Posibilidades de ESPAÑA de finalizar 2º de grupo

8.6% Posibilidades de ESPAÑA de finalizar 3º de grupo

3.3% Posibilidades de ESPAÑA de finalizar 4º de grupo

Posibilidad general de ESPAÑA de pasar a la fase eliminatoria 88.1

Cast

Fuente: www.castrolfutbol.es

jan en la elaboración de tratamientos específicos (sobre todo de tejido blando) que diseñan conjuntamente. Martínez guarda con mucho cariño la camiseta que le regaló su íntimo amigo Carles Puyol después de ganar la Eurocopa. El capitán blaugrana quiso agradecerle así sus cuidados después de una grave lesión de rodilla que sufrió en 2007, en un amistoso con el Barça (precisamente en Sudáfrica) que cerraba la temporada: «Nunca olvidaré la bronca que me metió cuando vino a visitarme. Yo estaba en un momento muy bajo de moral. Habíamos tirado la temporada en dos partidos, se había muerto mi padre... Raúl consiguió animarme y que volviera a trabajar muy duro». A este trío se une en las fases finales Juan Carlos Herranz, especializado en la readaptación de los jugadores lesionados.

España tendrá que aclimatarse para que la altitud no se convierta en un enemigo. La concentración previa en Austria, entre el 28 de mayo y el 3 de junio, facilitará la adaptación. El primer partido contra Suiza se jugará el 16 de junio en Durban, ciudad situada sólo a 500 m de altura: «Allí el clima será más húmedo que en las otras sedes, pero nos beneficiaremos de haber trabajado los días previos a una mayor altitud. Sería peor entrenar al nivel del mar y después competir en altura. La falta de oxígeno estimula la producción de glóbulos rojos que hay que compensar aportando vitaminas y antioxidantes como el hierro, el ácido fólico y la vitamina B-12», comenta el doctor Celada.

A 1.700 m se celebrará en Johannesburgo el segundo partido contra Honduras y a 1.300 el tercer partido en Pretoria contra Chile. Se consideran altitudes moderadas. El único temor que tienen los médicos es la aparición de problemas respiratorios: «Al subir la altura y aumentar la sequedad en el ambiente por el cambio de estación pueden aparecer afecciones de garganta, nasales o incluso problemas broncopulmonares, pero durante la Copa Confederaciones no tuvimos ninguna incidencia entre los futbolistas», añade Celada. Otros contratiempos que puede producir la estancia en altura son pequeñas alteraciones de sueño o pérdida de peso, que se compensaría con un aporte de hidratos de carbono y de proteínas. Lo que no sufrirán los jugadores será el *jet lag*, al estar Sudáfrica en el mismo huso horario que España. La Federación también ahorrará dinero en vacunas, puesto que los jugadores que participaron en la Copa Confederaciones ya fueron inmunizados contra la hepatitis y contra el tétanos previamente.

Vacunados están también Antonio Guerra, Damián García y Joaquín Retamosa, los utileros de la selección. Ellos tendrán que cargar con los cerca de 3.000 kilos de material que desplazarán a Sudáfrica, donde el frío apretará. Damián es el más veterano de los tres y el de Sudáfrica será su quinto Mundial. Su jornada de trabajo no tiene fin, especialmente los días en que el cuerpo técnico programa doble sesión de entrenamiento. El material se repartirá en cerca de doscientos bultos, entre bolsas y baúles, que tardarán hora y pico en ser facturados: «Podemos llevar casi trescientas prendas por cada artículo: sudaderas, polos, pantalones cortos y largos, camisetas... La mitad son con publicidad y la otra sin ella por si hay alguna norma que lo impida. También hay que añadir la ropa de abrigo: chubasqueros, guantes, gorros, camisetas y mallas térmicas...», nos cuenta Toni, jefe del equipo.

Por cuestiones de marketing, la ropa suele ser sustituida cada dos años. El primer entrenamiento es de prueba y a su término los futbolistas deben comunicar a los utileros si la talla que han utilizado es la adecuada o deben modificarla. En el vestuario de la Ciudad del Fútbol se diferencian fácilmente los sitios de cada jugador. Hay un rótulo con su nombre en la parte superior de su taquilla y una fotografía suya, con la camiseta de la selección. Normalmente se agrupan por equipos, y si hay alguna baja se aprovechará su lugar para colocar el nombre y la foto del jugador que le sustituya en la convocatoria: «Ese orden se respetará hasta el final de la concentración, en todos los entrenamientos y en todos los partidos, aunque cambiemos de vestuarios y de estadios», cuenta el utilero.

Se utilizan tres juegos de ropa de entrenamiento y se tiene preparado un cuarto por si hubiera algún contratiempo con la lavandería. La ropa de concentración consta de un chándal, una camiseta, unos calcetines y unas zapatillas que los futbolistas se encuentran sobre su cama nada más llegar a su habitación: «El chándal se lo solemos cambiar cada tres días», dice Toni.

Los jugadores suelen llevar a las concentraciones el par de botas de aluminio y las espinilleras con las que jugarán los partidos. Anteriormente, ya han dejado en la Ciudad del Fútbol los pares que utilizan en los entrenamientos. A la hora de viajar, cada futbolista puede llevarse entre tres y cuatro pares de botas. Todas ellas se guardan en dos baúles de grandes dimensiones: «Cada uno pesa 80 kilos», comenta el utilero. En el equipaje no falta una horma por si hay que dar de sí alguna bota.

Javier Andrés, Carlos Rojo y Luis Cano, representantes de Adidas, firma que viste a la selección, se encargan de que no falte nada. Cada futbolista cuenta, en cada partido, con dos juegos de camisetas, pantalones y medias y podrá hacer con él lo que quiera: cambiarlo con un contrario o quedárselo. Hoy día es fácil guardarse un recuerdo personal de cada fase final, no como hace unos años: «En la Eurocopa de Francia 84 fui de tercer portero. Después del último partido, me quise llevar mi camiseta a casa. Sólo tenía el número 13 porque por entonces aún no se inscribían los nombres en la espalda. El utilero vio cuáles eran mis intenciones, me dijo que no me pertenecía y la guardó en el baúl para lavarla», confiesa Zubizarreta.

Silvia Dorshnerova es la delegada del equipo. De ascendencia checa, habla tres idiomas y su labor consiste en estudiar los reglamentos y normativas, controlar las sanciones y guardar los expedientes de los partidos. Además, se encarga de que los futbolistas elijan los dorsales de sus camisetas. El que más internacionalidades acumule es el primero en elegir y el recién llegado, el último. A los más veteranos no hace falta consultarles porque ya conoce su respuesta, pero hay dorsales a los que cuesta más encontrarles dueños: «El 12 y el 13 no los quiere nadie. Yo, para convencerles, les digo que no son tan feos y que les van a traer suerte. Eso le pasó a Mata, que marcó en tres partidos seguidos con el 13». Tan seducido quedó el asturiano que ese es el dorsal que tiene previsto lucir en el Mundial. Cazorla también guarda buenos recuerdos del 12 que llevó en Austria: «Me dio suerte y, por ello, le tengo un cariño especial. Luego ya elegí el 20».

Juan Luis Larrea, Pedro Cortés y Luis Uranga son los delegados federativos que siempre acompañan a La Roja: «Solemos alternarnos y normalmente viajamos dos de los tres». Uno siempre está pegado al equipo por si surge cualquier imprevisto: «Desde un problema con un campo de entrenamiento a cualquier tema familiar de un jugador», comenta Uranga. «Se trata de molestar lo menos posible y de hacerlo todo más fácil», añade Larrea. El otro se encarga de acompañar a Ángel María Villar en sus visitas a los actos oficiales: embajadas, comidas o cenas con la Federación rival...

Larrea es el único de los tres que, además, es directivo. Como tesorero, es el responsable de controlar las cuentas y de supervisar la negociación de las primas. Por partido amistoso, cada jugador percibe alrededor de 4.000 euros y 6.000 si es oficial. Si se logra la clasificación para el torneo, la cifra se incrementa. Antes de una fase final de un Mundial o de una Eurocopa, los capitanes se reúnen con los dirigentes de la Federación para pactar las primas. Inicialmente, por ganar la Eurocopa se fijó la cantidad de 214.000 euros por futbolista, pero finalmente la recompensa se elevó hasta los 500.000 euros. La UEFA abonó a la Federación Española un total de 27 millones de euros por conquistar el título europeo. Además, los ingresos en temas publicitarios aumentaron considerablemente las arcas federativas. Los veintitrés campeones se repartieron veintidós cheques de medio millón de euros cada uno, ya que el último se dividió entre los empleados que trabajaron a su alrededor.

De cara al Mundial de Sudáfrica, la FIFA ya ha ingresado a cada selección participante 1 millón de dólares en concepto de gastos de organización y abonará 8 millones más a la conclusión de la primera fase. Si España ganara el campeonato, la Federación recaudaría 30 millones de dólares en total. Por ser subcampeón del mundo ingresaría 24 millones y 20 por alcanzar las semifinales.

Cada vez que La Roja se desplaza al extranjero, Lorenzo Rodríguez vela por su seguridad desde el año 2000. La responsabilidad del dispositivo recae sobre el país al que se viaje. Un enlace de la policía sudafricana no se separará de él en todo el día para custodiar la guarida española. Además, de puertas para afuera habrá más policías a su disposición por si hubiera cualquier urgencia o necesidad. Durante el Mundial, la práctica totalidad de la Policía Nacional sudafricana (150.000 miembros) se volcará para intentar que la organización sea un éxito.

Cerca de la casa de España, se alojará el contingente de enviados especiales que cubrirán la información de la selección durante el Mundial. La empresa del ex árbitro Celino Gracia Redondo volverá a instalar una carpa, próxima a los campos de entrenamiento, donde los jugadores ofrecerán las ruedas de prensa y atenderán de forma personalizada a los periodistas en las diferentes cabinas. Paloma Antoranz, Susana Barquero y José Manuel Ordás, miembros del departamento de prensa, tendrán la difícil tarea de coordinar la petición de entrevistas y de satisfacer las necesidades del enjambre de medios de comunicación: «Es difícil calcular con exactitud, pero entre redactores, cámaras y fotógrafos pueden juntarse ciento cincuenta personas en el día a día. Además, en este Mundial es posible que aumente la presencia de medios de comunicación extranjeros», comenta Paloma, jefa de prensa.

La prensa convive a diario con algunos satélites de la Federación como son Antonio Bustillo, director de comunicación, y Jorge Carretero, portavoz de la junta directiva: «Siempre hemos buscado un acercamiento con los medios y desde el principio creí oportuno que lo mejor era hospedarme en su hotel y no en el del equipo», dice Carretero. De esta forma se facilita el tránsito de información, se fomenta la convivencia y se fortalece el vínculo personal. Además, Jorge ha ejercido de seleccionador del equipo de los periodistas en algunos partidos internacionales con un balance tremendamente negativo: «Fuimos goleados en Dinamarca y en Finlandia, pero en Neustift logramos nuestra primera victoria en la prórroga ante el equipo del pueblo. Esperemos encontrar rivales en Sudáfrica y que siga la racha», concluye.

Limones no tendrá tanto trabajo en Sudáfrica como tuvo en Austria: «Calculo que durante la Eurocopa pude gestionar entre seiscientos y setecientos viajes de familiares y amigos de los jugadores», comenta. Esta vez, la distancia y el invierno reducirán notablemente las visitas: «Mi consejo es que no viajen porque allí no hay mucho que hacer y no es un país para pasear, ni aunque fuera verano».

Tampoco la marea roja lo tendrá fácil. El que puede ser nuestro primer Mundial no contará con la presencia numerosa de aficionados en las gradas. Los torneos disputados en Portugal, Alemania y Austria dispararon los desplazamientos. Por las manos de la Federación pasaron hasta quince mil entradas para la final de Viena. En cambio, para Sudáfrica será difícil que se alcancen las ochocientas peticiones para los encuentros de la primera fase. Se espera que, a medida que la selección vaya avanzando en la competición, aumente la demanda. Pero España no estará sola. Curiosamente los propios sudafricanos pueden ser nuestro mayor apoyo. Junto con Brasil, La Roja es su preferida.

LA LECCIÓN APRENDIDA EN SUDÁFRICA

Los grandes equipos saben ganar y también saben perder. Muchos vestuarios se han resquebrajado después de una dolorosa e inesperada derrota. No fue el caso de España tras caer en las semifinales de la Copa Confederaciones, torneo en el que participaba por primera vez y que en 2009 se celebró en Sudáfrica. La Roja se había ganado el derecho a participar como vigente campeona de Europa, junto a los ganadores de las otras cinco confederaciones, además de Italia, campeona del mundo, y Sudáfrica como país anfitrión.

Tras sumar 35 partidos invicta (de ellos sólo tres empates), España cayó contra Estados Unidos el 24 de junio de 2009 en Bloemfontein: «Lo más difícil para un entrenador es saber gestionar las victorias y las derrotas. Aunque parezca mentira, los triunfos también pueden confundir. Las derrotas tampoco pueden desembocar en una profunda depresión ni en desesperación. No puedes ser radical y decir "no me vale fulano ni mengano"... Has de tener los criterios firmes sobre los jugadores y saber que algún día pueden jugar mal, pero no hay que demonizarlos», asegura Del Bosque.

España soñaba con enfrentarse a Brasil en la final de la Confederaciones, después de sellar la primera fase con tres victorias y no haber encajado ni un solo gol: 5-0 a Nueva Zelanda, 1-0 a Iraq y 2-0 a Sudáfrica. A falta de la última jornada en el grupo B, Italia y Egipto tenían todas las papeletas para ser nuestro rival en las semifinales. Los dos estaban empatados a tres puntos; Brasil sumaba seis y Estados

Unidos, cero. Pero los norteamericanos se impusieron por 3-0 a Egipto en su último partido de grupo y Brasil derrotó por idéntico resultado a Italia. Finalmente, hubo empate a tres puntos entre Italia, Egipto y Estados Unidos, pero por el golaveraje general Estados Unidos se convirtió en nuestro oponente en semifinales: «El desenlace nos sorprendió a todos. Teníamos preparados los informes y los vídeos de Italia y Egipto, pero al ser Estados Unidos nos tocó echar horas toda una noche para preparar la charla que les íbamos a dar a los jugadores», recuerda Paco Jiménez, uno de los ojeadores del cuerpo técnico.

Capdevila recibió aquella noche un amenazante mensaje en su teléfono móvil: «Tened cuidado con nosotros», decía. Su remitente era Jozy Altidore, delantero de la selección estadounidense que jugó en el Villarreal, antes de marcharse cedido al Xerez, y con el que Joan hizo buenas migas: «Ha debido de equivocarse porque no sabe mucho castellano», bromeó el defensa en la rueda de prensa anterior al partido.

El encuentro se disputó en el Free State Stadium de Bloemfontein. España presentó el siguiente once inicial: Casillas; Ramos, Puyol, Piqué, Capdevila; Alonso, Xavi, Cesc, Riera; Villa y Torres. Un gol de Altidore, paradójicamente tras un fallo en el marcaje de Capdevila, adelantó a Estados Unidos en el marcador en el minuto veintisiete. Los yanquis no volvieron a disparar entre los tres palos hasta el minuto setenta y cuatro, pero volvieron a acertar. Un despiste en el despeje de Sergio Ramos dejó el balón muerto a los pies de Dempsey, que estableció el definitivo 2-0.

España llevaba dos años, o lo que es lo mismo, veintinueve partidos consecutivos, sin encajar dos goles en un mismo encuentro (22 de agosto de 2007, Grecia 2-España 3). Después del partido, los jugadores españoles se lamentaban de su escasa puntería en el vestuario, mientras intentaban digerir su eliminación: «Me llamó la atención la capacidad de reacción de los capitanes. La gente llegó al vestuario cabizbaja porque veíamos la final como un objetivo claro y cercano. En seguida Iker, Xavi y Puyol nos empezaron a decir que esa derrota nos tenía que servir para mejorar, para aprender y para ser realistas», confiesa Juan Mata.

Del Bosque, que había ganado sus catorce primeros partidos en el banquillo nacional, sufría su primer traspié. Tanto él como sus ayudantes se sorprendieron de la entereza con la que sus jugadores asumieron el varapalo: «El peor efecto que puede provocar una derrota es la ruptura del grupo, pero yo no vi acciones diferentes a las que había visto después de una victoria. A veces, con la excusa del revés, un jugador puede perder los nervios y "encañonar" a un compañero, pero eso no pasó. Sí hubo una decepción por parte de todos. Posiblemente, todos pensáramos que era sencillo y no lo era», añade Javier Miñano.

No era una derrota fácil de asimilar: «Me dolió mucho perder porque cuando te acostumbras a ganar, te jode mucho más», confiesa Piqué. España remató 29 veces, por 11 de los norteamericanos, llegó al área 51 veces por 15 del rival, tuvo la posesión del balón un 67% del partido y botó 17 córneres por tres de los yanquis: «Tuvimos la sensación de que nos estábamos enfrentando a un muro que era imposible romper. Cuando no nos tropezábamos con un defensa, la paraba el portero o alguien se cruzaba en nuestro camino...», aseguró con resignación Torres después del partido.

Aquel 24 de junio España encabezaba el *ranking* FIFA, mientras que Estados Unidos ocupaba el decimocuarto lugar. Todo lo que no fuera una victoria española era una gran sorpresa. Sin embargo, ningún jugador aceptó que se hubiera infravalorado al rival: «¿Exceso de confianza? Una de las señas de identidad de este equipo es la humildad y el trabajo. La derrota nos pica a todos, pero alguna vez hay que perder. No se me ocurre nada más...», reflexionaba Xavi.

Del Bosque abandonó el estadio con la sensación de que el partido de España no había sido tan malo, pero con un regusto amargo por lo sucedido en el último tramo de la segunda parte: «Tranquilidad, ha sido una derrota accidental. No tengo duda de que esto es un punto y seguido. Tenemos que seguir adelante con nuestra identidad de juego», manifestó después del partido. El equipo, acuciado por el paso de los minutos, intentó marcar a toda costa, saltándose todos los conceptos tácticos y cayendo en la precipitación: «Acabamos el partido con Puyol, Piqué y Sergio Ramos de delanteros centro y eso sí que no puede ser. Ni diez minutos, ni dos... Un gol tarda mucho en llegar y dos llegan muy rápido. Me enfadó más acabar el partido con ese desorden que la derrota en sí. Pongo el ejemplo del Barcelona, en la final del Mundialito de Clubes de diciembre de 2009. Empató en el último minuto, pero a través de su juego, no del desorden...».

Aquella noche los jugadores tardaron más tiempo de lo habitual en conciliar el sueño. La hoja de ruta indicaba un camino que no aparecía en el guión inicial. España debía disputar el tercer y cuarto puesto contra el perdedor de la segunda semifinal entre Brasil y Sudáfrica en Rustenburgo, la ciudad donde había debutado contra Nueva Zelanda. Con la mente puesta ya en las vacaciones, los futbolistas apelaron a la profesionalidad para superar la descafeinada situación: «Yo quiero jugar el partido por respeto al torneo y porque hemos venido a jugar lo que toque», espetó Torres.

Dos capitanes, Casillas y Puyol, dieron la cara al día siguiente en una rueda de prensa que sirvió para comprobar definitivamente la madurez que había alcanzado la selección. Ambos lo hicieron por iniciativa propia y no fue necesario que los medios solicitaran su presencia ante los micrófonos. Huyeron de discursos tremendistas y dramáticos, y sacaron conclusiones positivas de la derrota:

«Esto nos hará más fuertes a partir de ahora. Si jugáramos diez veces contra Estados Unidos, creo sinceramente que perderíamos sólo una, y fue ayer. Hubiera preferido caer derrotado en el tercer partido contra Sudáfrica, pero también es mejor que nos pase ahora y no en el Mundial del año que viene», aseguró el portero.

«Ahora nos caerán palos, pero estamos preparados para recibirlos. Esta eliminación nos hará crecer. Ahora el objetivo es volver a ganar, clasificarnos lo antes posible para el Mundial y demostrar que podemos ganarlo», añadió el defensa.

La prensa de aquel día fue bastante crítica con La Roja:

— *Marca* (Santiago Segurola): «La selección se hace el *harakiri*. Dos sangrantes errores defensivos acabaron con el mejor ciclo del fútbol español. Ningún jugador funcionó en su mejor versión».

— *As* (Juanma Trueba): «España perdió el estilo. Torres y Villa volvieron a molestarse en la delantera. España, irreconocible, murió bombeando balones. El consuelo es que no somos así; la rabia es que ayer lo fuimos».

— *El Mundo Deportivo (*Manel Bruña): «Sueño roto. Arriba, Torres y Villa parecían más pendientes de marcar para sus récords personales que para el grupo. Sea como fuere, se acabó lo que se daba».

— *Sport (*Jordi Gil): «¡Vaya palo! Estados Unidos tuvo orden, rigor, rapidez y velocidad. Argumentos suficientes para desbordar a una España a la que le faltó clarividencia».

— *El Mundo (*Orfeo Suárez): «Sueños y récords estrellados. Caer contra Estados Unidos, una selección del Tercer Mundo del balón, con un gol de un delantero del Xerez, es el peor castigo, una humillación para quienes se sienten donde les sitúan los récords, en la cima».

— *El País* (José Sámano): «Fin de fiesta. A España no le faltó actitud, ni mucho menos, pero sí el virtuosismo de otras veces y una mira más ajustada para no desperdiciar tantas oportunidades durante el segundo tramo».

— *ABC* (Ignacio Tylko): «España cae ahogada ante Estados Unidos. España cayó en semifinales víctima de su soberbia, de un par de errores defensivos imperdonables de Capdevila y Sergio Ramos, de su debilidad física y de un planteamiento perfecto de Estados Unidos».

Después de la siesta y antes del primer entrenamiento previo a la final de consolación, Del Bosque organizó una sesión de vídeo para que los jugadores, ya en frío, analizaran más a fondo los errores cometidos: «A lo mejor tenía que haber metido a Llorente en los últimos minutos. Opté por cambiar a Cesc y Riera por Cazorla y Mata. Tengo que reconocer que me sorprendió un poco la velocidad de sus delanteros. Ir en contra en el marcador nos exigió más físicamente, y ellos, en cada contragolpe, sentían que eran peligrosos», reconoce el seleccionador. Fue un resumen de unos veinte minutos en los que, aparte de ver repetidas todas las ocasiones desperdiciadas, quedó claro que Xavi fue objeto de penalti al comienzo de la segunda parte y que el arranque de Estados Unidos sorprendió a España: «El destino quiso que perdiéramos porque pusimos todo de nuestra parte. Llegamos y tuvimos ocasiones, pero siempre ocurría lo mismo», asegura un frustrado Villa.

Era hora de emitir un diagnóstico de lo sucedido para evitar que dejara secuelas y que cobrara facturas en el futuro. Pero en seguida se comprobó la reacción del equipo, que se impuso a Sudáfrica en el tercer y cuarto puesto por 3-2. Los anfitriones se adelantaron en el marcador, pero dos goles de Güiza pusieron las cosas en su sitio. Mphela empató en el último minuto para los locales, y en la prórroga un tanto de falta de Xabi Alonso sirvió para que España terminara con buen sabor de boca el torneo.

Cuando un equipo no consigue su objetivo, es habitual acordarse de los que no están. Puede sonar a excusa, pero lo cierto es que el centro del campo de España, en comparación con el de la Eurocopa, llegó bastante mermado a la cita de la Confederaciones. Marcos Senna, con una rotura fibrilar en el tendón de la pierna izquierda, ni siquiera pudo ser convocado. Sí lo fue Andrés Iniesta, pero el manchego, que había forzado para no perderse la final de la Liga de Campeones contra el Manchester United, tuvo que abandonar la concentración porque el recto anterior de la pierna derecha dijo basta: «Es un palo, pero cuando no hay remedio no se puede hacer nada», manifestó. El valencianista Pablo Hernández fue su sustituto.

Silva, renqueante del tobillo derecho, viajó a Sudáfrica mermado físicamente. De hecho, no fue titular en ninguno de los cinco partidos y no pudo jugar ni un solo minuto el día de Estados Unidos: «Pensaba que con el paso de los días me iría encontrando mejor, pero iba a peor. Cada vez que jugaba no me encontraba bien y no pude ayudar al equipo todo lo que hubiera querido», asegura. A Cazorla le dio tiempo de recuperarse de una fractura del peroné de la pierna derecha que había sufrido a principios de abril y que le tuvo dos meses de baja. Del Bosque y Hierro tuvieron el detalle de visitarle en Villarreal y darle ánimos para que llegara a la cita de Sudáfrica. Lo consiguió, pero con poco rodaje tras su reaparición. Para colmo de males, Xavi, Busquets y Puyol llegaron con el cuentakilómetros reventado después de una temporada repleta de partidos, que terminó con la conquista del triplete por parte del Barcelona: «Es muy difícil que un jugador encare una fase final sin molestias después de una larga temporada. Con eso contamos, pero no nos puede servir de excusa. La virtud de un equipo ganador debe ser mantenerse intacto, pese a que pueda haber alguna baja importante», afirma Miñano.

Aparte de las lesiones, el futuro incierto de varios jugadores no ayudó demasiado a que su concentración fuera la idónea. El fichaje de Albiol por el Real Madrid se hizo oficial un día después de la derrota contra Estados Unidos. Arbeloa y Xabi Alonso también acabarían cambiando unas semanas después el rojo del Liverpool por el blanco madridista. A Silva, entre masaje y masaje en el tobillo, le tocó estar pendiente de su móvil por si acaso seguía el camino de sus compañeros. Pero el jugador que más portadas acaparó durante la celebración de la Copa Confederaciones fue, sin duda, David Villa. Cuando todo parecía indicar que ficharía por el Madrid, entró en escena el Barcelona. El Guaje, que se refugió en unos auriculares durante la concentración para evitar el contacto con la prensa, reconoce que fueron días difíciles para él: «Tenía la preocupación de entrar un día en Internet y encontrarme con comentarios que dijeran que todo aquello me estaba pasando factura. Por eso lo pasé tan mal, pero yo creo que me vino hasta bien porque intenté aportar el doble desde el principio. Me molestaba que el entrenador, mis compañeros o la gente de la Federación pudieran pensar que estaba allí físicamente, pero que no estaba mentalmente».

Desde luego sus inquietudes no se reflejaron sobre el terreno de juego. Villa hizo un *hat-trick* en el amistoso contra Azerbaiyán previo a la concentración y un gol en cada uno de los partidos de la primera fase. El destino quiso que se quedara en el Valencia. Sobre el papel, Villa, Cesc y Silva son los componentes de la selección española que más opciones tienen de cambiar de equipo durante el verano de 2010. Pero a Del Bosque y sus ayudantes no les preocupa este asunto porque están convencidos de que el Mundial acaparará toda su atención: «No es comparable una Copa Confederaciones a un Mundial. Estamos seguros de que los jugadores van a tener la cabeza en Sudáfrica porque saben que es un momento único», asegura Toni Grande.

El tiempo ha demostrado que la derrota ante Estados Unidos sirvió para fortalecer a La Roja: «De Sudáfrica volvimos con la cabeza muy alta. Nuestra obligación, después de aquella decepción, era volver a ilusionar a la gente y creo que lo hemos conseguido», asegura Casillas. La solidez y la confianza que había adquirido el equipo tras la conquista de la Eurocopa sirvió para superar el mal trago rápidamente: «Por esa derrota no podíamos dudar de nosotros mismos», añade Fábregas.

Las conclusiones de Del Bosque tampoco cayeron en saco roto, como se pudo comprobar en el primer partido de España tras la Copa Confederaciones. Fue en pleno verano, el 12 de agosto de 2009, en un amistoso contra Macedonia. En el descanso, España perdía 2-0 con dos goles de Pandev. Las dudas volvieron a sobrevolar sobre La Roja, pero los tres cambios que introdujo el seleccionador surtieron efecto inmediatamente y España terminó ganando 2-3. Riera, Busquets y Cesc entraron por Alonso, Cazorla y Villa. Con orden táctico, usando las bandas, con paciencia y sin precipitación, Torres, Piqué y Riera voltearon el marcador: «Nuestro estilo es nuestra principal seña de identidad y si nos ha llevado a ser lo que somos hoy día, no tenemos por qué cambiarlo», asegura el Niño.

De las ocho selecciones que participaron en la Copa Confederaciones, seis estarán presentes en el Mundial 2010: Sudáfrica, Brasil, España, Italia, Estados Unidos y Nueva Zelanda. Su experiencia del año anterior les dará una pequeña ventaja con respecto a sus rivales al saber lo que se van a encontrar. Esta vez ya no les sorprenderá tanto el cambio brusco de temperatura. Junio, julio y agosto son los meses de invierno en Sudáfrica, por lo que España pasará de los 25-30 °C de Madrid cuando comience la concentración en la Ciudad del Fútbol de Las Rozas, a los 10 °C de máxima cuando se instale en Potchefstroom. Será el primer Mundial con frío de la historia y sorprenderá ver a los suplentes bien abrigados en el banquillo.

Los oídos de los futbolistas españoles se extrañarán menos que los de sus rivales del impertinente sonido de las *vuvuzelas*, las cornetas zulúes que utilizan los aficionados sudafricanos para animar durante los partidos y cuyo sonido llegó a ser odiado por casi todo el mundo. Fue tal el volumen de decibelios que se registró en algunos estadios, que los comentaristas de televisión se quejaban de que su voz no se escuchaba por encima de los bocinazos, los jugadores protestaban porque les era imposible comunicarse con sus compañeros y con su entrenador y los telespectadores se lamentaban de que las retransmisiones fueran especialmente ruidosas. Pese a que se llegó a especular con que estos instrumentos fueran prohibidos durante el Mundial, la FIFA consideró que pertenecen a la cultura futbolística de Sudáfrica: «Todavía tengo metido el sonidito en la cabeza. Aunque había muchos huecos en la grada, no sé si las regalaban o qué, pero el ruido era insoportable», comenta Riera.

El sorteo de la fase final evitó que España vuelva a pisar durante el Mundial el césped del estadio Royal Bafokeng de Rustenburg o del Free State-Mangaung, en los que jugó durante la Copa Confederaciones. Aunque Sudáfrica se ha volcado para que la organización sea un éxito, los jugadores pudieron comprobar que el estado de algunos terrenos de juego no era el ideal: «Las informaciones que nos llegan son tranquilizadoras, pero el invierno, la lluvia y los campos en mal estado no son nuestros mejores aliados. España destaca por el toque y por la posesión de la pelota, y por eso es una de las preocupaciones que tenemos», comenta Paco Jiménez.

Cuando España dispute su tercer partido del Mundial en Pretoria, el 25 de junio contra Chile, ya se sabrá la clasificación definitiva del grupo G (Brasil, Portugal, Costa de Marfil y Corea del Norte), del que saldrá nuestro rival en octavos de final. Podría llegar a darse el caso de que a España no le conviniera ser primera de grupo, en el supuesto de que Brasil (que juega ese mismo día cuatro horas y media antes) terminara siendo segunda. Después de lo sucedido en la Copa Confederaciones, el cuerpo técnico cree que la especulación no es ni fiable ni recomendable:

«No entiendo el fútbol de otra manera que no sea intentar ganar. Elegir el rival no garantiza la clasificación», mantiene Del Bosque.

«Nunca se sabe lo que puede pasar. Igual si nuestro rival en Sudáfrica en semifinales hubiera sido Italia, habríamos jugado la final. En la Eurocopa nadie quería enfrentarse a Italia y al final aquella victoria fue la clave del torneo ¿Quién nos asegura que si jugamos, por ejemplo, con Costa de Marfil nos clasificaríamos y con Brasil nos eliminarían? Esto es fútbol y como tal es imprevisible», asegura Toni Grande.

Un diploma de grandes dimensiones, que costó guardar en la bodega del avión, es el trofeo que se trajo España de Sudáfrica. Se exhibirá en el museo de la Federación. La medalla de bronce supo a poco, pero el palmarés de la Copa Confederaciones abre una ventana al optimismo y al consuelo: nunca el vencedor ganó el Mundial al año siguiente. Ojalá en 2013 disputemos de nuevo la Confederaciones, que se celebrará en Brasil. Eso querrá decir que España habrá ganado el Mundial de Sudáfrica 2010 o la Eurocopa de Polonia y Ucrania 2012. O los dos...

¿SOMOS FAVORITOS?

Lo único empírico y demostrable es que el 11 de julio de 2010, sobre las 22.30 horas, el capitán de una selección de fútbol levantará la Copa del Mundo en el estadio Soccer City de Johannesburgo, y que habrá que esperar otros cuatro años para que se repita esa imagen en Brasil. Todo lo demás, antes de que arranque el Mundial de Sudáfrica el 11 de junio, es impredecible.

¿Es positivo ser favorito para ganar el campeonato? ¿Es cierto que parten con ventaja aquellas selecciones que ya tienen algún Mundial en su palmarés? ¿Es España favorita realmente? En vísperas del Mundial de Alemania 2006 ya se les formuló la «pregunta del millón» a los futbolistas españoles. Ninguno contestó categóricamente con un sí. Cuatro años después, ya hay jugadores que asumen con naturalidad la condición de favoritos. Se sienten preparados, pero desde la cautela.

Si antes de la disputa de la Eurocopa de Austria y Suiza de 2008 había que remontarse hasta 1964 para encontrar un precedente exitoso (la primera Eurocopa para España conquistada en Madrid contra Rusia), en esta ocasión, por mucho que busquen, no lo van a conseguir. La realidad es contundente: España nunca ha ganado un Mundial. Es más, el mayor logro de La Roja ha sido ser semifinalista en Brasil 1950. Tras dieciocho campeonatos, sólo siete países pueden presumir de ser campeones del mundo y once de haber disputado una final.

MUNDIALES CONQUISTADOS		FINALES DISPUTADAS	
Brasil	5	Brasil y Alemania	7
Italia	4	Italia	6
Alemania	3	Argentina	4
Uruguay y Argentina	2	Uruguay, Hungría, Checoslovaquia, Inglaterra y Francia	2
Inglaterra y Francia	1	Suecia y Holanda	1

España ha participado en doce de los dieciocho Campeonatos del Mundo que se han celebrado hasta el momento. Para Uruguay 1930 y Francia 1938 España no se inscribió, y para Suiza 1954, Suecia 1958, México 1970 y Alemania 1974 no se clasificó.

Desde Argentina 1978 no hemos faltado nunca a una cita tan importante. Sudáfrica 2010 será nuestro decimotercer Mundial, el noveno consecutivo. Brasil es el único país que puede presumir de haber estado presente en todos los campeonatos; Alemania no falla desde Brasil 1950; Italia estuvo ausente en Suecia 1958 y Argentina falló en México 1970.

La participación de España en los Mundiales no invita al optimismo:

- No superó la primera fase en Chile 1962, Inglaterra 1966, Argentina 1978 y Francia 1998.
- Cayó en la segunda fase en España 1982.
- Fue eliminada en octavos de final en Italia 1990 y Alemania 2006.
- Hizo las maletas en cuartos de final en Italia 1934, México 1986, Estados Unidos 1994 y Corea y Japón 2002.

Sin embargo, España sí tiene en su palmarés un Mundial sub-20 conquistado en Nigeria en 1999. La sub-17 de momento se conforma con tres subcampeonatos mundiales: Italia 1991 (1-0 contra Italia); Finlandia 2003 (1-0 contra Brasil) y Corea 2007 (derrota en la tanda de penaltis contra Nigeria tras empatar a cero en la final).

Con estos datos, resulta difícil de imaginar que España pueda ser considerada favorita en el Mundial de Sudáfrica, pero su trayectoria en los tres últimos años invita a pensar que, por primera vez en la historia, la selección está preparada para ser campeona del mundo. ¿Qué diríamos de un equipo que termina una liga con el siguiente balance: 41 victorias, 3 empates, 1 derrota, 103 goles a favor y 22 en contra? Habría sumado 126 puntos sobre 135 posibles. Pues eso es lo que ha hecho España en los tres últimos años. Desde 2007, La Roja sólo ha perdido un partido: la semifinal de la Copa Confederaciones, que privó a los aficionados españoles de presenciar una final contra Brasil.

Fernando Hierro habla desde el conocimiento. El director deportivo de la Federación, que estuvo presente en cuatro Mundiales (aunque no llegó a jugar en el de Italia 1990) y dos Eurocopas, considera negativo que España se presione tanto con vistas al Mundial de Sudáfrica: «Sabemos que va a haber un entorno muy difícil de frenar. Nosotros no podemos cortar de raíz toda la ilusión que se respira en el país. Es innegable que somos los actuales campeones de Europa y sabemos que, por fin, puede ser nuestro momento. Pero la gente tiene que entender que nuestra labor es poner calma y tranquilidad. Tenemos que darle naturalidad a nuestra condición de favoritos y debemos ser a la vez realistas y optimistas. En un Mundial un penalti, una expulsión, fallar una clara ocasión de gol... lo cambia todo».

Brasil es la única selección de las grandes a la que España no se ha enfrentado en los últimos años (la última vez fue en 1999 en un amistoso en Vigo):

– A Italia la derrotó en dos ocasiones: en un amistoso en Elche y en los cuartos de final de la Eurocopa (2008);
– a Alemania, en la final de Viena (2008);
– a Argentina, en dos amistosos: en Murcia (2006) y en Madrid (2009);
– a Francia, en otros dos amistosos: uno en Málaga (2008) y otro en París (2010);
– y a Inglaterra, en otro amistoso disputado en Manchester (2007).

Esa brillante trayectoria sirvió para que en noviembre de 2009 España recuperara el primer puesto del ranking FIFA que ya había logrado al ganar la Eurocopa, pero que había perdido tras ser eliminada de la Copa Confederaciones en favor de Brasil. Suma 1.642 puntos, por los 1.594 de Brasil y los 1.324 de Holanda.

Además, la selección ha batido muchos récords históricos en estos años. Por ejemplo, igualó la mejor racha de partidos seguidos sin perder, que tenía en su poder Brasil entre 1993 y 1996. España llegó a sumar 35 encuentros sin conocer la derrota: desde el 7 de febrero de 2007, en que se impuso a Inglaterra en Old Trafford, hasta el 20 de junio de 2009, cuando ganó a Sudáfrica en el tercer partido de su grupo en la Confederaciones. La derrota contra Estados Unidos impidió que España superara el récord de Brasil.

Precisamente esa derrota evitó también que otro registro histórico para España siguiera aumentando: lograr quince victorias consecutivas, algo que ninguna otra selección del mundo ha conseguido. Hasta ese fatídico día, la selección había ganado desde el 20 de junio de 2008 a Rusia (3-0), Alemania (1-0), Dinamarca (0-3), Bosnia (1-0), Armenia (4-0), Estonia (0-3), Bélgica (1-2), Chile (3-0), Inglaterra (2-0), Turquía (1-0 y 1-2), Azerbaiyán (6-0), Nueva Zelanda (5-0),

Iraq (1-0) y Sudáfrica (2-0). Brasil (en 1997), Francia (2003-2004) y Australia (1996-1997) consiguieron catorce triunfos consecutivos.

La Roja ha completado un grupo de clasificación para el Mundial ideal. De hecho, nunca una selección encuadrada en un grupo de seis equipos había conseguido clasificarse ganando los diez partidos. Alemania también hizo pleno para lograr el pase para el Mundial de España 82, pero su grupo sólo lo componían cinco selecciones. España lo ha conseguido venciendo en casa y fuera a Bosnia, Turquía, Bélgica, Armenia y Estonia.

España no pierde un partido oficial de clasificación para un Mundial desde abril de 1993 en Copenhague (1-0). En total, son 45 encuentros invicto (43 de grupo y dos de repesca ante Eslovaquia). Como local, La Roja no cae derrotada en un partido oficial desde el 7 de junio de 2003 contra Grecia (0-1) en La Romareda (fase de clasificación para la Eurocopa de Portugal 2004). De los últimos diecinueve compromisos oficiales jugados en casa, la selección ha ganado diecisiete y ha empatado dos (los últimos doce se han saldado con victoria). En septiembre de 2010 comenzará la fase de clasificación para la Eurocopa de Polonia y Ucrania 2012. España se medirá con la República Checa, Escocia, Lituania y Liechtenstein, dentro del grupo I.

El de Sudáfrica será el sexto Mundial como presidente de la Federación Española para Ángel María Villar. Sólo en dos (Estados Unidos 1994 y Japón y Corea 2002) España alcanzó los cuartos de final: «Antes de ganar la Eurocopa también nos han considerado favoritos en alguna fase final. No es exagerado decir que somos favoritos, pero serlo o no son frases; lo importante es lo que pase en el campo. En Austria demostramos que fuimos los mejores, pero los mejores no siempre ganan. Durante la competición, hay que ir sumando y no restando. Los futbolistas, que suelen ser los más modestos en estos casos, son conscientes de sus posibilidades».

Vicente del Bosque protagonizó el mejor arranque en la historia de un seleccionador en todo el mundo. Sus trece victorias seguidas (hasta que llegó la derrota contra Estados Unidos) superaron las nueve de Joao Saldanha con Brasil en 1969. De todo este impulso, se han aprovechado varios jugadores de la selección española para conseguir récords a nivel individual. Por ejemplo, Casillas puede presumir de:

- Ser el jugador más joven en alcanzar cien partidos con España (lo jugó con veintisiete años, cinco meses y veinticinco días el 14 de noviembre de 2009 contra Argentina).
- Haber conseguido más victorias que nadie con La Roja: 73, 3 más que Andoni Zubizarreta.
- Ser el portero que más veces ha dejado la portería española imbatida: lo logró en 58 partidos.

Además, Iker tiene en su poder los dos mejores registros de imbatibilidad de la selección española, uno en solitario y otro compartido con Reina:

– En 2008, entre los dos (Iker jugó 610 minutos y Pepe 105) dejaron la portería a cero 715 minutos: desde el gol de Charisteas en el tercer partido de la Eurocopa contra Grecia hasta el gol del belga Sonck contra Bélgica. En total, siete partidos consecutivos sin encajar ni un solo tanto.

– En solitario, Iker mantuvo echado el candado de su portería 708 minutos: desde el gol de Ibrahimovic en el segundo partido de la Eurocopa contra Suecia hasta el mencionado gol de Sonck.

El capitán de la selección es contundente cuando se le formula la «pregunta del millón»:

«—¿Es España favorita para ganar el Mundial de Sudáfrica?

»—Sí. Nos hemos ganado el derecho a que nos consideren favoritos con nuestra trayectoria. El equipo está hecho y vamos con la idea de hacer un gran papel. Esto va por ciclos y hay que aprovechar esta generación, que ha dado lo mejor del fútbol español».

Villa es el único jugador en la historia que ha sido capaz de marcar con España en 6 partidos seguidos: ante Bosnia, Armenia, Estonia, Bélgica, Chile e Inglaterra. El Guaje es el segundo jugador en activo con mejor promedio goleador con su selección: ha marcado 36 goles en los 55 partidos que ha jugado, lo que supone un promedio de 0,65 goles por partido. Sólo lo supera Luis Fabiano, que lleva hasta el momento veinticinco tantos en 36 partidos con Brasil (0,69). «La selección tiene un nivel espectacular al alcance de muy pocos, pero hasta el día de hoy. Si mañana bajáramos el pistón, tendríamos problemas, seguro. Hay que pensar en seguir igual, con este fútbol, porque así el rival que tengamos enfrente lo tendrá muy difícil», asegura el asturiano.

Fernando Torres puede presumir de haber logrado el *hat-trick* más rápido en la historia de la selección española. Lo logró en sólo once minutos, en el primer partido de la Copa Confederaciones contra Nueva Zelanda. Curiosamente, sólo cinco días antes, Villa había hecho otro en un amistoso contra Azerbaiyán, pero el Guaje tardó doce minutos en marcar las tres dianas. «No creo que España sea la favorita, pero sí un equipo que hay que tener en cuenta. Otras veces éramos una selección con buena pinta, pero a la hora de la verdad siempre caíamos en cuartos. Ahora estamos entre los equipos que la gente se toma en serio. Todos nos hemos imaginado alguna vez esa foto levantando la Copa del Mundo. Quizá no volvamos a tener una situación así y vamos a ir a por todas», sentencia el Niño.

Carlos Marchena suma 49 partidos sin perder con España, registro que en la historia del fútbol sólo ha podido conseguir el brasileño Manuel Francisco dos Santos, *Garrincha* (entre 1955 y 1966). De hecho, el sevillano sólo ha perdido uno de los 56 partidos que ha jugado con la selección: contra Grecia en 2003, día en que Iñaki Sáez lo alineó como mediocentro: «Pienso que llevamos números muy buenos, que te dan confianza para ir con esperanza y la ilusión de que realmente se puede estar con los que optan a ganar, pero tenemos que ser conscientes de que los humos no son buenos compañeros de viaje. La humildad, el respeto, que no miedo, y la ilusión de poder dar una tremenda alegría a todo un país creo que deben estar en nuestra maleta de viaje», comenta.

Hay jugadores que sólo saben lo que es ganar con España. Raúl Albiol ha jugado veintidós partidos y ha ganado los veintidós. El Chori ha superado el registro de Xabi Alonso, que enlazó veinte victorias consecutivas. Contra Argentina, en el amistoso de noviembre de 2009, precisamente dos goles de Alonso permitieron al central mantener su pleno: «Estamos entre los tres o cuatro favoritos para ganar el Mundial. Hemos hecho méritos para ser incluidos en ese escalafón. No es exagerado que se diga esto de España», concluye Albiol.

Por el mismo camino marcha Sergio Busquets, que hasta el momento ha ganado los once partidos que ha jugado con España. Busi, con sólo veintiún años, puede ser el futbolista más joven de la selección en el Mundial: «Cuando España ganó la Eurocopa yo no había debutado todavía en primera división. Acababa de subir a segunda B con el Barça B. He pasado de verles por la tele a ser uno más en un tiempo récord. Siento que es el mejor momento de la selección. Formamos un grupo compacto y muy completo, y confío en que lo podamos demostrar en el Mundial».

Gerard Piqué es el único defensa en la historia de la selección que ha sido capaz de marcar cuatro goles en el año de su debut: «España nunca ha ganado un Mundial y hay selecciones con mucha experiencia y un gran historial. Nosotros somos novatos en este aspecto, pero estamos en el grupo de seis o siete equipos que van a pelear por el título. Y ahí es donde tenemos que estar siempre. Para ganarlo tenemos que tener la suerte del campeón: que nos respeten las lesiones, los árbitros y que cuando te juegas la vida a cara o cruz, la moneda caiga de nuestro lado.»

Los futbolistas españoles están de moda. Después de la Eurocopa, seis fueron incluidos en la lista de veintitrés finalistas para la elección del FIFA World Player 2008: Casillas, Cesc, Iniesta, Torres, Villa y Xavi. Sin embargo, el elegido fue Kaká. En la edición de 2009 repitieron Casillas, Iniesta, Torres, Villa y Xavi, y se coló entre los finalistas Puyol. Xavi e Iniesta fueron tercero y quinto, respectivamente. «A España siempre se la ha considerado favorita, aunque nunca hayamos conseguido nada en un Mundial. Tras conseguir la Eurocopa y completar una brillante fase de clasificación, puede interpretarse que lo somos con más motivo, pero hay que estar tranquilos porque un Mundial es un Mundial», asegura Iniesta.

Además, Casillas fue elegido como el mejor portero, y otros ocho futbolistas españoles optaron a ser los mejores en su puesto, según la FIFA: Reina, Sergio Ramos, Puyol, Piqué, Xabi Alonso, Fábregas, Torres y Villa. «¿Favoritos? España está en el grupo de posibles candidatos al título. Nada más», afirma Alonso.

En enero de 2010, la Federación Internacional de Historia y Estadística designó a Vicente del Bosque como el mejor seleccionador del mundo en 2009 (por delante de Fabio Capello y de Carlos Dunga). La votación la llevó a cabo un jurado formado por 81 miembros de 81 países de los cinco continentes. Además, se nombró por segundo año consecutivo a Casillas mejor portero del planeta (por delante de Buffon y del brasileño Julio César) y a Xavi Hernández, mejor centrocampista en 2009 (por delante de Leo Messi y Kaká): «Todo el mundo espera más de nosotros después del éxito de la Eurocopa, pero nos sentimos cómodos con la condición de favoritos. La confianza y la moral que tenemos es la herencia de ese triunfo. Sentimos un plus de atrevimiento y de tranquilidad que antes no teníamos. Nos quitamos un gran peso de encima en Austria y ahora jugamos con mucha alegría», sentencia Hernández.

El Mundial de Sudáfrica no pillará de nuevas a muchos de nuestros futbolistas. En Alemania 2006, sólo cinco jugadores habían estado en algún Campeonato del Mundo con anterioridad: Raúl, Puyol, Casillas, Xavi y Cañizares. Los otros dieciocho eran debutantes: Reina, Sergio Ramos, Salgado, Pablo, Marchena, Juanito, Antonio López, Pernía, Albelda, Xabi Alonso, Marcos Senna, Cesc, Iniesta, Joaquín, Reyes, Luis García, Villa y Torres. De ellos, Cesc y Senna se habían estrenado con España sólo tres meses antes en un amistoso contra Costa de Marfil en Valladolid; Iniesta jugó su primer partido en otro amistoso en Albacete contra Rusia, previo a la concentración; y Pernía llegó a última hora, sin haber estado ni siquiera antes en una jornada de convivencia, aprovechando la baja por lesión de Del Horno. Se estrenó en Ginebra, en el último ensayo contra Croacia antes de viajar a Alemania, marcando un gol de falta.

En la convocatoria definitiva de Del Bosque para Sudáfrica, hay once futbolistas que saben lo que es disputar un Mundial. Será el tercero para Casillas, Puyol y Xavi, y el segundo para Villa, Torres, Xabi Alonso, Iniesta, Fábregas, Ramos, Marchena y Reina. «Somos uno de los favoritos, no creo que haya sólo uno. En cada Mundial o Eurocopa se habla de cuatro o cinco nombres por encima de los demás y entre ellos estamos nosotros. Es muy difícil ganar una Eurocopa y un Mundial de manera consecutiva. Francia lo consiguió y esperamos repetirlo nosotros», asegura el portero del Liverpool.

De los veintitrés jugadores que representen a España en Sudáfrica, hay quince que ya disputaron la Eurocopa de Austria (los once anteriores más Capdevila, Silva, Albiol y Arbeloa) y diecisiete que nos representaron en 2009 en la Copa Confederaciones (Piqué, Busquets y Mata estuvieron en Sudáfrica), aunque habrían sido dieciocho de no haberse lesionado Iniesta. Debutan en una fase final de un torneo internacional Jesús Navas, Víctor Valdés, Javi Martínez y Pedrito, y fueron descartados de la lista de 30 que remitió inicialmente Del Bosque a la FIFA el 10 de mayo Diego López, De Gea, Azpilicueta, Marcos Senna, Cazorla y Güiza.

«Podemos ganarlo. Llegamos en uno de los mejores momentos de la historia de la selección, con una buena racha de triunfos y con el aprendizaje de la Copa Confederaciones. Estamos en disposición de hacer algo grande, pero como nos dice Del Bosque en cada charla y en cada reunión, con paciencia, realismo y trabajo. La euforia puede quitarte más que darte», analiza Mata.

Pese a todo, esta selección continúa siendo joven. El once inicial que disputó la final de la Eurocopa en Viena (Casillas; Ramos, Marchena, Puyol, Capdevila; Senna; Iniesta, Xavi, Cesc, Silva, Torres) tenía aquel 29 de junio de 2009 una media de edad de veintiséis años. De momento, Casillas es el único que ha superado el centenar de partidos con España, pero teniendo en cuenta la edad de algunos de sus compañeros es evidente que no será el único en conseguirlo.

Con sólo veintitrés años y poco más de dos meses, Sergio Ramos se convirtió en el jugador más joven en alcanzar cincuenta partidos (Torres llegó a esa cifra cuando tenía veinticuatro años y tres meses, y Casillas, con veinticuatro años y seis meses): «Ahora voy más confiado. Antes del Mundial de Alemania no llevábamos una inercia buena y acabamos jugando la repesca para poder estar allí. Cuando llegas, te motivas y piensas en ganarlo, pero no pudo ser. Ahora, después de haber ganado la Eurocopa y de haber ganado a las mejores selecciones, vamos a ir con más moral incluso».

Pero es que Fábregas batirá presumiblemente este precoz récord en alguno de los tres amistosos que España tiene previsto disputar antes del Mundial de Sudáfrica. Cesc alcanzará el medio centenar de internacionalidades con apenas veintitrés años y un mes. Si en tres años ha sido capaz de llegar a estas cifras, ¿cuántos partidos llevará el catalán cuando tenga treinta años? «No sé si somos o no los favoritos, lo que siento es que atravesamos un momento de forma exquisito y que hay que sacar provecho de ello.»

Candidatos al centenar de partidos son también:

– Xavi, con 84 partidos a sus treinta años;
– Torres, con 72 partidos a sus veintiséis años;
– Xabi Alonso, con 66 a sus veintiocho años;
– Iniesta, con 40 partidos a sus veintiséis años;
– o Silva, con 33 a sus veinticuatro años.

El canario cree que es imposible que España pueda ir ya de incógnito a una fase final: «En la Eurocopa pudimos sorprender porque igual aún dudaban de nosotros. España siempre parecía que iba a estar, pero a la hora de la verdad no llegaba. Pero en Austria teníamos un equipo muy competitivo y se ganó. Ahora creo que tenemos más opciones que nunca de ganar el Mundial, pero seguro que los rivales nos van a tener mucho más en cuenta que antes».

Puyol se quedará a las puertas y previsiblemente dejará su guarismo en torno a los noventa partidos. El capitán del Barcelona manifestó en Radio Marca en noviembre de 2009 su intención de abandonar la selección española después del Mundial de Sudáfrica. Precisamente Puyol (con treinta y dos años) puede ser uno de los cinco futbolistas que representarán a España en Sudáfrica 2010 con más de treinta años: «Estamos en un buen momento, no sólo por las estadísticas, sino por el nivel que está demostrando la selección. Siempre hemos tenido grandes jugadores, pero nos ha faltado creérnoslo de verdad y ahora esta selección se lo cree. Hemos quedado campeones en la Eurocopa, y con los jugadores que tenemos el estilo nos va perfecto. ¿Favoritos? Estamos dentro del grupo de selecciones que pueden ganar, pero otras tienen más experiencia y a la hora de competir siempre están ahí. Lucharemos con ellas».

Los otros tres treintañeros son Capdevila (32), Marchena (31) y Xavi (30). El quinto hubiese sido Marcos Senna, que no cree que España deba sentirse acomplejada en comparación con Brasil, su país natal:

«Lo digo convencido: España es favorita para ganar el Mundial. ¿Brasil? Hace unos meses no la veía tan fuerte, pero ahora ha europeizado su estilo. Son fuertes defensivamente y tienen un contragolpe muy rápido», asegura.

«España nunca ha hecho nada en un torneo tan importante. Mientras no se demuestre lo contrario, Brasil es la favorita número uno. A partir de ahí, a ilusión no nos gana nadie», cree Capdevila.

Muy probablemente, Xavi y Marchena volverán a repetir en Sudáfrica las confidencias que se hicieron años atrás: «Por la experiencia que tenemos, sabemos que estamos ante una oportunidad única y queremos aprovecharla. Carlos me repetía en Austria la misma conversación que había tenido con él en el Mundial sub-20 de Nigeria 1999: Pelopo, ¡hay que agarrar esto como sea, eh...! ¡Que no llega más...!», confiesa Xavi.

El hombre que condujo a España a conquistar su segunda Eurocopa sueña también con que podamos ser campeones del mundo: «Ahora sí hay un ambiente para ganarlo. La selección española lo tiene todo a favor, externa e internamente. Todo el mundo cree. Y también tenemos los mejores jugadores, qué coño... Yo muchas veces, cuando me encierro en mi salón y enciendo el ordenador, me digo a mí mismo: "¡Joder, lo ganamos!". Pero ganarlo es muy difícil. Ahora hay que trabajar el exceso de credibilidad, no como antes, que tenías que preparar a la gente para que creyera. Ahora hay que echar el freno...», confiesa Aragonés.

El hombre que puede llevar a España a ganar su primer Mundial confía en que esta vez sea la buena: «Somos muy dados a menospreciar a los rivales, aunque no tenemos por qué renunciar al favoritismo que todo el mundo nos concede. Pero el fútbol es muy puñetero y muy traicionero, y lo que no podemos hacer es creérnoslo. Ese extremismo de o ganas el Mundial o es un fracaso me parece tremendo y exagerado», reflexiona Del Bosque.

Ojalá el 11 de julio de 2010 España se vuelva a poner patas arriba: «Si ganando la Eurocopa España estaba como estaba, no me quiero ni imaginar cómo se puede poner el país si ganamos el Mundial...», afirma Reina.

Nadie nos va a impedir que al menos lo imaginemos. Pepe, el micrófono es tuyo. Si conquistamos Johannesburgo, nos comprometemos a volverlo a contar.

* Las estadísticas que aparecen en este capítulo están actualizadas hasta el amistoso que el 3 de marzo enfrentó en París a España y Francia.

LOS DUEÑOS DEL BALÓN

España está en pleno partido. La presión surte efecto sobre el contrario, que no encuentra apenas espacios por donde sorprender. El balón sale fuera del campo. Capdevila aprovecha para acercarse a Xavi y darle una indicación: «Pelopo, te voy a pasar la pelota y bajo ningún concepto me la devuelvas...».

Xavi no puede evitar que se le escape una carcajada. No es la primera vez que Joan le vacila en el campo, pero no termina de acostumbrarse: «Intento no reírme porque te das cuenta de que te están enfocando las cámaras e igual la gente puede pensar que estás loco, pero a veces me es imposible...».

Si los micrófonos pudieran reproducir algunas de las conversaciones de nuestros internacionales durante un partido, los aficionados se llevarían una gran sorpresa. Hay tanta química, que incluso en momentos de tensión la broma puede tener cabida. En este sentido, el «maestro» es Capdevila. Cazorla, que no sólo lo tiene que «soportar» en la selección, sino también en el Villarreal, hace alguna confesión impagable sobre su compañero: «Cuando juega, Joan parece que lo está haciendo con unos amigos. Ya podemos estar jugando una final, que le da igual... Es un fenómeno, pero este chaval está fatal...».

Durante un partido, Cazorla empezó a escuchar su nombre. El asturiano, ensimismado en no perder de vista ni al balón ni a su par, no le dio demasiada importancia. Sin embargo, la voz seguía retumbando en sus oídos. Santi se giró y confirmó de quién se trataba:

«—¿Qué pasa?

»— Nada... ¡Que esta noche te gano a la Play!».

Capdevila entiende el fútbol de una manera tan peculiar que resulta tremendamente contagiosa para sus compañeros: «Pelopo, no lo estás haciendo mal...», le dice en plena exhibición.

En vez de animar a un compañero tras fallar un pase, puede llegar a burlarse de él: «Imagínate que estás jugando un partido importante y que mandas un balón a la grada. Joan es capaz de acercarse y de decirte: "¡Vaya mierda de tiro!...". Él es así. Al principio me costó acostumbrarme, pero ya lo veo como algo de lo más normal», desvela Marcos Senna.

Los lanzamientos de falta también dejan anécdotas para el recuerdo. Normalmente los encargados de ejecutarlas son Xavi o Villa, aunque Senna o Capdevila también piden turno de vez en cuando: «A veces cuando están dialogando el Guaje y Xavi para ver quién la tira y de repente viene corriendo desde atrás Capdevila gritando: "¡La veo, la veo, la veo!.. ¡Va, hostias! ¡La veo! ¡Fuera! ¡Fuera!". Al verle tan convencido, de vez en cuando se sale con la suya. Si el disparo se le va a la grada, luego le vacilamos que no veas», cuenta Senna. «Hablando en serio, Joan no tira las faltas nada mal, eh...», asegura Xavi.

El nombrado mejor futbolista de la Eurocopa también se atreve a vacilar a alguno de sus compañeros, aunque con menos «chispa» que Capdevila: «Un día Villa hizo un mal control con la tibia y le dije: "¡Buena, Guaje, buena!". Él me oyó y me contestó: "Serás cabrón...". Si vas sufriendo, no me gusta mucho bromear, pero si estás ganando y disfrutando las coñas tienen cabida».

Villa también ha sufrido en sus carnes las bromas de Capdevila: «En un partido contra Dinamarca en el Bernabéu, yo marqué el segundo gol a pase de Joan, pero me lo dio a un metro y en el centro del campo. Regateé a un defensa, me fui corriendo y batí al portero. Cuando se acercó a abrazarme y a felicitarme me dijo: "Te he dejado solo, macho, y sólo la has tenido que empujar...". A los pocos días Torres y yo le recortamos un titular de una entrevista que le habían hecho donde decía: "Tener delanteros como Villa y Torres hace que un mal despeje se convierta en un gran pase"».

En Turquía, mediada la segunda parte, España no podía pasar del empate. No era un mal resultado, pero la selección no se conformaba. Marcos Senna cayó lesionado y tuvo que retirarse a la banda para ser atendido. El doctor Juan José Cota se afanaba en recuperarle, cuando alguien que se disponía a sacar de banda se dirigió a él: «¿Qué pasa, Elvis?». Era Capdevila, que suele llamar así al doctor por su admiración al maestro del rock. Senna no pudo recuperarse y tuvo que ser sustituido por Busquets, que debutó ese día con la selección. Al final, un pase de Güiza sirvió en bandeja a Riera el 1-2 y España metía la directa rumbo al Mundial de Sudáfrica.

Capdevila y el gol mantienen una buena relación. No en vano, es el defensa con mejor promedio goleador después de Piqué. A la hora de subir al área contraria a rematar los córneres, Joan suele bromear con sus compañeros. «Si le preguntas si prefiere ir al primer palo o al segundo, te dice: "Como quieras, la voy a meter igual..."», cuenta Juanito.

La antítesis de Capdevila es Puyol. Las bromas sobre un campo de fútbol no van con el capitán del Barcelona. No se relaja ni un instante y no permite que sus compañeros se despisten lo más mínimo:

«En el césped, Puyol es insoportable. Mi madre, que está atenta a todo, me caza cada vez que discutimos:

»—¿Qué te ha pasado hoy con Puyi otra vez? —me pregunta.

»—Nada, nada... no te preocupes —le contesto.

»Es que es muy pesado. Por eso ha triunfado y ha llegado tan lejos. Está concentrado los noventa minutos y no para ni un segundo.

"Pelopo, atento a la espalda, eh!...", me grita. No descansa. A veces pienso: "Pobre Piqué... Él sí que no puede librarse de sus gritos porque le tiene al lado... Vaya cruz que le ha caído al pobre...», confiesa Xavi.

«En un partido íbamos ganando 4-0. Con la pelota fuera del campo me echó una bronca terrible. Me dijo que ya no tenía la cabeza en el partido. Le contesté que sólo quedaban cinco minutos, pero no me sirvió de nada... Puyi te inculca que hay que darlo todo hasta que pite el árbitro», recuerda Piqué.

Chispa, frescura, velocidad, desborde, toque... Todo eso transmite la selección española cuando el balón echa a rodar. Esos síntomas son perceptibles a simple vista. Basta con comprarse una entrada y acudir al estadio o sentarse delante del televisor. Quizá, el espectador también perciba otro matiz clave, que hace a esta selección distinta y especial: España se divierte jugando al fútbol. Pese a que el marcador sólo reflejaba un 1-0, los últimos minutos de la final contra Alemania fueron una delicia para algunos jugadores: «Yo no quería que se acabara. Estaba disfrutando el momento. Acabamos teniendo ocasiones y todo. Pese a que el resultado era peligroso, me lo pasé en grande en esos últimos minutos. Era una cita tan importante...», comenta Xabi Alonso, que fue suplente y salió en la segunda parte.

El proceso ha sido largo, quizá demasiado, pero atrás quedaron los tiempos en los que sólo la garra, el pundonor y el corazón eran nuestras principales señas de identidad: «Nuestro estilo es arriesgado, pero por los jugadores que tenemos es la única forma de competir con otras selecciones. Si pretendemos estar bien arropados atrás e ir a la contra, no resulta efectivo porque ni sabemos jugar así ni somos tan corpulentos como otros equipos. Nuestro fútbol es tener la pelota, tocarla e intentar salir a ganar. Para esto tenemos los mejores jugadores del mundo y hay que aprovecharlos. Luis, que sabe mucho de fútbol, se dio cuenta de que éste era el camino y así nos lo inculcó. Del Bosque, que también es muy inteligente, ha dado continuidad a la idea», asegura Puyol.

Dos años antes de alcanzar la gloria en Viena, España no pudo pasar de octavos de final en el Mundial de Alemania. Los jugadores volvieron a casa con la sensación de que el equipo aún no había cuajado:

«Quizá el sistema no era el adecuado. Jugábamos con dos puntas sin abrir mucho el campo. No somos jugadores físicos y nos fuimos con la impresión de no haber encontrado todavía ni nuestro momento ni nuestro sistema. La filosofía era la correcta, pero Aragonés se dio cuenta de que se equivocó. El míster tenía jugadores como Raúl, Torres y Villa, futbolistas que marcan la diferencia, que tenían que jugar. Estaban mal ubicados y él lo vio. No sé... Estaba todo muy embutido. Con gente técnica y a la que le gusta tener el balón hay que abrir el campo, y Luis lo vio. A partir de ahí, él tuvo otra oportunidad, y mira dónde llegamos», confiesa Xavi.

«Cada poco tiempo cambiábamos de sistema, y los jugadores, de posiciones. El dibujo no estaba muy definido», añade Villa.

Luis Aragonés no comparte las reflexiones de sus jugadores y considera que apenas introdujo variaciones tácticas entre el Mundial de Alemania y la Eurocopa de Austria: «Jugamos exactamente igual, con un 4-1-4-1. Senna se colocaba por delante de la defensa para hacer la cobertura del lateral que subía. A partir de ahí, trabajábamos por tener la posesión del balón. El sistema podía convertirse en un 4-3-3, un 4-2-3-1 o un 4-4-2, pero no es tan importante porque puede variar durante un partido. Lo importante es la colocación de los jugadores y que hagan bien las coberturas. Nosotros, tácticamente, ya habíamos cogido todo esto en Alemania. Seguramente Xavi será un gran entrenador en el futuro, pero aún no ha hecho los deberes para serlo».

Armando Ufarte, segundo de Aragonés, ofrece su punto de vista en el debate: «En Alemania se estaba formando el equipo, y si ponías un delantero más en el once titular, el centro del campo sufría. En la Eurocopa jugaron sólo Villa y Torres y nos salieron las cosas muy bien con un 4-1-4-1 o con un 4-2-3-1. Villa bajaba un poquito a ayudar en tareas defensivas porque si no, el contrario te comía en el centro del campo. David es el jugador que más he visto progresar en mi vida».

Los futbolistas españoles señalan a Aragonés como el gran impulsor de la «nueva España». Poco a poco logró meterles en la cabeza el cambio de «chip»:

«No fue un cambio radical a raíz de la eliminación de España en el Mundial de Alemania. Nos costó al menos un año más consolidar el sistema que tenemos ahora mismo. Creo que el partido que marca un antes y un después fue el que jugamos en Aarhus contra Dinamarca», comenta Iniesta.

«Ha costado definir el estilo. Hace años nuestra apuesta era la agresividad, la llamada furia española, pero nos dimos cuenta de que así no íbamos a ningún lado», resume Fábregas.

«La idea es la de tener siempre el balón. Hemos marcado varios goles después de jugadas muy largas y muy atractivas para el espectador», añade Silva.

La apuesta de Aragonés caló hondo en sus jugadores: «España es un equipo que compite bien si tiene la pelota. Cuando la tiene el contrario, no tenemos condición para apretar y robarla fácilmente como tienen otras selecciones. Técnicamente tenemos ahora mismo los mejores jugadores del mundo».

Nos costó quitarnos el complejo de encima, pero ya no hay ninguna duda de que al fútbol se puede triunfar pese a la escasez de centímetros: «Me quedé alucinado en el túnel de vestuarios el día que jugábamos contra Italia los cuartos de final de la Eurocopa. Veías a Grosso, a Luca Toni, a Buffon... Sacaban tres cabezas a medio equipo, pero nosotros teníamos a Villa, a Xavi, a Iniesta, a Silva... Ellos eran más fuertes físicamente y un peligro a balón parado, pero nosotros éramos... mejores», concluye Fernando Navarro.

Teodoro Nieto fue ayudante de Aragonés en sus dos primeros años. Después del Mundial de Alemania, dejó la Federación Española tras veinticuatro años de trabajo, sobre todo con las categorías inferiores. Con Iñaki Sáez en el banquillo, la selección sub-20 se proclamó campeona del mundo en Nigeria (1999). Nieto considera ese triunfo un punto de inflexión: «Después de ese Mundial todos abrimos los ojos. Los seleccionadores, los entrenadores, los directores deportivos... empezaron a olvidarse de la coletilla: "Es que ese jugador es pequeñito...". No hace falta medir 1,80 m para jugar bien al fútbol. Las tres claves son: tener técnica, concepción del juego y movilidad. El jugador pequeño es más pícaro, más listo y se mueve más rápido. Al futbolista español le faltaba movilidad, es decir, pasar la pelota y buscar el desmarque para crear desequilibrios en el contrario. El dueño del balón tiene el control del partido».

Casillas, Marchena y Xavi formaban parte de aquella selección: «Aragonés creyó en este tipo de futbolistas. Hoy en día, el fútbol es muy físico, pero el talento se acaba imponiendo siempre».

Entre 1991 y 2008, Teodoro Nieto, Juan Santisteban, Armando Ufarte, Iñaki Sáez y Ginés Meléndez conquistaron:

– Cuatro Campeonatos de Europa sub-16 (1991, 1997, 1999 y 2001).
– Dos Campeonatos de Europa sub-17 (2007 y 2008).
– Un Campeonato de Europa sub-18 (1995).
– Cuatro Campeonatos de Europa sub-19 (2002, 2004, 2006 y 2007).

– Un Campeonato de Europa sub-21 (1998).
– Cuatro Meridian Cup (1999, 2001, 2003 y 2007).
– Juegos del Mediterráneo (2005).

Además, hay que añadir la medalla de oro conquistada en los Juegos Olímpicos de Barcelona (1992), con Vicente Miera y Miguel Sánchez de seleccionadores, y la medalla de plata en Sidney (2000), con Iñaki Sáez en el banquillo.

Juan Santisteban trabajó también más de veinte años con los chavales para la Federación y se jubiló en 2008. La exquisita hornada de talentos es la clave de todo, pero a su juicio les hubiera resultado mucho más difícil dar el salto a la selección absoluta de haber nacido diez años antes: «Para mí, la clave ha sido la calidad de los jugadores y la ayuda que hemos recibido de los seleccionadores territoriales. En los noventa, la Federación creó el Campeonato de España de Selecciones Territoriales, que se convirtió en un vivero para las categorías inferiores de la selección. Se controlaba anualmente a mil chavales entre los catorce y los veinte años que nutrían a las selecciones sub-15, sub-17, sub-19 y sub-21. Sus éxitos animaron a los clubes de Primera División a apostar por sus jóvenes promesas. El 90% de los actuales futbolistas de la selección han pasado por las categorías inferiores, y eso quiere decir algo. Estoy convencido de que la cosa no va a parar aquí».

Después de muchas probaturas y mezclas, España ha dado con la fórmula adecuada. El dedo en la llaga de todo este proceso lo pone Andrés Iniesta: «Ahora el estilo se mantiene por encima de los jugadores».

El papel de Iniesta en el Mundial de Alemania fue secundario, apenas testimonial, y sólo tuvo minutos en el tercer e intrascendente partido contra Arabia Saudí. Dos años después, en la Eurocopa de Austria, fue el único jugador que logró ser titular en los seis partidos.

Hoy día nadie duda del rol capital que desempeña en el esquema de Vicente del Bosque, pero en su día el de Fuentealbilla se vio «obligado» a retocar su partitura para ponerla al servicio del equipo: «Yo he jugado muchas veces en la banda y no soy un extremo. Lo importante en este equipo es que todo el mundo sabe lo que tiene que hacer».

Xavi, que lo conoce muy bien y asegura estar «enamorado» de él futbolísticamente, agradecerá de por vida que Andrew, como él lo llama, se haya adaptado tan bien a jugar en la banda: «Iniesta tiene un plus que yo no tengo. Yo no puedo jugar en la banda, soy incapaz. Cesc tiene una zancada poderosa y también se adapta bien a arrancar algo escorado. No es por egoísmo, de verdad, pero yo no puedo jugar en otro sitio diferente a donde lo hago».

Paradójicamente, aunque nadie se ha atrevido a cuestionar la categoría futbolística de los Xavi, Iniesta, Cesc, Silva y compañía, muchos estaban convencidos de que algunos de ellos tenían características muy similares y que no podían jugar juntos porque se estorbaban. Cesc admite que lo pasó mal hasta que pudo demostrar a todo el mundo que podía jugar bien y triunfar al lado de Xavi: «De mí se han dicho muchas cosas, pero sobre todo lo que me costaba entender era que se asegurara tan rotundamente que éramos incompatibles Xavi, Andrés y yo. Los tres fuimos titulares en la final de Viena y creo que demostramos que podíamos jugar juntos perfectamente».

Xavi ayudó a Fábregas a superar ese «complejo» que reflejaban los medios de comunicación: «Bromeaba conmigo y me decía que no podíamos jugar juntos. Yo soy joven y le veía como una referencia para mí. Por su juego, Xavi tiene mucho protagonismo y piensas que lo mejor es quedarte un poco en segundo plano. Me costó abrirme y pedir más el balón, pero al final me solté y cogí confianza».

Un día, mientras comían en la misma mesa en la Ciudad del Fútbol de Las Rozas, Silvia, la delegada, se acercó para preguntarle a Fábregas el dorsal que quería lucir durante la Eurocopa. Hasta entonces había llevado el 18, con el que había jugado en el Mundial de Alemania.

«—¿Cuáles quedan libres? —le preguntó.

»—El 2, el 3, el 6, el 10, el 11, el 12, el 13, el 16, el 17, el 18, el 19, el 20, el 21, el 22 y el 23 —le contestó.

»—¿El 10 está libre? Pues me gusta —aseguró.

»—Claro que sí. Cógete el diez —le animó Xavi.

»—Y en la espalda, no me pongáis Cesc. Ponedme Fábregas, por favor, como en Inglaterra —remató.»

Aragonés y Del Bosque han coincidido en señalar a Xavi como el líder y el eje sobre el cual gira el equipo. Hasta sus propios compañeros perciben su jerarquía sobre el terreno de juego: «Los principales artífices de nuestro juego fueron Aragonés y Xavi, al que señaló como el líder del llamado *tiki-taka.* A partir de ahí, empezamos a creer en este estilo y todos fuimos a por él», asegura Cesc.

La forma en la que Xavi se enteró de su importancia en la selección fue curiosa. En la Eurocopa, Aragonés le sustituyó contra Italia en el minuto sesenta y contra Rusia en el setenta, en semifinales: «Con Luis hablaba mucho, pero en mi caso él no me decía nada y era yo el que tenía que ir a hablar con él. Yo pensaba: "Joder, ¿estará contento conmigo?". Contra Rusia, cuando ya ganábamos 3-0, estaba disfrutando una barbaridad y me volvió a cambiar. Entonces, me decidí a hablar con él.

»—Míster, ¿le pasa algo conmigo? No se lo digo con ánimo de nada, simplemente es para quedarme más tranquilo. Pero es que como me está cambiando siempre...

»—¿Usted es tonto? —me respondió.

»—Estoy un poco preocupado y ahora que llega la final...

»—Para mí usted es el número uno y me sorprende que diga esas cosas —concluyó Luis».

Armando Ufarte, segundo de Luis, le puso un ejemplo más didáctico todavía en la víspera de la final contra Alemania para que Xavi durmiera a pierna suelta: «Le dije que para mí estaba entre los seis mejores centrocampistas organizadores que yo he conocido. Y llevo cincuenta años en esto... los otros cinco son Didí, Rivellino, Gerson, Netzer y Schuster. Le quise dar moral para que supiera quién era. Xavi lo vive mucho y lo tiene todo. Cuando va a recibir, él ya sabe si tiene o no un contrario cerca y qué va a hacer con el balón».

Jesús Paredes, preparador físico con Aragonés, confesaba su profunda admiración a Xavi apodándole Karajan, ilustre director de orquesta austríaco que durante 35 años dirigió la Orquesta Filarmónica de Berlín. Pero ¿quién es el mejor futbolista español para Xavi? «Para mí Iniesta es el mejor, sin ninguna duda. Es una maravilla. No sé si es el mejor del mundo porque están Messi y Cristiano Ronaldo. Aunque no lo parezca, Andrés es muy cabezón y quiere jugar siempre. Es un ganador nato».

Poco a poco, Aragonés fue sacando brillo a sus centrocampistas, que empezaron a ser la envidia de todo el mundo. Luis les insistió que tenían que tirar más a puerta en vez de buscar por norma a los delanteros: «Los tres o cuatro medios atacantes del fútbol español (Xavi, Cesc, Iniesta, Silva...) tenían mentalidad de dar el mejor pase. Por inercia, cuando tenían posibilidad de disparo, buscaban el pase. Yo les dije, poniendo como ejemplo a Gerrard y Lampard, que tenían que hacer por lo menos entre diez y doce goles por temporada. Les propuse cambiar veinte últimos pases de gol por diez goles y diez últimos pases. Han conseguirdo subir su media en cinco goles más».

Iniesta está agradecido de los consejos que recibió de Aragonés: «Recuerdo que siempre me pedía que chutara más. Tenía razón. Cuando empecé a entrar en el equipo titular me animé y tuve la suerte de hacer goles importantes».

Además del aprendizaje de los conceptos tácticos y de las cualidades técnicas de nuestros jugadores, el plus que hace a España estar por encima de la mayoría de sus rivales es la solidaridad que reina entre ellos: «Llevarte bien con la mayoría de tus compañeros tiene su importancia. Si tengo buen rollo con Sergio Ramos, por ejemplo, un día le puedo recriminar que me haya dado un mal pase porque sabes que luego no te lo va a echar en cara en el vestuario», confiesa Fábregas.

Iniesta se manifiesta en la misma línea y reconoce que ese compañerismo que se palpa en la concentración también se sube al autobús e incluso se viste de corto: «No hay duda de que una de las claves del éxito es el grupo. No hace falta que seas íntimo amigo de tu compañero. Basta con respetarle y, si tienes que correr por él, lo haces porque sabes que si luego es necesario él también correrá por ti. Eso es lo que verdaderamente hace grupo. Gente como Palop, Navarro, De la Red... En la Eurocopa todos teníamos claro que íbamos a una y eso en el Mundial de Alemania no se palpaba. Eso se percibe muy fácilmente».

Todo futbolista sueña con tener al lado un compañero que esté siempre dispuesto a echarle un cable cuando el contrario aprieta, cuando el campo parece más grande que nunca o cuando el cansancio hace que se nuble la vista. La Eurocopa que se marcó Marcos Senna fue memorable: «Si yo me sumaba al ataque, alguien me hacía la cobertura. Si Sergio o Joan subían la banda, yo les decía: "Vete, que yo me quedo". Me sonreían y atacaban tranquilos. Igual sucedía con Marchena y Puyol. A veces me decían: "Marcos, no te vayas muy arriba y estate con nosotros". Yo les decía: "Vale, vale..."; y yo notaba que eso les daba mucha fuerza y confianza. En Austria estuvimos muy unidos en el campo», relata.

El hispano-brasileño tiene perfectamente asimilada cuál es su función sobre el terreno de juego y es consciente de que puede pagar muy caro un alarde de protagonismo, un despiste o un exceso de confianza. Una de las jugadas que mejor lo refleja se produjo en la final contra Alemania. España ganaba 1-0, y Marcos Senna tuvo la oportunidad de sumarse al ataque para buscar el segundo gol y pasar, todavía más si cabe, a la historia del fútbol español. Sin embargo, y pese a que su corazón latía a mil por hora a esas alturas de partido, tuvo la sangre fría de recapacitar y cumplir con su rol: «Toqué desde el centro a la banda, donde recibió el balón Cazorla. Por delante de mí estaba Güiza. Santi levantó la cabeza y colgó la pelota en el área. Dani no llegó y yo pude incorporarme al ataque para buscar el remate. Pero pensé que si lo hacía y no llegaba, el portero podría montar un contragolpe rápido si yo no estaba en mi posición. Quedaban pocos minutos y lo más importante para mí era ayudar a la defensa».

Para un futbolista de la talla de Xabi Alonso no debió de resultar nada fácil ser suplente en todos los partidos, menos contra Grecia: «A todos nos gusta jugar, pero tal y como iban las cosas y con la Eurocopa que hizo Marcos, no había nada que decir... Él jugaba un partido bien y el siguiente mejor. No tenía ninguna lógica cambiar. Yo me fui contento y satisfecho con mi participación. Le estoy muy agradecido a Luis y también le cogí un cariño especial».

Reina lo tiene más complicado incluso que Alonso para jugar, pero respeta (aunque no se resigna a invertir su situación) su condición de suplente: «Todos los jugadores que formamos la selección somos tremendamente importantes en nuestros equipos. Lo malo en el fútbol es que sólo pueden jugar once. Quedarse en el banquillo, y más en un momento como éste, es difícil de asimilar. Pero es el rol que nos toca interpretar y para que el equipo funcione tenemos que tener claro dónde estamos».

El portero del Liverpool tiene muchas ganas de debutar en un Mundial. Aragonés decidió que Cañizares jugara el tercer partido contra Arabia, aunque Reina había compartido con Casillas toda la fase de clasificación. Pese a ello, Pepe asegura no guardarle rencor a Luis: «Se llegó a decir que el míster se había bajado los pantalones, pero yo no lo vi así. Es cierto que Cañete vino en teoría como tercer portero, pero había hecho una gran temporada. No te voy a decir que no me molestara no jugar, pero creo que lo asumí bien. No me lo tomé como un castigo. Luis quizá quiso premiar a Santi por su carrera, así lo quise ver yo. Tenía la confianza del míster y sabía que seguiría contando conmigo. No tengo nada que reprocharle. Me quedé sin mi partido del Mundial y punto».

Iniesta asegura que en su carrera deportiva ha tenido que convivir con ciertas injusticias que ha superado a base de tesón y de respeto: «He visto injusticias, pero me las he tenido que comer. Al final el que trabaja y lo busca tiene su recompensa, tarde o temprano. Ése es mi lema. Soy de decir las cosas claras, pero no de salir y montar un pollo. Por encima de todo debe estar el respeto hacia los compañeros y al entrenador porque lo que para ti es injusto, a lo mejor otro lo ve de forma distinta».

La inoportuna lesión de Villa contra Rusia trastocó los planes de Aragonés. El Guaje se dio cuenta, nada más sentir el pinchazo, de que no llegaría a tiempo para jugar la final. Se retiró del campo cuando España empataba a cero con Rusia. Mientras se duchaba profundamente abatido, Félix Martín, uno de los utileros, corrió al vestuario del Ernst Happel para avisarle de que Xavi acababa de marcar el primer gol de la noche: «A partir de ahí, terminé de ducharme rápido para sentarme en el banquillo junto a mis compañeros. Ya se me habían quitado todos mis males...».

Villa mentiría si dijera que no sufrió los días previos a la final, pero nadie más que él celebró la victoria contra los alemanes: «España ha sido capaz de ganar sin mí, sin Torres, sin Iniesta... En esta selección no hay nadie imprescindible. Cuando sólo te puedes recuperar a un 70%, lo mejor es que juegue otro por ti que esté al 100% porque seguro que lo va a hacer mejor».

La siguiente confidencia de Miguel Gutiérrez, uno de los fisioterapeutas de la selección, confirma el espíritu de grupo del delantero asturiano: «David estaba tan implicado en la final que nos dijo que no perdiéramos el tiempo tratando de recuperarle y que lo invirtiéramos en cuidar y masajear a los que iban a jugar contra Alemania. Nosotros realmente agradecimos el gesto».

Perder al máximo goleador de la Eurocopa apenas trastocó el planteamiento de Aragonés de cara a la final. Luis se decantó por la solución más lógica, que era volver a apostar por el dibujo de los «cinco enanitos» que tan buen resultado nos había dado en Dinamarca. Fábregas fue el recambio del Guaje: «Tuvimos suerte porque ya estábamos habituados a plantear así los partidos», apostilla Iniesta.

La conquista de la Eurocopa, y sobre todo la manera de conseguirla, disiparon de un plumazo las dudas que siempre acompañaban a La Roja. Los jugadores reconocen que viven un momento único: «Sentimos una plena armonía. No sentimos tanta presión, todo son elogios y palpamos que la gente confía más en nosotros. Tenemos una paz interior importantísima», confiesa Xavi.

Del Bosque ha dejado su impronta en la selección, reubicando a Villa en la banda izquierda y dejando a Torres como la única referencia ofensiva del equipo. Silva viene actuando desde septiembre de 2009 por la derecha, a pie cambiado. Es muy probable que ésa sea la distribución de España en el Mundial de Sudáfrica: «Ni Fernando en el Liverpool ni David en el Valencia juegan como únicos delanteros. Congeniar eso era difícil. Hemos intentado llevar a Villa a una posición que yo creo que también es cómoda para él, más abierto. Así conseguimos distribuir mejor el campo para empezar a presionar más arriba al contrario. Es más por un aspecto defensivo que ofensivo».

Además, el seleccionador nacional considera que Xabi Alonso ofrece su mejor versión en una posición más adelantada de la que suele desarrollar con Pellegrini en el Real Madrid y anteriormente con Aragonés en la selección: «También puede jugar como eje, pero veo más estables ahí a Senna o a Busquets. En el Liverpool venía a recibir, pero también tenía llegada porque detrás estaba Mascherano. Xabi tiene un gran sentido de equipo y una muy buena formación táctica. Se trata de buscar dónde se encuentra más a gusto. Tiene un gran golpeo desde fuera del área y para mí fue una satisfacción que el día del amistoso contra Argentina llegara desde atrás dentro del área y marcara».

Alonso es el quinto jugador con más convocatorias como internacional de los candidatos a la lista de Del Bosque. Sólo Casillas, Xavi, Puyol y Torres le superan. El tolosarra destaca el salto de calidad que ha dado la selección en los últimos años: «El balón se mueve a tal velocidad en los *rondos* de los entrenamientos que a veces cuesta seguirlo con la mirada. Cuando tú ves que viene un jugador nuevo y que no tiene problemas para adaptarse a ese nivel, se puede decir que ha superado la prueba. Se le notaría en seguida al que no diera la talla...».

La puesta en escena de La Roja tampoco tiene desperdicio. El vestuario, lugar sagrado para los jugadores, esconde las rarezas y supersticiones de nuestros internacionales. Sabido es que Casillas se recorta, tijera en mano, las mangas de sus camisetas en el vestuario y que hasta reduce centímetros por la zona de la cintura por comodidad. Los utileros suelen ayudarle a colocarse el brazalete porque con los guantes le resulta complicado. Si ven a Puyol dar saltos raros durante un partido no se asusten: «Intento entrar siempre con el pie derecho y no pisar las líneas del campo siempre que me sea posible, incluso cuando ya está el partido en marcha, que es más fuerte todavía. Hay gente a la que se lo he comentado, se ha fijado y luego me ha dicho que parezco medio tonto...». Además, el capitán del Barça se dobla siempre las medias hacia dentro, mientras que Xavi se las dobla siempre hacia fuera.

Villa no se ha separado en la última década de sus espinilleras: «Las llevo desde mi etapa de juvenil, cuando tenía dieciocho años. Me dan suerte y me llevaría un disgusto si se me perdieran.» Piqué también tiene su particular ritual: «Caliento sin espinilleras y me las pongo después, justo antes de salir a jugar. Además, siempre entro en el campo con el pie derecho». Famosa es la muñequera con los colores de la bandera de España que luce Sergio Ramos en su brazo izquierdo. Menos conocida es otra de sus costumbres: «Me abrocho siempre primero la bota derecha y entro en el campo con el pie izquierdo».

Cesc suele besar cuatro veces un anillo que le regaló su novia y Senna siempre reza antes del partido: «Pido protección para mí y para mis compañeros, para que no nos lesionemos». A Marchena le gusta mirarse al espejo del vestuario antes de saltar al campo para comprobar «si estoy lo suficientemente motivado o no» y odia ver sus botas cambiadas de pie; a Silva y a Mata les gusta entrar en el campo con el pie izquierdo. Hasta hace un tiempo, para Güiza era de obligatorio cumplimiento comer unas cuantas galletas Oreo antes de los partidos: «Si se me olvidaban, a veces he hecho ir a algún utilero al supermercado a comprarlas», reconoce. Ahora duerme todas las noches antes de los partidos con una camiseta en cuyo frontal están serigrafiadas las imágenes del Cristo de los gitanos y de la Virgen del Valle.

Pero sin duda, los más maniáticos de largo son Reina y Capdevila:

«¿Manías? Si fuera una estaría encantado, pero son tantas... Antes de los partidos como lo mismo, me gusta salir el último del autobús, me visto siempre de la misma manera, cuando pita el árbitro el final me persigno, me siento en el mismo sitio en el banquillo para que siga la suerte... En Liverpool, lleno el coche de gasolina antes de los partidos...», explica el portero.

«Tengo que hacerlo todo primero con la izquierda: el vendaje, la espinillera, la media, la bota... Entro en el campo con el pie izquierdo y tengo que dar tres saltos. Me ato los cordones ya sobre el césped... Además, me tengo que duchar antes de los partidos y escuchar la misma canción: *All Apologies*, de Nirvana. Sólo cambio si me lesiono. Soy raro, ya lo sé, pero soy así... Una vez que ya empieza el partido me olvido de todo y a lo que salga...», detalla Joan.

Mientras suena el himno español, Sergio Ramos mira al cielo buscando la inspiración para el partido. En el tradicional *paneo*, la cámara enfoca uno a uno los rostros de los jugadores españoles, que escuchan abrazados sus acordes. Las manos reposan sobre los hombros del compañero, pero hay una que se mueve. Es la de Capdevila, que suele acariciar la oreja del jugador que tiene a su lado: «Como te toque junto a él es un peligro. A ver quién es el guapo que consigue aguantar la risa...», confiesa Silva.

La pelota echa a rodar y millones de corazones comienzan a palpitar al ritmo que marca La Roja. Los dueños del balón nos vuelven a hacer soñar un día más. Nunca antes ser Campeones del Mundo fue tan posible. ¡Ganad!

ANEXO 1
EL *RANKING* CASTROL

Castrol, empresa líder de lubricantes de automoción, es uno de los patrocinadores del Mundial de Sudáfrica de 2010 y lo será en 2014. Lo fue de la Copa Confederaciones de 2009 y lo será en la de 2013. También patrocinó la Eurocopa de 2008 y lo hará también en 2012. Castrol ha participado en patrocinios del motor durante más de 100 años, desde el primer récord de velocidad en tierra, hasta su reciente contribución en el mundo del fútbol. Castrol ha creado unas herramientas de medición del rendimiento para producir un índice que permite a los seguidores comparar a jugadores y equipos. Se llama Índice de Rendimiento Castrol (*Castrol Performance Index*), utiliza la última tecnología para analizar y clasificar cada movimiento en el campo y determina si tiene un impacto positivo o negativo sobre la capacidad del equipo de marcar o de conceder un gol. Un equipo de analistas del rendimiento de Castrol procesa todos los datos y otorga a cada jugador un valor del 1 a 10. Castrol realiza análisis que te pueden ayudar a ver el fútbol desde una perspectiva completamente diferente. Descúbrelo en www.castrolfutbol.es.

A continuación, Castrol te ofrece unas estadísticas de los 30 jugadores que representan a la selección española en el Mundial.

IKER CASILLAS FERNÁNDEZ: Portero
Fecha de nacimiento: 20/05/81 (Madrid)
Liga: España / Club: Real Madrid
Altura: 1,84 m / Peso: 79 kg
Internacionalidades con la absoluta: 102
Debut selección: 03/06/00 (Gotteborg) Suecia 1 – España 1
Internacionalidad con categorías inferiores: 41 partidos

Partidos con la absoluta en 2009: 13
Minutos jugados: 1.064
Disparos atrapados: 5
Goles encajados: 9
Minutos por gol encajado: 118

Paradas: 23
Paradas por partido: 1,8
Penaltis parados: 0
Goles encajados por partido: 0,7
Paradas saliendo: 12

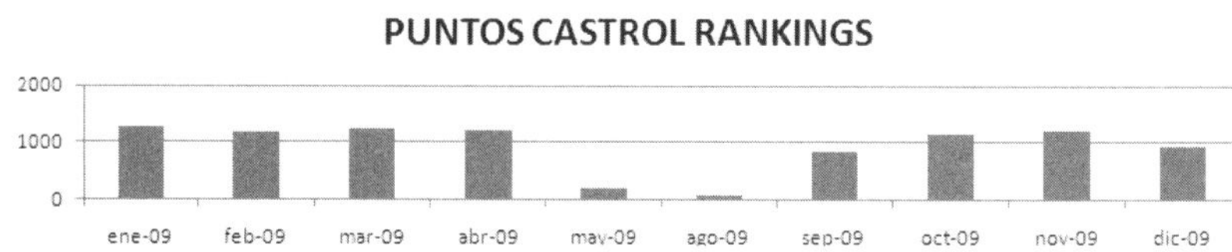

JOSÉ MANUEL REINA PÉREZ: Portero
Fecha de nacimiento: 31/08/82 (Madrid)
Liga: Inglaterra / Club: Liverpool
Altura: 1,87 m / Peso: 85 kg
Internacionalidades con la absoluta: 19
Debut selección: 17/08/05 (Gijón) España 2 – Uruguay 0
Internacionalidad con categorías inferiores: 38 partidos

Partidos con la absoluta en 2009: 7
Minutos jugados: 381
Disparos atrapados: 1
Goles encajados: 3
Minutos por gol encajado: 127

Paradas: 5
Paradas por partido: 0,7
Penaltis parados: 0
Goles encajados por partido: 0,4
Paradas saliendo: 4

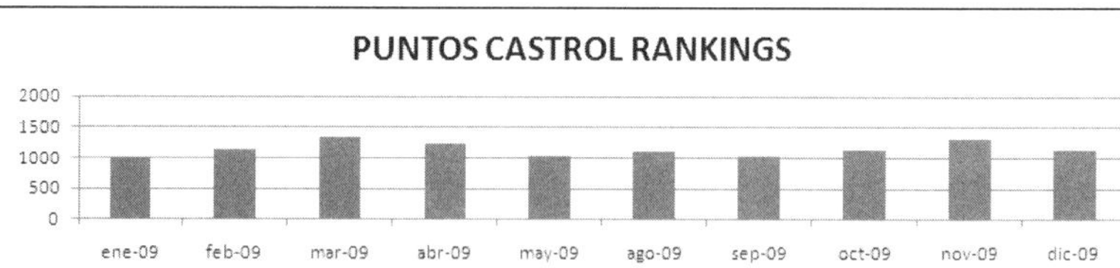

VÍCTOR VALDÉS ARRIBAS: Portero
Fecha de nacimiento: 14/01/82 (Hospitalet de Llobregat, Barcelona)
Liga: España / Club: Barcelona
Altura: 1,83 m / Peso: 78 kg
Internacionalidades con la absoluta: 0
Debut selección: No ha debutado
Internacionalidad con categorías inferiores: 22 partidos

No ha disputado ningún partido con la selección en 2009

PUNTOS CASTROL RANKINGS

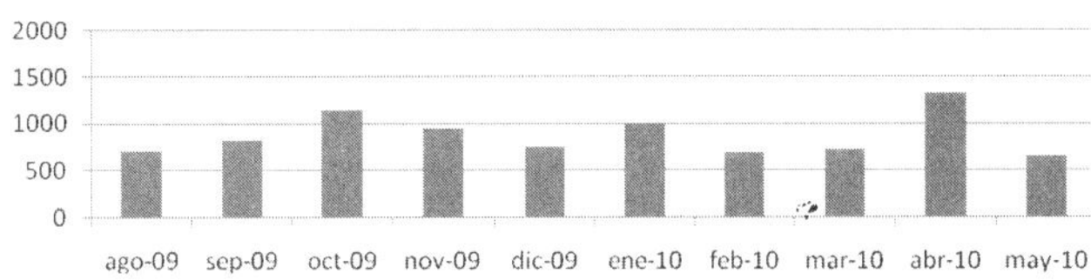

RAÚL ALBIOL TORTAJADA: Defensa
Fecha de nacimiento: 04/09/85 (Valencia)
Liga: España / Club: Real Madrid
Altura: 1,87 m / Peso: 84 kg
Internacionalidades con la absoluta: 22 Goles: 0
Debut selección: 13/10/2007 (Aarhus) Dinamarca 1 – España 3
Internacionalidad con categorías inferiores: 18 partidos Goles: 0

Partidos con la absoluta en 2009: 11
Partidos como titular: 9
Minutos jugados: 859
Goles: 0
Tiros a gol: 1

Pases de gol: 0
Pases buenos: 470
Intercepciones: 17
Balones cortados: 15
Despejes: 66

PUNTOS CASTROL RANKINGS

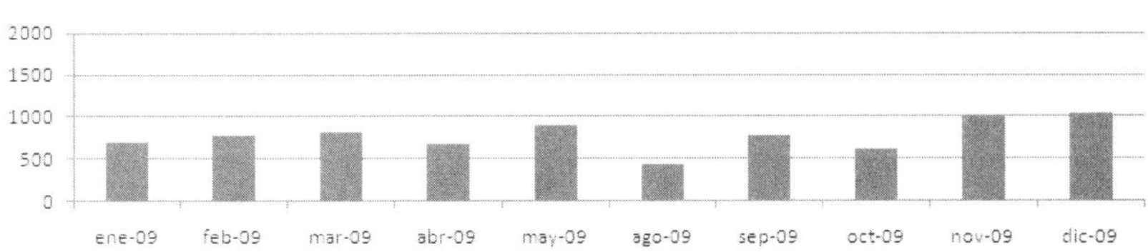

ÁLVARO ARBELOA COCA: Defensa
Fecha de nacimiento: 17/01/83 (Salamanca)
Liga: España / Club: Real Madrid
Altura: 1,80 m / Peso: 70 kg
Internacionalidades con la absoluta: 13 Goles: 0
Debut selección: 26/03/08 (Elche) España 1 – Italia 0
Internacionalidad con categorías inferiores: 7 partidos Goles: 0

Partidos con la absoluta en 2009: 8
Partidos como titular: 6
Minutos jugados: 644
Goles: 0
Tiros a gol: 0

Pases de gol: 1
Pases buenos: 315
Intercepciones: 8
Balones cortados: 23
Despejes: 12

PUNTOS CASTROL RANKINGS

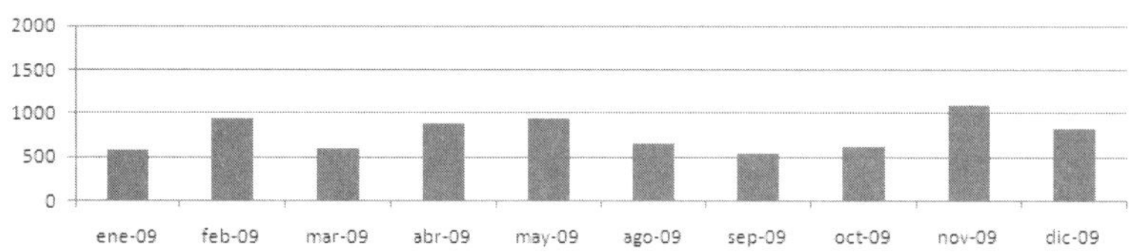

JOAN CAPDEVILA MÉNDEZ: Defensa
Fecha de nacimiento: 02/03/78 (Tárrega, Lleida).
Liga: España / Club: Villarreal
Altura: 1,82 m / Peso: 78 kg
Internacionalidades con la absoluta: 42 Goles: 4
Debut selección: 16/10/02 (Logroño) España 0 – Paraguay 0
Internacionalidad con categorías inferiores: 16 partidos Goles: 0

Partidos con la absoluta en 2009: 13
Partidos como titular: 13
Minutos jugados: 1092
Goles: 0
Tiros a gol: 6

Pases de gol: 3
Pases buenos: 551
Intercepciones: 16
Balones cortados: 29
Despejes: 32

PUNTOS CASTROL RANKINGS

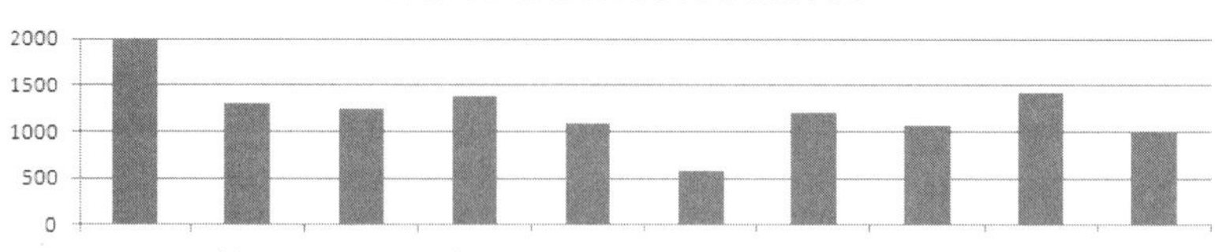

ANDONI IRAOLA SAGARNA: Defensa
Fecha de nacimiento: 22/06/82 (Usurbil, Guipúzcoa).
Liga: España / Club: Athletic de Bilbao
Altura: 1,82 m / Peso: 74 kg
Internacionalidades con la absoluta: 4 Goles: 0
Debut selección: 20/08/08 (Copenhague) Dinamarca 0 – España 3
Internacionalidad con categorías inferiores: 2 partidos Goles: 0

Partidos con la absoluta en 2009: 2
Partidos como titular: 1
Minutos jugados: 120
Goles: 0
Tiros a gol: 0

Pases de gol: 0
Pases buenos: 83
Intercepciones: 0
Balones cortados: 2
Despejes: 1

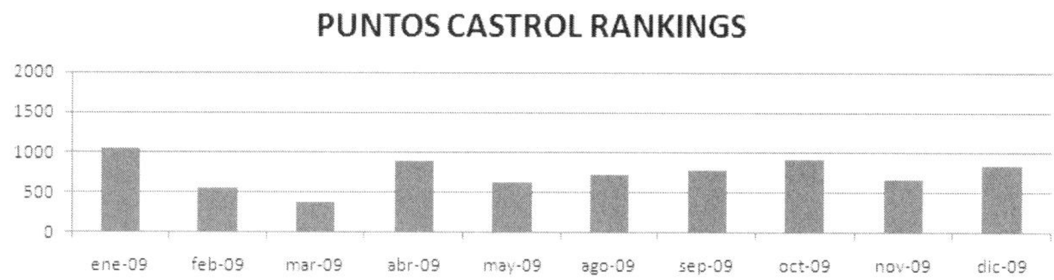

CARLOS MARCHENA LÓPEZ: Defensa
Fecha de nacimiento: 31/07/79 (Las Cabezas de San Juan, Sevilla)
Liga: España / Club: Valencia
Altura: 1,83 m / Peso: 78 kg
Internacionalidades con la absoluta: 56 Goles: 2
Debut selección: 21/08/02 (Budapest) Hungría 1 – España 1
Internacionalidad con categorías inferiores: 29 partidos Goles: 0

Partidos con la absoluta en 2009: 8
Partidos como titular: 6
Minutos jugados: 600
Goles: 0
Tiros a gol: 3

Pases de gol: 0
Pases buenos: 340
Intercepciones: 7
Balones cortados: 18
Despejes: 16

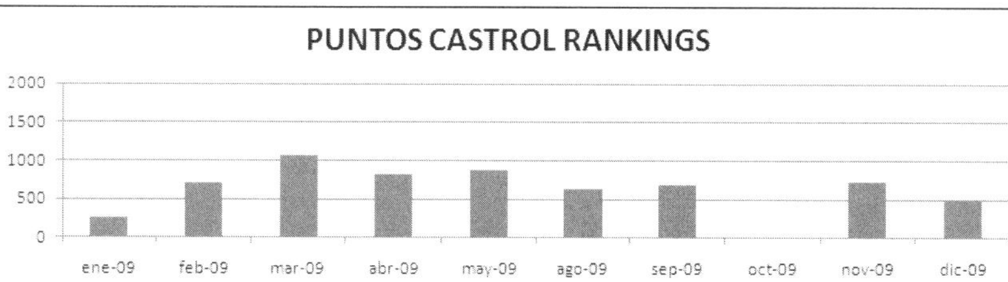

IGNACIO MONREAL ERASO: Defensa
Fecha de nacimiento: 26/02/86 (Pamplona)
Liga: España / Club: Osasuna
Altura: 1,78 m / Peso: 74 kg
Internacionalidades con la absoluta: 11   Goles: 0
Debut selección: 12/08/2009 (Skopje) Macedonia 2 – España 3
Internacionalidad con categorías inferiores: 13 partidos   Goles: 0

Partidos con la absoluta en 2009: 2
Partidos como titular: 1
Minutos jugados: 108
Goles: 0
Tiros a gol: 0

Pases de gol: 0
Pases buenos: 59
Intercepciones: 0
Balones cortados: 1
Despejes: 3

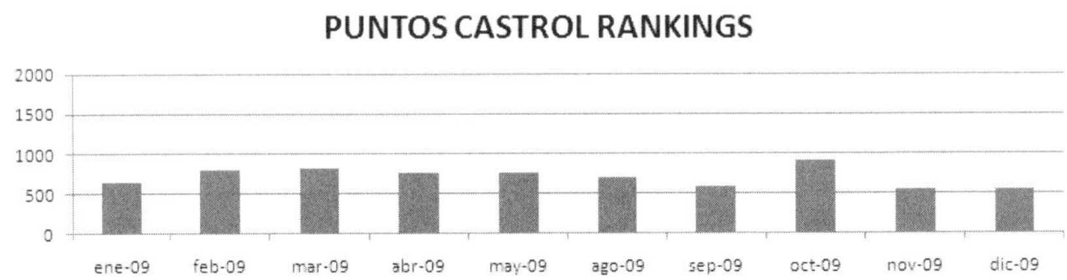

GERARD PIQUÉ BERNABÉU: Defensa
Fecha de nacimiento: 02/02/87 (Barcelona)
Liga: España / Club: Barcelona
Altura: 1,93 m / Peso: 85 kg
Internacionalidades con la absoluta: 14   Goles: 4
Debut selección: 11/02/09 (Sevilla) España 2 – Inglaterra 0
Internacionalidad con categorías inferiores: 40 partidos   Goles: 8

Partidos con la absoluta en 2009: 13
Partidos como titular: 12
Minutos jugados: 1.142
Goles: 4
Tiros a gol: 10

Pases de gol: 0
Pases buenos: 698
Intercepciones: 26
Balones cortados: 22
Despejes: 88

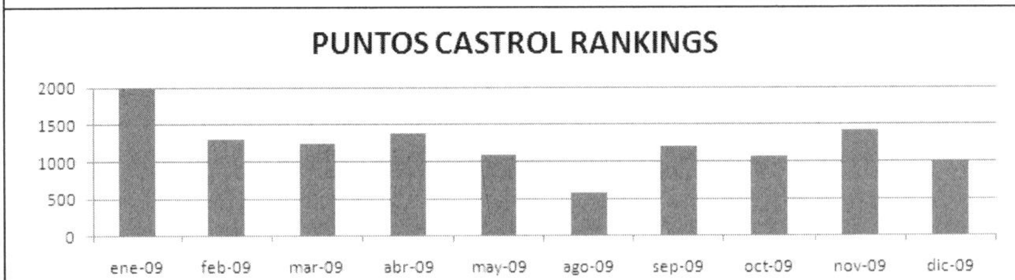

CARLES PUYOL SAFORCADA: Defensa
Fecha de nacimiento: 13/04/78 (La Pobla de Segur, Lleida)
Liga: España / Club: Barcelona
Altura: 1,80 m / Peso: 77 kg
Internacionalidades con la absoluta: 81 Goles: 2
Debut selección: 15/11/00 (Sevilla) España 1 – Holanda 2
Internacionalidad con categorías inferiores: 12 partidos Goles: 0

Partidos con la absoluta en 2009: 8
Partidos como titular: 7
Minutos jugados: 603
Goles: 0
Tiros a gol: 1

Pases de gol: 0
Pases buenos: 316
Intercepciones: 11
Balones cortados: 17
Despejes: 28

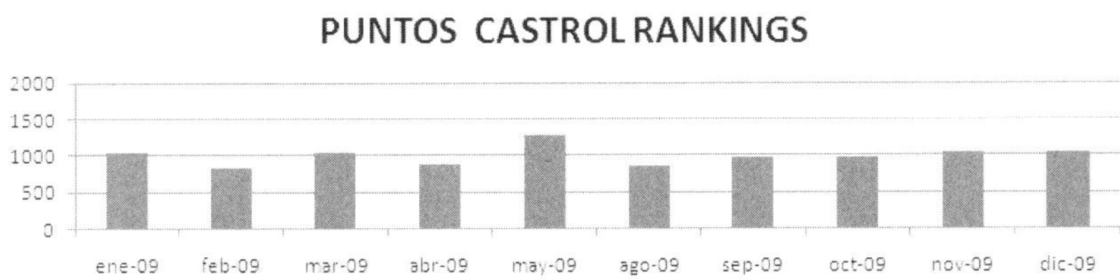

SERGIO RAMOS GARCÍA: Defensa
Fecha de nacimiento: 30/03/86 (Sevilla)
Liga: España / Club: Real Madrid
Altura: 1,83 m / Peso: 73 kg
Internacionalidades con la absoluta: 57 Goles: 6
Debut selección: 26/03/05 (Salamanca) España 3 – R. P. China 0
Internacionalidad con categorías inferiores: 14 partidos Goles: 0

Partidos con la absoluta en 2009: 11
Partidos como titular: 9
Minutos jugados: 832
Goles: 0
Tiros a gol: 11

Pases de gol: 2
Pases buenos: 467
Intercepciones: 20
Balones cortados: 20
Despejes: 25

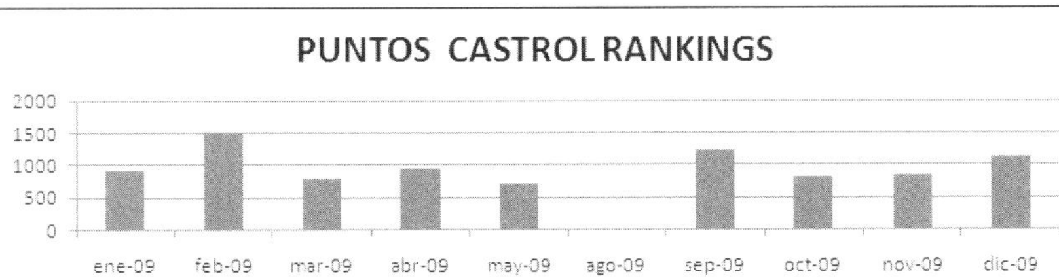

SERGIO BUSQUETS BURGOS: Medio
Fecha de nacimiento: 16/07/88 (Sabadell, Barcelona)
Liga: España / Club: Barcelona
Altura: 1,89 m / Peso: 73 kg
Internacionalidades con la absoluta: 11 Goles: 0
Debut selección: 01/04/2009 (Estambul) Turquía 1 – España 2
Internacionalidad con categorías inferiores: 3 partidos Goles: 1

Partidos con la absoluta en 2009: 10
Partidos como titular: 6
Minutos jugados: 615
Goles: 0
Tiros a gol: 1

Pases de gol: 0
Pases buenos: 468
Regates: 5
Intercepciones: 25

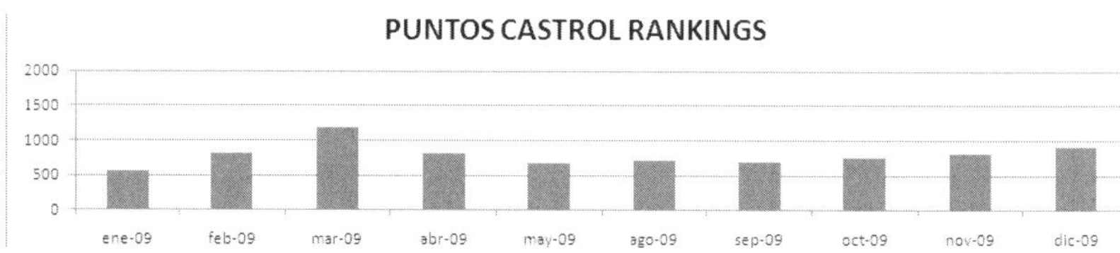

SANTIAGO CAZORLA FERNÁNDEZ: Medio
Fecha de nacimiento: 13/12/84 (Lugo de Llanera, Asturias)
Liga: España / Club: Villarreal
Altura: 1,69 m / Peso: 66 kg
Internacionalidades con la absoluta: 24 Goles: 2
Debut selección: 31/05/08 (Huelva) España 2 – Perú 1
Internacionalidad con categorías inferiores: 7 partidos Goles: 2

Partidos con la absoluta en 2009: 11
Partidos como titular: 6
Minutos jugados: 582
Goles: 1
Tiros a gol: 15

Pases de gol: 3
Pases buenos: 373
Regates: 15
Intercepciones: 9

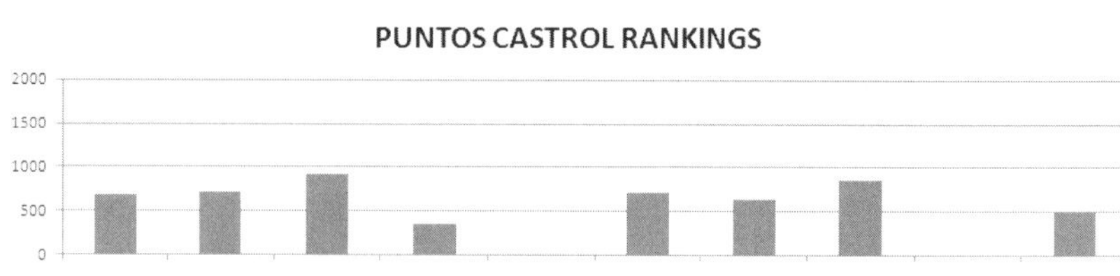

FRANCESC FÁBREGAS SOLER: Medio
Fecha de nacimiento: 04/05/87 (Arenys de Mar, Barcelona)
Liga: Inglaterra / Club: Arsenal
Altura: 1,80 m / Peso: 69 kg
Internacionalidades con la absoluta: 48 Goles: 7
Debut selección: 01/03/06 (Valladolid) España 3 – Costa de Marfil 2
Internacionalidad con categorías inferiores: 38 partidos Goles: 10

Partidos con la absoluta en 2009: 10
Partidos como titular: 7
Minutos jugados: 655
Goles: 4
Tiros a gol: 12
Pases de gol: 3
Pases buenos: 594
Regates: 15
Intercepciones: 14

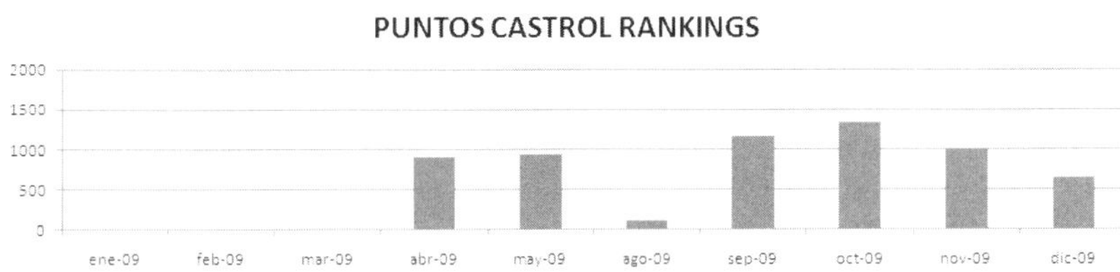

PABLO HERNÁNDEZ DOMÍNGUEZ: Medio
Fecha de nacimiento: 11/04/88 (Onda, Valencia)
Liga: España / Club: Valencia
Altura: 1,73 m / Peso: 64 kg
Internacionalidades con la absoluta: 2 Goles: 1
Debut selección: 20/06/2009 (Bloemfontein) España 2 – Sudáfrica 0
Internacionalidad con categorías inferiores: 0 partidos Goles: 0

Partidos con la absoluta en 2009: 2
Partidos como titular: 0
Minutos jugados: 74
Goles: 1
Tiros a gol: 1
Pases de gol: 1
Pases buenos: 49
Regates: 3
Intercepciones: 2

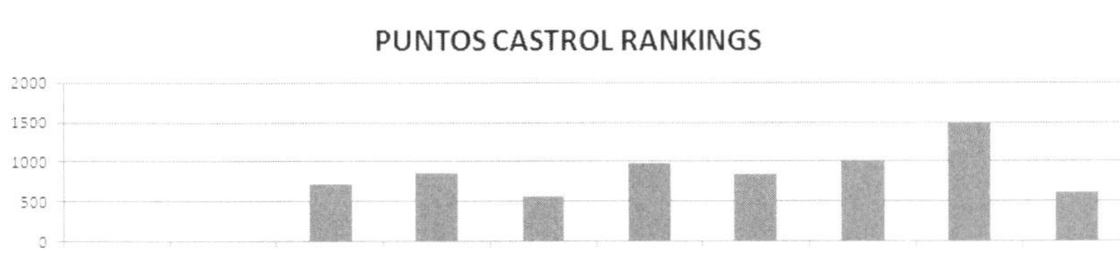

ANDRÉS INIESTA LUJÁN: Medio
Fecha de nacimiento: 11/05/84 (Fuentealbilla, Albacete)
Liga: España / Club: Barcelona
Altura: 1,79 m / Peso: 63 kg
Internacionalidades con la absoluta: 40 Goles: 6
Debut selección: 27/05/06 (Albacete) España 0 – Rusia 0
Internacionalidad con categorías inferiores: 45 partidos Goles: 11

Partidos con la absoluta en 2009: 5
Partidos como titular: 4
Minutos jugados: 307
Goles: 0
Tiros a gol: 1

Pases de gol: 1
Pases buenos: 282
Regates: 16
Intercepciones: 8

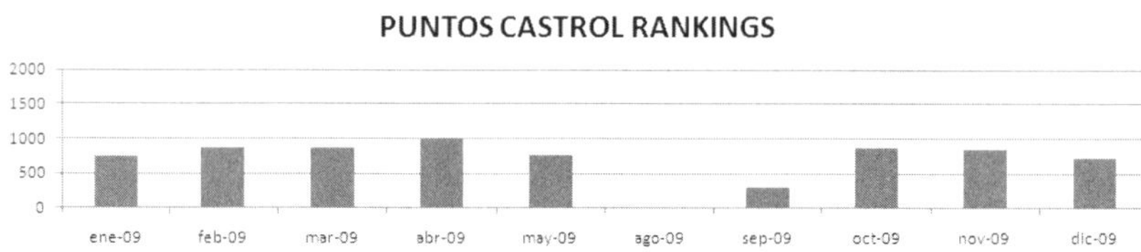

JESÚS NAVAS GONZÁLEZ: Medio
Fecha de nacimiento: 21/11/85 (Los Palacios, Sevilla)
Liga: España / Club: Valencia
Altura: 1,70 m / Peso: 60 kg
Internacionalidades con la absoluta: 3 Goles: 0
Debut selección: 14/11/2009 (Madrid) España 2 – Argentina 1
Internacionalidad con categorías inferiores: 5 partidos Goles: 3

Partidos con la absoluta en 2009: 2
Partidos como titular: 0
Minutos jugados: 53
Goles: 0
Tiros a gol: 0

Pases de gol: 1
Pases buenos: 37
Regates: 4
Intercepciones: 1

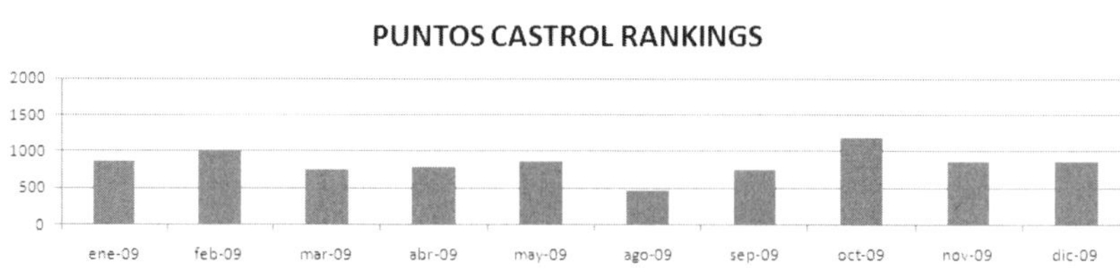

JUAN MANUEL MATA GARCÍA: Medio
Fecha de nacimiento: 28/04/88 (Burgos)
Liga: España / Club: Valencia
Altura: 1,70 m / Peso: 60 kg
Internacionalidades con la absoluta: 7 Goles: 3
Debut selección: 28/03/2009 (Madrid) España 1 – Turquía 0
Internacionalidad con categorías inferiores: 31 partidos Goles: 20

Partidos con la absoluta en 2009: 7
Partidos como titular: 2
Minutos jugados: 221
Goles: 3
Tiros a gol: 7
Pases de gol: 0
Pases buenos: 154
Regates: 8
Intercepciones: 2

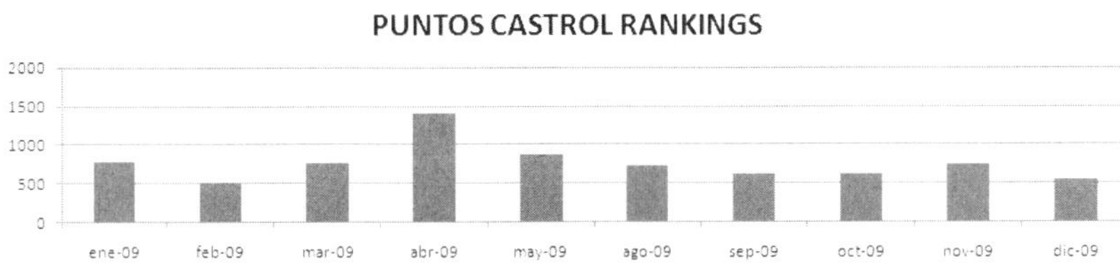

JAVIER MARTÍNEZ AGUINAGA: Medio
Fecha de nacimiento: 02/09/88 (Estella, Navarra)
Liga: España / Club: Athletic
Altura: 1,89 m / Peso: 79 kg
Internacionalidades con la absoluta: 0
Debut selección: No ha debutado
Internacionalidad con categorías inferiores: 19 partidos Goles: 1

No ha disputado ningún partido con la selección en 2009

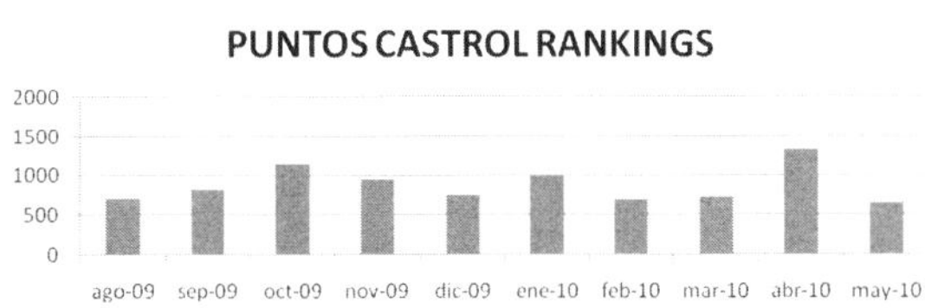

MARCOS SENNA DA SILVA: Medio
Fecha de nacimiento: 17/07/76 (Río de Janeiro, Brasil)
Liga: España / Club: Villarreal
Altura: 1,77 m / Peso: 68 kg
Internacionalidades con la absoluta: 28 Goles: 2
Debut selección: 01/03/2006 (Valladolid) España 3 - Costa de Marfil 2.
Internacionalidad con categorías inferiores: 0 partidos Goles: 0

Partidos con la absoluta en 2009: 6
Partidos como titular: 5
Minutos jugados: 450
Goles: 0
Tiros a gol: 5
Pases de gol: 0
Pases buenos: 331
Regates: 8
Intercepciones: 14

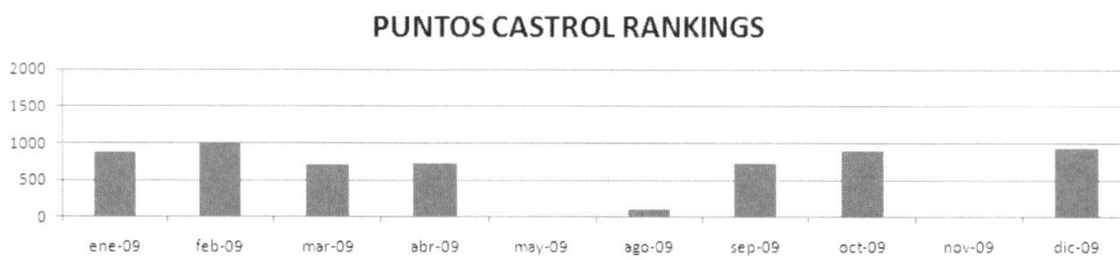

DAVID JIMÉNEZ SILVA: Medio
Fecha de nacimiento: 08/01/86 (Arguineguín, Gran Canaria)
Liga: España / Club: Valencia
Altura: 1,70 m / Peso: 67 kg
Internacionalidades con la absoluta: 33 Goles: 5
Debut selección: 15/11/06 (Cádiz) España 0 – Rumanía 1
Internacionalidad con categorías inferiores: 54 partidos Goles: 23

Partidos con la absoluta en 2009: 12
Partidos como titular: 7
Minutos jugados: 680
Goles: 3
Tiros a gol: 18
Pases de gol: 6
Pases buenos: 407
Regates: 14
Intercepciones: 7

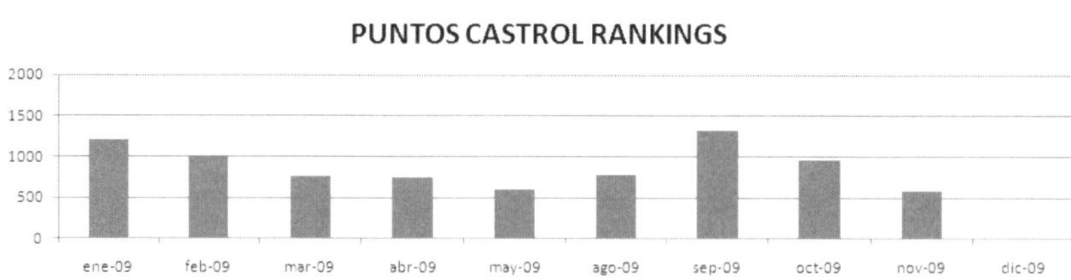

XABIER ALONSO OLANO: Medio
Fecha de nacimiento: 25/11/81 (Tolosa, Guipúzcoa)
Liga: España / Club: Real Madrid
Altura: 1,83 m / Peso: 75 kg
Internacionalidades con la absoluta: 66 Goles: 7
Debut selección: 30/04/03 (Madrid) España 4 – Ecuador 0.
Internacionalidad con categorías inferiores: 10 partidos Goles: 0

Partidos con la absoluta en 2009: 12
Partidos como titular: 12
Minutos jugados: 1.065
Goles: 4
Tiros a gol: 18
Pases de gol: 2
Pases buenos: 998
Regates: 10
Intercepciones: 34

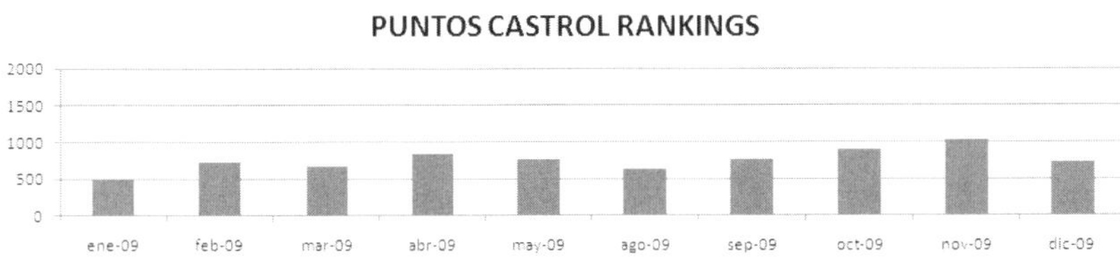

XAVIER HERNÁNDEZ CREUS: Medio
Fecha de nacimiento: 25/01/80 (Terrassa, Barcelona)
Liga: España / Club: Barcelona
Altura: 1,70 m / Peso: 68 kg
Internacionalidades con la absoluta: 84 Goles: 9
Debut selección: 15/11/2000 (Sevilla) España 1 – Holanda 2
Internacionalidad con categorías inferiores: 57 partidos Goles: 13

Partidos con la absoluta en 2009: 14
Partidos como titular: 13
Minutos jugados: 1.055
Goles: 0
Tiros a gol: 3
Pases de gol: 4
Pases buenos: 1.160
Regates: 12
Intercepciones: 12

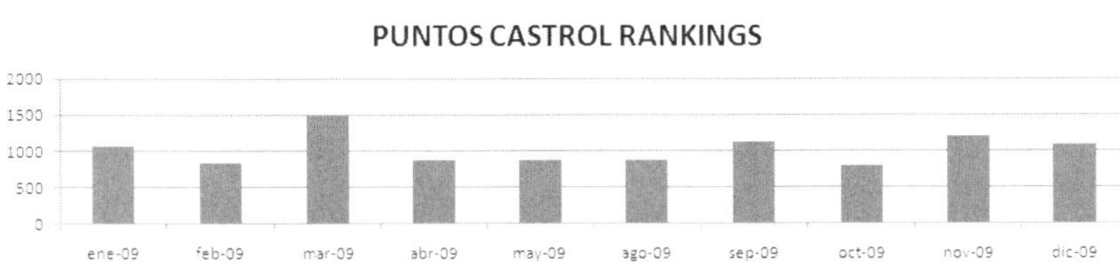

DANIEL GONZÁLEZ GÜIZA: Delantero
Fecha de nacimiento: 17/08/80. Jerez de la Frontera (Cádiz).
Liga: Turquía / Club: Fenerbahce
Altura: 1,80 m / Peso: 80 kg
Internacionalidades con la absoluta: 21 Goles: 6
Debut selección: 21/11/07 (Las Palmas) España 1 – Irlanda del Norte 0
Internacionalidad con categorías inferiores: 0 partidos Goles: 0

Partidos con la absoluta en 2009: 8	Pases de gol: 1
Partidos como titular: 0	Pases buenos: 64
Minutos jugados: 212	Regates: 2
Goles: 4	Intercepciones: 3
Tiros a gol: 13	

La Liga Turca no es analizada por el Ránking Castrol

FERNANDO LLORENTE: Delantero
Fecha de nacimiento: 26/02/85 (Pamplona)
Liga: España / Club: Athletic de Bilbao
Altura: 1,93 m / Peso: 88 kg
Internacionalidades con la absoluta: 5 Goles: 2
Debut selección: 19/11/2008 (Villarreal) España 3- Chile 0
Internacionalidad con categorías inferiores: 16 partidos Goles: 10

Partidos con la absoluta en 2009: 4	Pases de gol: 0
Partidos como titular: 0	Pases buenos: 13
Minutos jugados: 95	Regates: 1
Goles: 2	Intercepciones: 1
Tiros a gol: 3	

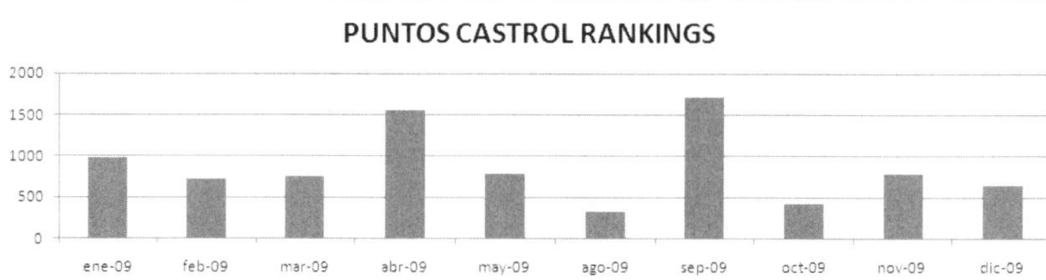

ÁLVARO NEGREDO SÁNCHEZ: Delantero
Fecha de nacimiento: 20/08/85 (Madrid)
Liga: España / Club: Sevilla
Altura: 1,86 m / Peso: 79 kg
Internacionalidades con la absoluta: 4 Goles: 2
Debut selección: 10/10/2009 (Ereván) Armenia 1 – España 2
Internacionalidad con categorías inferiores: 1 partido Goles: 0

Partidos con la absoluta en 2009: 4
Partidos como titular: 1
Minutos jugados: 193
Goles: 2
Tiros a gol: 6

Pases de gol: 2
Pases buenos: 43
Regates: 6
Intercepciones: 1

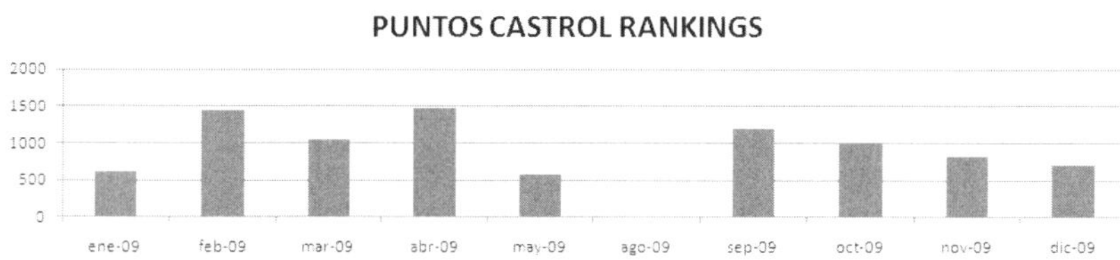

FERNANDO JOSÉ TORRES SANZ: Delantero
Fecha de nacimiento: 20/03/84 (Madrid)
Liga: Inglaterra / Club: Liverpool
Altura: 1,83 m / Peso: 72 kg
Internacionalidades con la absoluta: 72 Goles: 23
Debut selección: 06/09/03 (Guimaraes) Portugal 0 – España 3.
Internacionalidad con categorías inferiores: 30 partidos Goles: 22

Partidos con la absoluta en 2009: 13
Partidos como titular: 13
Minutos jugados: 939
Goles: 5
Tiros a gol: 30

Pases de gol: 2
Pases buenos: 124
Regates: 41
Intercepciones: 3

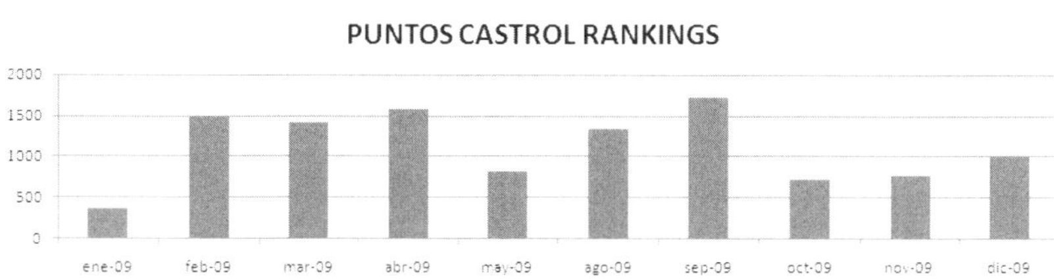

DAVID VILLA SÁNCHEZ: Delantero
Fecha de nacimiento: 03/12/81 (Langreo, Asturias)
Liga: España / Club: Valencia
Altura: 1,79 m / Peso: 69 kg
Internacionalidades con la absoluta: 55 Goles: 36
Debut selección: 09/02/05 (Almería) España 5 – San Marino 0
Internacionalidad con categorías inferiores: 7 partidos Goles: 0

Partidos con la absoluta en 2009: 13
Partidos como titular: 13
Minutos jugados: 867
Goles: 11
Tiros a gol: 43

Pases de gol: 3
Pases buenos: 211
Regates: 18
Intercepciones: 2

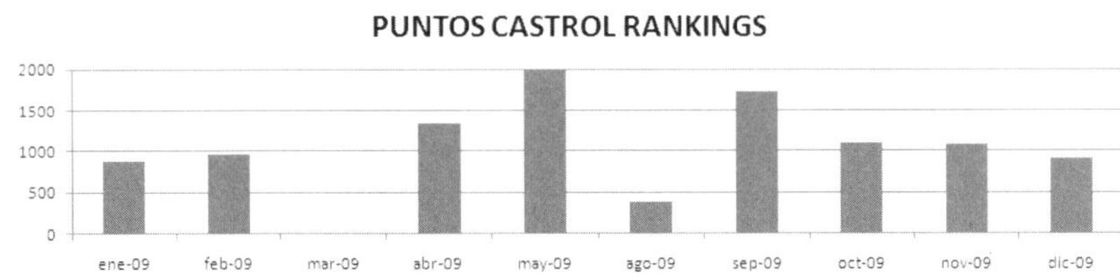

PEDRO RODRÍGUEZ LEDESMA: Delantero
Fecha de nacimiento: 28/06/87 (Santa Cruz de Tenerife)
Liga: España / Club: Barcelona
Altura: 1,69 m / Peso: 70 kg
Internacionalidades con la absoluta: 0 Goles: 0
Debut selección: Aún no ha debutado.
Internacionalidad con categorías inferiores: 0 partidos Goles: 0

No ha disputado ningún partido con la selección en 2009.

Visita www.castrolfutbol.es durante el mundial y podrás ver el Índice Castrol actualizado una hora después de cada partido. Además, podrás disfrutar del sistema de predicción de Castrol a medida que avanza el mundial y descubrir las posibilidades que tiene tu selección de ganar el campeonato.

ANEXO 2
RENDIDOS A LA ROJA

Por Miguel Ángel Lara y Raúl Varela

«El día que España empiece a ganar no va a dejar de hacerlo.» Así respondió Zinedine Zidane a la pregunta sobre la causa de la zozobra del fútbol español entre 1964 y 2008: ¿Por qué España no gana nunca? La frase del quinto jugador más grande de todos los tiempos entró en una nueva dimensión a partir del 29 de junio de 2008. La Eurocopa cambió el fútbol español por dentro y también la visión que de La Roja se tenía en el exterior. Atrás quedaba la selección acomplejada, la que iba de favorita torneo tras torneo y se volvía con un cogotazo y provocando una sonrisa de compasión entre los gigantes del fútbol.

Con la Eurocopa ganada por Luis, la España de Del Bosque arrancó la fase de clasificación para el Mundial de Sudáfrica recibiendo flores de todo el mundo. Sus rivales en el grupo levantaron la bandera blanca antes de empezar: «España será primera y nosotros nos jugaremos la repesca con Bélgica», afirmó Fatih Terim, el seleccionador turco. A los otomanos, como a los belgas, les salió un grano en su camino: Bosnia. El equipo balcánico fue segundo de grupo, pero probó en sus carnes el potencial español. «Por Zenica ha pasado un equipo de extraterrestres», se leía en la prensa bosnia tras el 2-5 con el que se cerró el grupo, a pesar de que España jugó aquel partido con su cara B.

Ante Bélgica, en Riazor, España bordeó la excelencia en el mes de septiembre de 2009. El 5-0 fue la conclusión de un partido que la prensa belga afrontó con ningún optimismo: «A volver sin una goleada.» El seleccionador belga, Frank Verkauteren, uno de los que nos amargó en México 86 evitando en la tanda de penaltis que España estuviera en semifinales, es de los que creen que La Roja debe acudir a Sudáfrica a pecho descubierto: «No soy un adivino, pero con el equipo que tiene España creo que debe ser muy ambiciosa y no aspirar a otra cosa que no sea el primer puesto». El portero de los Diablos Rojos, Gillet, tuvo una noche de perros, aunque él sacó otra lectura: «Es verdad que me han metido cinco goles, pero hasta así disfrutas viendo cómo juega España. ¡Al menos podré contar un día que paré un penalti a Villa!».

El calificativo de *favorita* para La Roja ahora sí que está cargado de argumentos. Así lo han interpretado las casas de apuestas, que han acabado por rendirse y colocan a la selección española como favorita número uno por delante de Brasil. El mundo del fútbol es unánime en su juicio y nos da como los grandes candidatos a levantar la copa del mundo el 11 de julio en Johannesburgo. Del Bosque sabe que la euforia, buena en cierta medida, va a ser incontrolable. Y los rivales también han encontrado un equipo al que echar a sus espaldas el peso que supone esa etiqueta.

Dunga, seleccionador brasileño, se molestó más de una vez cuando no se hablaba de su equipo como gran favorito, pero tampoco ha dudado en señalar a España como la gran candidata: «Es la que mejor ha jugado al fútbol en los dos últimos años. Son los grandes favoritos, pero hay que recordar que Brasil es siempre Brasil».

La *seleção*, cinco veces campeona del mundo, podría ser el cruce de octavos, ya que España se jugará su acceso a los cuartos de final con el primero del grupo E, en el que viajan los de Dunga, Portugal, Costa de Marfil y Corea del Norte.

El último técnico que levantó el trofeo más preciado, el italiano Marcello Lippi, utiliza el mismo camino y el mismo aviso. «Brasil y España son las dos grandes favoritas. Los españoles son los que juegan mejor. Ganar la Eurocopa les ha dado confianza en lo que hacen y en cómo lo hacen. Su fútbol es una delicia. Pero hay que decirles que a un Mundial selecciones como Italia, Alemania, Francia o Argentina sólo van a una cosa: a ganar.» Como buen italiano, lanza otro mensaje a España: «¿Jugar bonito? Al estadio se va a ganar, para divertirse ya están los teatros y los cines».

Repasando el mapa mundialista, los piropos a España llegan desde los cinco continentes. Algunos matizados, como los de Fabio Capello. El ex entrenador del Real Madrid y ahora al mando de la selección inglesa navega entre dudas a la hora de hablar de España y Brasil. «España es buena, pero Brasil es buenísima. Para mí, los brasileños tienen una mejor estructura defensiva.» Lo que en teoría es una crítica, Capello lo matiza para que sea un elogio: «No se entendió bien lo que quise decir. No es que España defienda mal, al revés. Los españoles defienden de la mejor manera posible: teniendo siempre la pelota, por eso les hace falta un esfuerzo defensivo diferente, menos intenso. No es una crítica».

El medio campo español es la zona que más elogios levanta entre los rivales. A la cabeza, el mexicano Javier Aguirre: «Se puede discutir entre el favoritismo de España y Brasil, pero no al elegir quién juega mejor de los dos. Ahí gana España, sobre todo porque su centro del campo es, con diferencia, el mejor del mundo. Si juegas contra ellos sabes que vas a saber poco del balón y que te va a tocar correr mucho detrás de ellos».

El holandés Ruud Gullit pone nombre a los halagos de Aguirre: «Xavi e Iniesta son fantásticos, jugadores de Balón de Oro. Yo me siento a ver un partido de España y sé que voy a disfrutar, que veré cosas diferentes. ¡Claro que es favorita para el Mundial! Pero les voy a dar un consejo: a nosotros nos pasó lo mismo en el Mundial de 1990. Habíamos ganado la Eurocopa del 88, jugábamos mejor que nadie y caímos en octavos ante Alemania por hacer una primera fase muy mala. En un Mundial hay que estar a tope desde el inicio. Un error que parece tonto al principio te manda a un mal cruce y luego a casa».

A la hora de buscar reflexiones sobre qué ha cambiado en el fútbol español, la del profesor Óscar Washington Tabárez, seleccionador de la primera campeona del mundo (Uruguay), va más allá de un mero análisis futbolístico: «Para explicar el momento que vive la selección española, para mí sin duda la mejor del mundo, hay que mirar al deporte español de una forma más amplia. El fútbol es una parte más del momento estelar que vive España: Nadal, Alonso, Contador, la selección de baloncesto... Es un trabajo que viene de atrás, de unas bases puestas hace tiempo. Es verdad que parecía que el fútbol no iba a la par de ese desarrollo, pero ha llegado. Y lo ha hecho no de cualquier forma: España gana desde la mejor idea, la de jugar bien».

España era el equipo que nadie quería en el sorteo que se celebró el pasado 4 de diciembre en Ciudad del Cabo. Una escena vale más que mil palabras. El día anterior a que la suerte nos emparejara con Suiza, Honduras y Chile, todos los seleccionadores que viajaron a Sudáfrica estaban alojados en el mismo hotel. Al llegar, Vicente del Bosque se encontró de frente con Radomir Antic: «¡No os quiero ver ni en pintura!», exclamó a modo de saludo el seleccionador serbio. «España es hoy la gran referencia en el fútbol mundial. Se ha ganado a pulso el respeto, ha hecho méritos sobrados para ser la primera en el *ranking* FIFA y para que se le ponga al mismo nivel que Brasil.»

Con ese panorama, el mensaje de los tres rivales españoles en la primera fase fue casi unánime nada más conocer que quedaban encuadrados en el grupo de La Roja: «España será primera y nosotros pelearemos por la otra plaza». El 16 de junio, en Durban, el equipo español se estrenará ante Suiza, un equipo que fue el primero en ser analizado al dedillo por los técnicos de la Federación a partir de los informes de Paco Jiménez y Antonio Fernández. Del Bosque habla maravillas del equipo helvético y espera un debut áspero. Para los suizos, esa aspereza se convierte en un desafío tremendo, según asegura su seleccionador, Ottmar Hitzfeld: «Nuestro primer partido es ante la mejor selección del mundo, el equipo que mejor juega. España es el presente; Suiza puede ser el futuro. Todo lo que no sea decir que los españoles son favoritos para ser primeros de grupo es salirse de la realidad. No es que sea el equipo más fuerte de Europa, es el mejor de todos».

Honduras será el segundo partido de España, una cita que sacará del baúl de los recuerdos la noche del 16 de junio de 1982, cuando los hondureños amargaron el estreno español en su Mundial (1-1 en Mestalla). Aquélla fue la gran noche del fútbol hondureño. Han pasado veintiocho años desde entonces, y repetir la hazaña es algo que ni pasa por la cabeza de los centroamericanos. Nicolás Suazo, ex seleccionador nacional y hermano de la gran estrella del equipo (David Suazo, Genoa), no deja dudas: «Es el mejor equipo del mundo y nos tuvo que tocar a nosotros. ¡Ni con veintidós jugadores seríamos capaces de ganarle a España!».

Mientras, el actual inquilino del banquillo de los Catrachos (así se conocía a los hondureños en el siglo XIX), el colombiano Reinaldo Rueda, no alza con tanta vehemencia la bandera blanca, pero casi. «Está demostrado que España es la selección más potente el mundo. Ha mostrado una jerarquía que no deja lugar a las dudas. Están ellos y luego los otros tres equipos para intentar ser segundos», asegura este colombiano al que llevar a Honduras a su segunda fase final le ha valido para que le den la nacionalidad hondureña.

«Seguro que esta noche ya se pone Bielsa a ver vídeos», bromeaba Del Bosque nada más acabar el sorteo. Nuestro seleccionador señaló a los chilenos antes del sorteo como uno de los equipos que no quería: «Por algo han quedado tan cerca de Brasil en Sudamérica». De lo que piensa Bielsa del grupo poco se sabe. Ausente en Sudáfrica «porque ya sabemos cómo es el Loco», decía la delegación sudamericana, hubo que esperar hasta mediados de enero para oírle decir: «Hay dos grupos más fáciles que el nuestro y tres más difíciles. Quedamos en un zona intermedia en cuanto a dificultad que me pareció satisfactoria. No es ni fácil ni de dificultad extrema».

A falta de una valoración en caliente de su técnico tras el sorteo, el presidente de la Federación chilena es el interlocutor que analiza lo que supone para La Roja de Sudamérica cruzarse con su homónima europea: «¿Que Del Bosque no quería a Chile? Hay que dar la vuelta a ese argumento: a España no la quería nadie. Lo bueno que tiene es que si pasamos, y será un grupo parejo en principio, ya no tenemos que saber nada de ellos en los cruces. Jugamos con España en un amistoso en Villarreal, perdimos 3-0 jugando bastante bien. Eso habla de cómo es la selección española», asegura Harold Alfred Mayne-Nicholls, un periodista nacido en Antofagasta en 1961, cuyas raíces proceden claramente de la presencia inglesa en Chile, y máximo mandatario del fútbol chileno.

Desde los banquillos o los palcos se ve el fútbol de manera bien diferente a como se ve en el campo. ¿Qué piensan los futbolistas que tienen ante sí a La Roja? Una de las explicaciones más rotundas es la del inglés Wayne Rooney: «Para mí, es el mejor equipo el mundo. Nadie mueve la pelota con la precisión y la velocidad con la que lo hacen los españoles. Te obligan a pasarte el partido corriendo detrás del balón y eso es frustrante. Ganarles es muy complicado».

Leo Messi, el mejor jugador del planeta antes del Mundial, tampoco escatima elogios cuando se le pregunta por el equipo español. «Es la mejor selección del mundo. Su confianza no para de crecer porque no para de ganar. Cuando se llega a una cita como un Mundial, la seguridad que tienes es fundamental. Y el de los españoles es enorme», asevera el argentino, que daría lo que fuera para vestir de albiceleste a Xavi, Iniesta, Cesc, Silva. A las críticas vertidas sobre él desde Argentina, la respuesta desde España es bastante unánime: ¿No será que lo que cambia es lo que Messi tiene a su alrededor?

Desde África, Samuel Eto'o comparte opinión con el que fuera su socio en el Barcelona. El delantero de Camerún mira a las 32 selecciones que estarán en el primer Mundial en suelo africano y no duda: «España está por encima del resto. Es verdad que en un partido puede pasar cualquier cosa y se le puede ganar, pero eso no quita para que sea el mejor equipo del mundo».

Brasil, como cada Mundial, parte en la *pole* en Sudáfrica, aunque esta vez comparte esa primera línea de salida con una selección, la española, que nunca había presentado tantos argumentos para aspirar al cetro mundial. Kaká, referencia de la *seleçao*, se mueve entre dos aguas: «Es difícil saber si es mejor España o Brasil. La selección española me merece un respeto grandísimo, pero también digo que no me da miedo».

La otra gran estrella del equipo de Dunga también juega en España. El sevillista Luis Fabiano pelea a base de goles con David Villa por la etiqueta de ser el mejor delantero del planeta, y nada mejor que un Mundial para que ese duelo de pistoleros brille. O Fabuloso nos brinda una amplia visión del equipo español: «Para mí es uno de los mejores equipos del mundo. Me recuerda a los mejores Brasil por la forma de jugar, por el toque, por la triangulación y por el hambre de ganar. Consiguieron la Eurocopa, pero siguen jugando igual de bien y ganándolo todo. Es una de las dos mejores selecciones del mundo. Me gusta mucho verlos jugar. Creo que todo aficionado al fútbol disfruta viendo jugar a Xavi, a Iniesta, a Silva, a Villa o a Cesc».

Aunque el brasileño, que forma con Villa y Drogba el trío de mejores goleadores en activo cuando se habla de selecciones, no ve a La Roja un peldaño por delante de Brasil si hablamos de favoritos: «No la veo por delante de nosotros. Creo que las dos son favoritas para ganar el Mundial. Nosotros tenemos siempre la etiqueta de posibles campeones porque somos los que más torneos hemos ganado, pero creo además que este año tenemos una selección que también viene de ganar muchos partidos y hacer cosas importantes. España también es favorita y sería impresionante y muy bonito poder jugar la final los dos. Es mi deseo, jugar la final del Mundial contra España y poder ganarle. Ese espectáculo es el que se merece la afición, el de un España-Brasil en la final».

Luis Fabiano halaga a todo el equipo español, pero asegura que no se llevaría a nadie de La Roja a su selección porque «me gusta mucho lo que tenemos». No cree que el cruce de octavos vaya a medir a España y Brasil: «Es lo que espero y deseo. Yo creo que las dos seremos primeras de grupo y estaremos en la final».

Otro de los eternos candidatos es Alemania, nuestra víctima en la final de Viena. Su técnico, Joachim Löw, es tajante cuando se le pregunta por España: «Es el modelo a seguir». De hecho, las estructuras de trabajo de la Federación alemana han variado y han tomado como ejemplo lo que se hace en España para ir formando a la absoluta desde los éxitos de las categorías inferiores.

Si España es la referencia colectiva, a la hora de buscar un jugador sobre el que caiga el peso de este Mundial hay uno que ha de tener preparada la espalda: Cristiano Ronaldo. El astro madridista no duda a la hora de enumerar sus favoritos para heredar la corona que luce

Italia desde 2006: «España, Brasil e Inglaterra. No hay duda de que son los que mejor juegan». Sobre las opciones de Portugal, CR9 es claro: «¿Ganar? Creo que tenemos equipo para hacer un buen Mundial. Nos ha tocado el grupo más fuerte con dos equipos de grandísimo nivel, Brasil y Costa de Marfil, y otro que no sabemos por dónde puede salir, Corea del Norte». Si se le insinúa una final España-Portugal, CR9 sonríe y pide papel y boli para firmarlo ya.

Desde noviembre de 2006, cuando España cayó en Cádiz ante Rumanía, sólo Estados Unidos ha sido capaz de hacer doblar la rodilla a la selección española. Su mejor jugador, Landon Donovan, es de los que ven a España como la número uno del mundo: «En Sudáfrica ganamos a la mejor selección del planeta. Para ellos fue duro y para nosotros una gran victoria. Demostramos que podemos derrotar a cualquiera porque ganamos al mejor equipo del mundo». Eso sí, le quedó una frustración aquella noche en Bloemfontaine: «Los jugadores españoles acabaron tan hundidos que se fueron rápidamente del césped y no pudimos cambiar las camisetas con ellos». Jozy Altidore, autor del primer gol yanqui el 24 de junio de 2009, califica sin dudas aquel partido como «la mayor hazaña en la historia del fútbol de Estados Unidos».

Con tantas flores, España se ha convertido en el equipo al que debe batirse en el Mundial. La lógica, cuya relación con el fútbol no es demasiado buena (como ya probamos en nuestras carnes en Francia 1998), nos da como campeones de grupo sí o sí. Esquivados Suiza, Honduras y Chile, la suerte nos depara un partido de octavos que puede sonar a una ronda superior, ya que nos esperaría el segundo del grupo de la muerte, el G: Brasil, Portugal, Costa de Marfil o Corea del Norte. Y después, en cuartos, aparecería el ganador del cruce entre el campeón del F (el de Italia) y el segundo del E (Holanda, Dinamarca, Camerún y Japón).

Siendo primeros de grupo, y siempre contando con que todos los favoritos cumplieran con su papel, algo más que improbable, España no vería a Brasil hasta la final, lo mismo que pasaría con los campeones de los grupos A, C y E, los de Francia, Inglaterra y Holanda. Dibujando un escenario ideal, y superados octavos y cuartos, aparecen las figuras de Alemania y Argentina, que van por la parte alta de la zona derecha del cuadro, la nuestra.

Si España pasa como segunda, iría a parar a la otra parte del cuadro y puede tener en octavos la «gracia» de verse con el otro gran favorito: Brasil. «Bastante tengo ya con el grupo que tenemos como para ponerme a pensar en si nos cruzamos con España», asevera Dunga. Mientras, con la clasificación en la mano, La Roja tendría que pensar qué hacer ante Chile el 25 de junio, sabiendo que podría elegir rival al jugar horas después de que se cierre el grupo G. Algo parecido pasó en Alemania 2006, aunque entonces España jugó horas antes de que Francia, que nos acabó mandando a casa, lograra pasar ganando a Togo. Pero esta España no es la de 2006, y todos sus rivales lo saben. Sus rivales y las leyendas del balompié.

La avalancha de elogios provocada tras la conquista de la Eurocopa y el fútbol desplegado por La Roja pasa cualquier filtro que se le ponga. En fútbol, como todo en la vida, las frases también hay que medirlas por quién las dice. Así, la selección española también sale bien parada al pasar por el tribunal de los cuatro grandes de la historia del fútbol: Di Stéfano, Pelé, Cruyff y Maradona.

«La selección, hasta hace dos o tres años que la cogió Luis Aragonés, tenía grandes jugadores, pero no tenía equipo. Ahora se ganó la Eurocopa y se armó un equipo, un conjunto sin grandes nombres, que lo están haciendo maravillosamente bien, que es lo que quiere el aficionado español. Está haciendo un buen fútbol, y eso es lo que aprecia la gente. Hay que reconocer que es un equipo muy bueno el que han hecho, con armonía. Tanto o mejor que Brasil. El conjunto que tiene España no lo tiene nadie. Hay equipo de sobra para ganar el Mundial. Nunca vi a España tan feliz con su selección». Así explicaba cómo ve a la selección española Alfredo di Stéfano a la revista de la Real Federación Española de Fútbol.

Pelé, bandera universal de la selección brasileña, tampoco se queda corto y compara a «la máquina» española con el mejor equipo que ha habido en la historia: el Brasil de los setenta. «La virtud que más admiro en la selección española es la inteligencia que despliegan sus centrocampistas. Claro que es comparable por cómo juega con el Brasil del Mundial del 70. Mi duda es si España, como nos pasaba a nosotros, sería capaz de hacer dos equipos y mantener el nivel.»

Johan Cruyff, la pieza estelar de la Naranja Mecánica holandesa, ha hablado maravillas de la selección y de su estilo desde su tribuna de *El Periódico*: «Para mí, el equipo español, hoy, es incluso mejor que el que ganó la Eurocopa. ¿Ganará el Mundial? No lo sé, porque un torneo corto –y un Mundial lo es– es muy puñetero. De lo que sí estoy seguro es de que no hay selección en el mundo que juegue como ellos. Como no hay club de fútbol que juegue como el Barça. Ni por estilo, ni por tener a tanta gente formada en la propia casa». Ya antes de la Copa Confederaciones, Cruyff dictó sentencia: «España es la mejor del mundo».

El póquer de grandes de la historia del fútbol lo cierra Diego Armando Maradona, que ya mucho antes de la explosión de Viena era uno de los grandes defensores del talento español. «Cuando casi nadie creía, yo dije que España podía ganar la Eurocopa porque tenía más talento que nadie. España tiene un equipo muy armado. Con la Eurocopa se ha sacado de encima esa mochila de no ganar. Luis llevaba haciendo un trabajo extraordinario desde hacía mucho tiempo. Lo continuó Del Bosque. España tiene jugadores para trabajar con total tranquilidad porque están haciendo un buen fútbol. Claro que son favoritos. Ahora hay que ver si lo aceptan, porque eso pesa.» Y pone sus ojos en su jugador: «Cada vez que veo jugar a Xavi me llena. Da una cátedra de fútbol cada vez que sale al campo».

A un paso de los cuatro anteriores están dos de los más grandes jugadores que haya dado el fútbol europeo: Michel Platini y Franz Beckenbauer. «Mis favoritas para el Mundial son tres: Brasil, España e Inglaterra», asegura el presidente de la UEFA, mientras que el Kaiser alemán es mucho más rotundo: «España es la mejor selección de Europa y, posiblemente, del mundo. Nadie juega como ellos».

ANEXO 3
RESULTADOS DE LA SELECCIÓN ESPAÑOLA DESDE 2006

01-03-06 ESPAÑA 3 – COSTA DE MARFIL 2 (Valladolid; Villa, Reyes y Juanito; amistoso)

27-05-06 ESPAÑA 0 – RUSIA 0 (Albacete; amistoso)

03-06-06 ESPAÑA 2 – EGIPTO 0 (Elche; Raúl y Reyes; amistoso)

07-06-06 ESPAÑA 2 – CROACIA 1 (Ginebra; Pernía y Torres; amistoso)

14-06-06 ESPAÑA 4 – UCRANIA 0 (Leipzig; Xabi Alonso, Villa [2, 1 p.] y Torres; Mundial de Alemania)

19-06-06 ESPAÑA 3 – TÚNEZ 1 (Stuttgart; Raúl y Torres [2, 1 p.]; Mundial de Alemania)

23-06-06 ESPAÑA 1 – ARABIA SAUDÍ 0 (Kaiserlauterm; Juanito; Mundial de Alemania)

27-06-06 ESPAÑA 1 – FRANCIA 3 (Hannover; Villa [p.]; Mundial de Alemania)

15-08-06 ISLANDIA 0 – ESPAÑA 0 (Reikiavik; amistoso)

02-09-06 ESPAÑA 4 – LIECHTENSTEIN 0 (Badajoz; Villa [2], Torres y Luis García; clasificación de la Eurocopa)

05-09-06 IRLANDA DEL NORTE 3 – ESPAÑA 2 (Belfast; Xavi y Villa; clasificación de la Eurocopa)

07-10-06 SUECIA 2 – ESPAÑA 0 (Estocolmo; clasificación de la Eurocopa)

11-10-06 ESPAÑA 2 – ARGENTINA 1 (Murcia; Xavi y Villa [p.]; amistoso)

15-11-06 ESPAÑA 0 – RUMANÍA 1 (Cádiz; amistoso)

07-02-07 INGLATERRA 0 – ESPAÑA 1 (Manchester; Iniesta; amistoso)

24-03-07 ESPAÑA 2 – DINAMARCA 1 (Madrid; Morientes y Villa; clasificación de la Eurocopa)

28-03-07 ESPAÑA 1 – ISLANDIA 0 (Mallorca; Iniesta; clasificación de la Eurocopa)

02-06-07 LETONIA 0 – ESPAÑA 2 (Riga; Zakresevskis [p.p.] e Iniesta; clasificación de la Eurocopa)

06-06-07 LIECHTENSTEIN 0 – ESPAÑA 2 (Vaduz; Villa [2])

22-08-07 GRECIA 2 – ESPAÑA 3 (Salónica; Silva [2] y Marchena; amistoso)

08-09-07 ISLANDIA 1 – ESPAÑA 1 (Reikiavik; Iniesta; clasificación de la Eurocopa)

12-09-07 ESPAÑA 2 – LETONIA 0 (Oviedo; Xavi y Torres; clasificación de la Eurocopa)

13-10-07 DINAMARCA 1 – ESPAÑA 3 (Aarhus; Tamudo, Sergio Ramos y Riera; clasificación de la Eurocopa)

17-10-07 FINLANDIA 0 – ESPAÑA 0 (Helsinki; amistoso)

17-11-07 ESPAÑA 3 – SUECIA 0 (Madrid; Capdevila, Iniesta y Sergio Ramos; clasificación de la Eurocopa)

21-11-07 ESPAÑA 1 – IRLANDA DEL NORTE 0 (Las Palmas; Xavi; clasificación de la Eurocopa)

06-02-08 ESPAÑA 1 – FRANCIA 0 (Málaga; Capdevila; amistoso)

26-03-08 ESPAÑA 1 – ITALIA 0 (Elche; Villa; amistoso)

31-05-08 ESPAÑA 2 – PERÚ 1 (Huelva; Villa y Capdevila; amistoso)

04-06-08 ESPAÑA 1 – ESTADOS UNIDOS 0 (Santander; Xavi; amistoso)

10-06-08 ESPAÑA 4 – RUSIA 1 (Innsbruck; Villa [3] y Cesc; Eurocopa)

14-06-08 ESPAÑA 2 – SUECIA 1 (Innsbruck; Torres y Villa; Eurocopa)

18-06-08 ESPAÑA 2 – GRECIA 1 (Salzburgo; De la Red y Güiza; Eurocopa)

22-06-08 ESPAÑA 0 – ITALIA 0 (Viena; Eurocopa)

26-06-08 ESPAÑA 3 – RUSIA 0 (Viena; Xavi, Güiza y Silva; Eurocopa)

29-06-08 ESPAÑA 1 – ALEMANIA 0 (Viena; Torres; Eurocopa)

20-08-08 DINAMARCA 0 – ESPAÑA 3 (Copenhague; Xabi Alonso [2] y Xavi; amistoso)

06-09-08 ESPAÑA 1 – BOSNIA 0 (Murcia; Silva; clasificación del Mundial)

10-09-08 ESPAÑA 4 – ARMENIA 0 (Albacete; Capdevila, Villa [2] y Marcos Senna; clasificación del Mundial)

11-10-08 ESTONIA 0 – ESPAÑA 3 (Tallin; Juanito, Villa y Puyol; clasificación del Mundial)

15-10-08 BÉLGICA 1 – ESPAÑA 2 (Bruselas; Iniesta y Villa; clasificación del Mundial)

19-11-08 ESPAÑA 3 – CHILE 0 (Villarreal; Villa, Torres y Cazorla; amistoso)

11-02-09 ESPAÑA 2 – INGLATERRA 0 (Sevilla; Villa y Llorente; amistoso)

28-03-09 ESPAÑA 1 – TURQUÍA 0 (Madrid; Piqué; clasificación del Mundial)

01-04-09 TURQUÍA 1 – ESPAÑA 2 (Estambul; Xabi Alonso [p] y Riera; clasificación del Mundial)

09-06-09 AZERBAIYÁN 0 – ESPAÑA 6 (Bakú; Villa [3, 1 p.], Riera, Güiza y Torres; amistoso)

14-06-09 ESPAÑA 5 – NUEVA ZELANDA 0 (Rustenburg; Torres [3], Cesc y Villa; Copa Confederaciones)

17-06-09 ESPAÑA 1 – IRAQ 0 (Bloemfontein; Villa; Copa Confederaciones)

21-06-09 ESPAÑA 2 – SUDÁFRICA 0 (Bloemfontein; Villa y Llorente; Copa Confederaciones)

24-06-09 ESPAÑA 0 – ESTADOS UNIDOS 2 (Bloemfontein; Copa Confederaciones)

28-06-09 ESPAÑA 3 – SUDÁFRICA 2 (Rustenburg; Güiza [2] y Xabi Alonso; Copa Confederaciones)

12-08-09 MACEDONIA 2 – ESPAÑA 3 (Skopje; Torres, Piqué y Riera; amistoso)

05-09-09 ESPAÑA 5 – BÉLGICA 0 (La Coruña; Silva [2], Villa [2] y Piqué; clasificación del Mundial)

09-09-09 ESPAÑA 3 – ESTONIA 0 (Mérida; Cesc, Cazorla y Mata; clasificación del Mundial)

10-10-09 ARMENIA 1 – ESPAÑA 2 (Erevan; Cesc y Mata; clasificación del Mundial)

14-10-09 BOSNIA 2 – ESPAÑA 5 (Zenica; Piqué, Silva, Negredo [2] y Mata; clasificación del Mundial)

14-11-09 ESPAÑA 2 – ARGENTINA 1 (Madrid; Xabi Alonso [2, 1 p.]; amistoso)

18-11-09 AUSTRIA 1 – ESPAÑA 5 (Viena; Cesc, Villa [2], Güiza y Pablo Hernández; amistoso)

03-03-10 FRANCIA 0 – ESPAÑA 2 (París; Villa, Sergio Ramos; amistoso)

p.p.: propia puerta

p.: penalti

Esta edición de
Los secretos de La Roja
se imprimió en
Egedsa